Musiklehrer(-bildung)
im Fokus musikpädagogischer Forschung

Musikpädagogische Forschung
Research in Music Education

Herausgegeben vom Arbeitskreis
Musikpädagogische Forschung e.V. (AMPF)

Band 34

Proceedings of the 34th Annual Conference of the
German Association for Research in Music Education

Andreas Lehmann-Wermser,
Martina Krause-Benz (Hrsg.)

Musiklehrer(-bildung) im Fokus musikpädagogischer Forschung

Waxmann 2013
Münster / New York / München / Berlin

Bibliografische Informationen der Deutschen Nationalbibliothek
Die Deutsche Nationalbibliothek verzeichnet diese Publikation in der
Deutschen Nationalbibliografie; detaillierte bibliografische Daten
sind im Internet über http://dnb.d-nb.de abrufbar.

ISBN 978-3-8309-2966-6
ISSN 1869-8417

© Waxmann Verlag GmbH, Münster 2013

www.waxmann.com
info@waxmann.com

Umschlaggestaltung: Anne Breitenbach, Tübingen
Druck: Hubert & Co., Göttingen
Gedruckt auf alterungsbeständigem Papier, säurefrei gemäß ISO 9706

Printed in Germany

Inhalt

Andreas Lehmann-Wermser & Martina Krause-Benz

Musiklehrer(-bildung) im Fokus musikpädagogischer Forschung – ein Vorwort

Focusing on music teacher (training)

Das Thema der Jahrestagung 2012 rückte einen Bereich in den Mittelpunkt, der über lange Zeit in der Musikpädagogik (im Unterschied zu einigen anderen Fachdidaktiken) eher vernachlässigt worden ist: den Prozess der Professionalisierung von Musiklehrkräften und deren Tätigkeit in der Schule. Das ist in zweierlei Hinsicht überraschend. Zum einen ist im Gefolge der Diskussionen nach PISA eben auch die Person der Lehrkraft in den Blick geraten. Viele Fragen stellten sich, die für die Entwicklung von Schule und Unterricht bedeutsam sind: Was macht eine gute Lehrperson aus? Was muss eine Lehrkraft können? Was wissen wir über die „Wirksamkeit" von Lehrern[1]? Darauf wird noch zurückzukommen sein. Zum anderen könnte man ein Interesse an Musiklehrern erwarten, weil der Bologna-Prozess u. a. auch eine klarere Strukturierung aller Studiengänge hervorbringen sollte, indem Ziele für einzelne Module und/oder Lehrveranstaltungen zu formulieren sind, indem der Zusammenhang der Module über die Studienjahre hinweg auch einer inneren Logik folgen soll, die im Sinne einer zunehmenden Professionalisierung, einer optimalen Vorbereitung auf den Lehrerberuf wirksam wird. Man könnte also annehmen, dass Musikpädagogen im tertiären Bereich sich forschend mit diesem Prozess auseinandergesetzt hätten, ehe sie an die Planung und Strukturierung gehen.

Vor diesem Hintergrund ist die Literatur dazu verblüffend überschaubar. Recht gut erforscht ist z. B. die Motivation und Berufswahl von Musiklehrern (u. a. Bailer, 1999, Bailer, 2009, Kiel & Weiß, 2010), aber über den Prozess der Professionalisierung ist recht wenig bekannt. Hofmann (2011) zum Beispiel hat die für die Lehrerbildung zentralen Veröffentlichungen Shulmans (z. B. 1986) in die Diskussion eingebracht. Aber schon die Frage, was genau denn eigentlich unter „content knowledge", „pedagogical content knowledge" und „curriculum knowledge" zu verstehen sei, bleibt bei ihm offen. Auch die KMK-Standards zur Lehrerbildung, die richtungsweisend und einflussreich sind, bleiben für Musiklehrer eher allgemein bzw. listen Studienfächer aus dem Kanon der deutschen Musikhochschulen und Universitäten auf

---

1   In diesem Band sind in allen Beiträgen immer beide Geschlechter gemeint, auch wenn im Interesse besserer Lesbarkeit nur eins genannt sein sollte.

(KMK, 2013), vermögen aber weder die Frage nach dem inneren Zusammenhang zu beantworten noch den Rahmen für Kompetenzen im engeren Sinne zu ziehen.

Noch weniger wissen wir über die Musiklehrer, die im Beruf stehen. Sieht man von wenigen Bereichen (wie etwa der Kooperation zwischen Musiklehrern und Musikschullehrern in der Grundschule) ab, wissen wir weder genau, was sie unterrichten, noch wie sie unterrichten oder was dabei herauskommt. Dieser letzte Punkt freilich, alles was mit „outcome" oder „Effektivität" verbunden wird, ist in den Debatten um das Bildungssystem seit der Jahrtausendwende ein entscheidender gewesen.

Nun muss man nach den Gründen für diese fachspezifischen Forschungsdefizite fragen. „Effektivität" konnte im Diskurs der deutschsprachigen Länder nicht zu einem entscheidenden, Forschungsfragen und -projekte generierenden Movens werden. Der Rekurs auf Bildung und das Querständige in den ästhetischen Fächern ist zunächst mit einer Orientierung am „output" schwer vereinbar. Und selbst wenn man anerkennte, dass kognitive Prozesse und musikpraktische Fähigkeiten, die prinzipiell als Kompetenz modellierbar und damit anschlussfähig für eine Output-Messung sind, existieren in dieser Region keine Modelle, die für eine Überprüfung an der Praxis geeignet wären. Weder das Bremer KOMUS-Projekt (zuletzt Jordan et al., 2012) noch die Würzburger Forschungsgruppe (Hasselhorn & Lehmann, 2012) sind in ihren Arbeiten so dicht am Unterricht, dass Schülerleistung in Abhängigkeit vom Lehrerverhalten abgebildet werden könnte.

Weitere Gründe lassen sich anfügen. Die in der Fachdidaktik viel diskutierten Themen z. B. legen den Fokus eher auf die Lernenden als auf die Lehrenden. Schülerorientierung, wie sie in Deutschland verstanden wird, versteht Schülerlernen weniger als ein Ergebnis von Lehrerhandeln, sondern eher als selbstbestimmte Tätigkeit. Eine genauere Betrachtung des Lehrerhandelns erscheint nicht unbedingt notwendig. Ähnliches ließe sich über Begriffe wie „Erfahrung" oder „Perturbation" sagen.

Ein Grund, der früher zusätzlich angefügt wurde, hat immerhin an Bedeutung verloren. Denn lange wurde über die fehlende Tradition empirischer Forschung in Deutschland und den deutschsprachigen Ländern geklagt; diese Klage ist inzwischen wenigstens partiell zu revidieren. Für die Musikpädagogik in Deutschland hat sich in den letzten Jahren vieles verändert. 2009 schrieb das BMBF ein millionenschweres Forschungsprogramm zur Begleitung und Evaluation der so genannten JeKi-Modelle aus. Nie zuvor in der Geschichte der Musikpädagogik in den deutschsprachigen Ländern war so viel Geld in Forschung geflossen. Das hat nicht nur die Arbeit der in dieses Profil eingebunden etablierten Forscher verändert, sondern weit darüber hinaus: Stellen für Nachwuchsforscher, strukturierte Qualifizierungsangebote, Netzwerkstrukturen haben vor allem der empirischen Forschung in der Musikpädagogik Auftrieb gegeben; das gilt für qualitative wie quantitative Arbeiten gleichermaßen. So überrascht es nicht, dass die Beiträge in diesem Band fast ausschließlich aus empirischen Studien stammen. Mit den Beiträgen von Anne Niessen und Thomas Busch und Ulrike Kranefeld sind zwei Arbeiten vertreten, die unmittelbar aus dem JeKi-Profil entstammen.

Die Vernachlässigung des Lehrerhandelns und der Lehrerbildung mag also erklärbar sein – ein Verlust bleibt sie gleichwohl. Der Blick in andere Fachdidaktiken und in die Bildungsforschung zeigt, welche produktiven Ansätze und interessanten Ergebnisse inzwischen vorliegen. Besonders am Beispiel des Unterrichtsmodells von Helmke wird das deutlich. Es besagt in seiner Grundform, dass Lernprozesse das Ergebnis einer intensiven Nutzung eines möglichst qualitätsvollen Angebotes sind (Helmke & Weinert, 1997, Helmke, 2006). Wie diese Nutzung erfolgt, ist abhängig von einer Vielzahl von Faktoren, die innerhalb und außerhalb des Unterrichts zu identifizieren sind. Dazu gehören auf Seiten der Lehrenden eine gute Unterrichtsorganisation („classroom management"), gute Materialien und eine sinnvolle Strukturierung des Lernstoffes. Auf Seiten der Lernenden korrespondiert damit u. a. eine gute zeitliche Nutzung („time on task") sowie eine „tiefe Verarbeitung" des Stoffes, die auf konzeptionelles Verstehen und nicht nur auf das Nachvollziehen von Prozeduren gerichtet ist.

Wichtig an dem Modell ist, dass auch motivationale Dimensionen und solche des sozialen Miteinanders in ihm aufgehoben sind; Dimensionen mithin, die in der Beschreibung (und in der systematischen Legitimation von Musik) eine besondere Bedeutung erfahren.

Der Charme dieses Modells, das inzwischen vielfach modifiziert (z. B. Klieme & Rakoczy, 2007) und fachspezifisch ausgeschärft worden ist (z. B. Biologie Wüsten, 2010, für Englisch Göbel & Helmke, 2010 usw.), liegt darin, dass es viele unterschiedliche Faktoren des Unterrichts zu integrieren vermag. Die „Individualkonzepte" der Lehrenden (Niessen, 2006), die für die Musikdidaktik so produktiv waren (s. etwa die Arbeiten von Hammel (2011), Liermann (2009) und Bechtel (2010)), sind als ein Teil der Voraussetzungen der Lehrkraft ebenso integrierbar wie etwa Fragen des effektiven Übens.

Wie viel solche Modelle, fachspezifisch und mit Blick auf die Praxis geschärft, leisten können, hat die COACTIV-Studie (Blömeke et al., 2008) gezeigt, in der Mathematiklehrerinnen und -lehrer hinsichtlich ihrer fachlichen Voraussetzungen, aber z.B. auch ihrer Überzeugungen etc. untersucht werden. Tatsächlich zeigten sich Zusammenhänge zwischen der Qualität des Unterrichts und Merkmalen der Lehrerpersönlichkeit, die eine eingehende Beschäftigung mit dem „Lehrer" lohnend erscheinen lassen.

Es sei der Vollständigkeit halber erwähnt, dass in anderen Ländern diesem Bereich unter anderen Voraussetzungen der Lehrerbildung und des Schulsystems andere Aufmerksamkeit zukommt. Die Bedingungen bringen andere Themen und Schwerpunkte hervor. In den USA etwa nimmt angesichts des Umbruchs weg von einem reinen „performance"-orientierten Unterricht hin zu einem eher den deutschen Vorstellungen entgegenkommenden Unterricht in „general music education" die Frage in der Musiklehrerbildung breiten Raum ein, ob Musiklehrer sich eher als Musiker oder als Lehrer verstehen sollten (Isbell, 2010). Allgemein wird die Frage der „teacher identity" in vielen Facetten thematisiert und erforscht, wobei neben den Fragen des generellen Selbstverständnisses auch die der eigenen musikalischen Sozialisation, der sozialen Stellung oder der Rasse gestellt werden: allesamt Aspekte, die für die Musiklehrerausbildung wichtig und produktiv sind, in Deutschland aber im Diskurs kaum auftauchen. Von daher hat die AMPF-Tagung 2012 begonnen, eine wichtige Leerstelle im Diskurs zu füllen. In diesem Band wird dabei die ganze Spannbreite möglicher Forschungsthemen und -gebiete deutlich, denn die Beiträge in diesem Band fokussieren das Tagungsthema aus je unterschiedlicher Perspektive.

Die ersten beiden Beiträge nehmen Aspekte der Musiklehrerbildung in den Blick: Viola Hofbauer und Christian Harnischmacher widmen sich in einer quantitativen Studie dem Burnout-Problem bei Schulmusikstudierenden und entwickeln Perspektiven für eine entsprechende Prävention. Gabriele Puffer rekonstruiert in einer qualitativen Studie Konzepte von Musikunterricht, die sich in Stundennachbesprechungen innerhalb der ersten Lehrerbildungsphase konstituieren, und plädiert für weitere Forschungen in Bezug auf Bedingungen und Mechanismen der Arbeit im schulischen Musikunterricht.

Die nächsten vier Beiträge rücken den Musiklehrer selbst in je verschiedener Dimensionierung ins Zentrum: Annkathrin Babbe und Maren Bagge präsentieren Ergebnisse eines empirischen Forschungsprojekts zum Thema „Lernerautonomie in der Musikdidaktik", innerhalb dessen Vorstellungen und Positionen zur Lernerautonomie seitens der Musiklehrenden ausgewertet werden. Heike Gebauer stellt Ergebnisse ihrer Videostudie zur kognitiven Aktivierung der Lernenden im Musikunterricht, insbesondere in Hinsicht auf die Umgangsweise des Musikmachens, vor.

Die folgenden Beiträge sind in den Kontext der JeKi-Forschung eingebettet: Anne Niessen thematisiert in ihrem Beitrag den Aspekt des Unterrichtens großer Lerngruppen im ersten JeKi-Jahr mit besonderem Blick auf die Perspektive der Lehrenden. Thomas Busch und Ulrike Kranefeld beziehen sich in ihrer Studie auf den instrumentalen Gruppenunterricht innerhalb von JeKi und stellen mit dem Aus- und Fortbildungsstand der Lehrenden sowie dem Maß an individueller Förderung zwei zentrale Aspekte von Lehrerkompetenz in den Mittelpunkt. Ihr Beitrag bildet zugleich den Brückenschlag zum nächsten, weil die Person der Instrumentalpädagogen an Musikschulen in beiden ins Blickfeld geraten. Durch den folgenden Beitrag wird die internationale Dimension der musikpädagogischen Forschung deutlich: Natalia Ardila-Mantilla untersucht in einer qualitativen Studie die Arbeit an Musikschulen in Österreich und weitet damit zudem den Horizont auf die außerschulische Musiklehrertätigkeit.

Der freie Beitrag von Anne Weber-Krüger richtet die Aufmerksamkeit auf den bislang wenig erforschten Bereich der Musikalischen Früherziehung und beleuchtet frühkindliche Bedeutungszuweisungen an die Musik sowie an den Früherziehungsunterricht, die im Rahmen einer qualitativen Studie gewonnen wurden.

Literatur

Bailer, N. (1999). *Musikerziehung als Beruf? Eine Befragung.* Wien: Universal Ed.

Bailer, N. (Hrsg.) (2009). *Musikerziehung im Berufsverlauf. Eine empirische Studie über Musiklehrerinnen und Musiklehrer.* Wien: Universal Ed.

Bechtel, D. (2010). Wie Lehrer lieber lernen. Eine qualitative Studie über die Rolle von Fortbildungen aus der Sicht von Musiklehrerinnen und -lehrern. In N. Knolle (Hrsg.), Evaluationsforschung in der Musikpädagogik. Beiträge zur 31. AMPF-Tagung Evaluationsforschung in der Musikpädagogik. Essen: Die Blaue Eule (Musikpädagogische Forschung, Bd. 31), S. 179-200.

Blömeke, S.; Kaiser, G.; Lehmann, R. (Hrsg.) (2008). *Professionelle Kompetenz angehender Lehrerinnen und Lehrer. Wissen, Überzeugungen und Lerngelegenheiten deutscher Mathematikstudierender und -referendare.* Erste Ergebnisse zur Wirksamkeit der Lehrerausbildung. Münster: Waxmann.

Göbel, K.; Helmke, A. (2010). Intercultural learning in English as foreign language instruction: The importance of teachers' intercultural experience and the usefulness of precise instructional directives. In *Teaching and Teacher Education* 26 (8), S. 1571-1582.

Hammel, L. (2011). *Selbstkonzepte fachfremd unterrichtender Musiklehrerinnen und Musiklehrer an Grundschulen. Eine Grounded-Theory-Studie.* Berlin [u.a.]: Lit.

Hasselhorn, J.; Lehmann, A.C. (i. Vorb.). *KOPRA-M.*

Helmke, A.; Weinert, F. E. (2005). *Unterrichtsqualität erfassen, bewerten, verbessern..* Seelze: Kallmeyersche Verlagsbuchhandlung (Schulisches Qualitätsmanagement).

Hofmann, B. (2011). Experten für Musiklehre. Auf der Suche nach der „guten" Musiklehrkraft. In M. D. Loritz, A. Becker, D. M. Eberhard & R.-D. Kraemer (Hrsg.), *Musik – Pädagogisch – Gedacht. Reflexionen, Forschungs- und Praxisfelder*; Festschrift für Rudolf-Dieter Kraemer zum 65. Geburtstag. Augsburg: Wißner, S. 95-103.

Isbell, D. S. (2010). Understanding Sozialisation and Occupational Identity Among Undergraduate Music Teachers. In M. Schmidt (Hrsg.), *Collaborative Action for Change.* selected Proceedings from the 2007 Symposium on Music Teacher Education. Lanham, New York, Toronto: Rowman & Littlefield Education.

Klieme, E.; Rakozy, K. (2003). Unterrichtsqualität aus Schülersicht. Kulturspezifische Profile, regionale Unterschiede und Zusammenhänge mit Effekten von Unterricht. In PISA-Konsortium Deutschland (Hrsg.), *PISA 2000 – ein differenzierter Blick auf die Länder der Bundesrepublik Deutschland.* Opladen: Leske + Budrich, S. 333-360.

KMK (2013) (Hrsg). Ländergemeinsame inhaltliche Anforderungen für die Fachwissenschaften und Fachdidaktiken in der Lehrerbildung (Beschluss der KMK vom 16.10.2008 i.d.F. vom 16.05.2013); einsehbar unter http://www.kmk.org/file admin/veroeffentlichungen_beschluesse/2008/2008_10_16_Fachprofile-lehrerbildu ng.pdf [15.7.2013]

Liermann, Chr. (2009). Auswirkungen des Zentralabiturs auf die Individualkonzepte von Musiklehrerinnen und Musiklehrern. In N. Schläbitz (Hrsg.), *Interdisziplinarität als Herausforderung musikpädagogischer Forschung.* Essen: Die Blaue Eule, S. 283-309.

Niessen, A.: *Individualkonzepte von Musiklehrern.* (Theorie und Praxis der Musikvermittlung, Bd. 6) Münster: Lit.

Shulman, L. S. (1986): Those who understand. In *Knowledge growth in teaching,* 15 (2), S.
4-14.

Weiß, S; Kiel, E. (2010): Berufswunsch Musiklehrer. Motive und Selbstbild. In: *b-em* 1 (2),
S. 6-18. Online verfügbar unter http://www.b-em.info/index.php?journal=ojs
&page=article&op=view&path %5B%5D=38&path%5B%5D=83.

Wüsten, S. (2010). *Allgemeine und fachspezifische Merkmale der Unterrichtsqualität im
Fach Biologie. Eine Video- und Interventionsstudie.* Berlin: Logos.

Dr. Andreas Lehmann-Wermser
Universität Bremen
Institut für Musikwissenschaft & Musikpädagogik
Postfach 330 440
28334 Bremen
lehmann-wermser@uni-bremen.de

Prof. Dr. Martina (Krause-)Benz
Staatliche Hochschule für Musik und Darstellende Kunst Mannheim
N7, 18
68161 Mannheim
martina.benz@muho-mannheim.de

Viola C. Hofbauer & Christian Harnischmacher

„Das Schulmusikstudium macht mich krank"
Eine empirische Studie zum Vorhersagewert
der Motivation musikpädagogischen Handelns
auf Burnout bei Schulmusikstudierenden

„Studying music education is making me sick."
An empirical study on the predictability of motivation
effects on burnout among students of school
education

In comparison to their colleagues who teach other subjects, music teachers most frequently suffer from burnout. Most teachers diagnosed with burnout already felt mentally overstrained during their studies. To date, only a few research studies on burnout suffered by music education students have been carried out. This study illustrates the positive influence of motivation on managing music education student stress levels (N=238) in a structural equation model. Teaching experiences encourage the motivation to study music education. When combined with a high degree of self-regulation, it leads to an increase in educational achievement. If this process is indicative of an overall development, it could signify a positive prognosis for burnout prevention.

Einleitung

Lehrer müssen im Vergleich zu anderen Berufsgruppen mit Abstand die größten psychischen Belastungen bewältigen (vgl. Schaarschmidt, 2005, S. 42). Dies zeigt sich auch in einem drastischen Anstieg von Arbeitsunfähigkeitstagen aufgrund psychischer Belastungen und durch das Burnout-Syndrom (vgl. BKK, 2011, S. 4). Besonders stressinduzierend scheint das Unterrichtsfach Musik zu sein. Im Vergleich zu Kollegen mit anderen Fächern erleiden Lehrer mit dem Fach Musik am häufigsten ein Burnout (vgl. McLain, 2005; Allsup, 2005).

Die meisten der ausgebrannten Lehrer fühlten sich bereits im Studium überfordert (vgl. Rauin, 2007). In der aktuellen Situation von Bachelor-Studierenden ist der Prozess von Burnout schon während des Studiums ein gravierendes Problem (Gusy, Lohmann & Drewes, 2010). Jeder dritte Student bringt ein problematisches Belastungsprofil mit in das Lehramtsstudium (vgl. Herlt & Schaarschmidt, 2007) und viele betroffene Studierende weisen ungünstige Bewältigungsstile auf (vgl. Christ, van Dick & Wagner, 2004; Nieskens, 2009; Sieland, 2004). Bisher liegen nur wenige forschungsrelevante Untersuchungen zu Burnout bei Schulmusikstudierenden vor (vgl. von Georgi & Lothwesen, 2010; Bailer, 2009; Dews & Williams, 1989).

Eine Burnout-Prävention ist daher bereits im Schulmusikstudium sinnvoll. Voraussetzung dafür ist zunächst die Durchführung von Grundlagenstudien zu möglichen Ursachen und Einflüssen, welche eine Stressbewältigung verhindern oder begünstigen (vgl. auch Henning & Keller, 1998; Kretschmann, 2001; Schaarschmidt & Fischer, 2001). Die vorliegende Studie will dazu einen Beitrag leisten, indem sie im musikpädagogischen Kontext der Frage nachgeht, ob die Motivation musikpädagogischen Handelns einen Einfluss auf Burnout bei Schulmusikstudierenden hat.

Stand der Forschung

Bin ich Musiker oder bin ich Lehrer? Dieser Spagat ist charakteristisch für den Beruf des Musik-Lehrers (vgl. Scheib, 2003). Die damit verbundene Doppelbelastung wurde bislang kaum untersucht. Forschung findet man hier noch am ehesten zum Beruf des Musikers (vgl. Gembris, 2008; Spahn, Richter & Altenmüller, 2010). Wir vermuten, dass Musiklehrer belasteter als Fachlehrer sogenannter Hauptfächer sind (vgl. Körner, 2003, S. 108). Ein meist hoher Lärmpegel im Musikunterricht durch gemeinsames Musizieren, Singen oder durch das Abspielen von Musik können Stressfaktoren im Musikunterricht darstellen. Das Beobachten von musikalischen Erarbeitungen wie bspw. beim Klassenmusizieren erfordert besonders hohe Aufmerksamkeit. Zudem wird das Fach Musik häufig als Entlastungsfach angesehen, was vermehrt zu Disziplinproblemen führen kann. Musiklehrer nennen als bedeutende Stressoren die ständige Legitimierung von Musikunterricht, das fehlende Ausleben ihrer musikalischen Fähigkeiten, administrative Verantwortung, den Rollenkonflikt zwischen der persönlichen und professionellen Rolle und die zeitliche Restriktion im Fach Musik (vgl. Scheib, 2003, S. 124 ff.).

Eine unzureichende Stressbewältigung geht mit einem Abbau von Motivation einher, was im ungünstigsten Fall ein Burnout zur Folge haben kann. Der Abbau von Motivation in Form von verringerter Initiative, verringerter Produktivität und Dienst nach Vorschrift ist demnach eine Symptomausprägung von Burnout. (vgl. Burisch, 2010, S. 26). Ein psychologischer Rückzug von der Arbeit signalisiert häufig eine Reaktion auf übermäßigen Stress und Unzufriedenheit (vgl. Cherniss, 1980). Nach der Arbeitsdefinition von Schaufeli und Enzmann (1998, S. 36) ist „Burnout [...] ein dauerhafter, negativer, arbeitsbezogener Seelenzustand ‚normaler‘ Individuen. Er ist in erster Linie von Erschöpfung gekennzeichnet, begleitet von Unruhe und Anspannung (distress), einem Gefühl verringerter Effektivität, gesunkener Motivation und der Entwicklung disfunktionaler Einstellungen und Verhaltensweisen bei der Arbeit. Diese psychische Verfassung entwickelt sich nach und nach, kann dem betroffenen

Menschen aber lange unbemerkt bleiben. Sie resultiert aus seiner Fehlanpassung von Intentionen und Berufsrealität. Burnout erhält sich wegen ungünstiger Bewältigungsstrategien, die mit dem Syndrom zusammenhängen, oft selbst aufrecht." Eine allgemein akzeptierte Burnout-Definition fehlt und macht die Eingrenzung des Phänomens schwierig (vgl. Burisch, S. 20). Burnout wird im medizinischen Klassifikationssystem International Classification of Diseases (ICD-10) der Weltgesundheitsorganisation nicht als international anerkannte Krankheit, sondern als Problem im Bezug auf Bewältigung von Lebensschwierigkeiten aufgelistet (vgl. ICD-10, Kapitel XXI, Z73.0). Als Kernsymptome werden in der Literatur häufig emotionale Erschöpfung, Depersonalisierung und Leistungsunzufriedenheit genannt, welche mit dem viel verwendeten Maslach Burnout Inventory (MBI) gemessen werden (vgl. Maslach & Jackson, 1981). Jedoch greift diese Aufzählung zu kurz, da etliche weitere Symptome beim Burnout-Syndrom eine Rolle spielen. Übereinstimmungen in Forscherkreisen herrschen in der Symptomatologie und im Verlauf von Burnout. Eines der Burnoutsymptome ist bspw. Depression. Eine „ausgebrannte" Person reagiert dann depressiv, wenn diese die Ursachen der Probleme in erster Linie bei sich selbst sieht. Weitere Symptome können Schuldgefühle, Selbstmitleid, Humorlosigkeit und Hilflosigkeitsgefühle sein (vgl. Burisch, S. 25 f.).

Der Abbau von Motivation zählt ebenfalls zur Burnout-Symptomatik (vgl. Burisch, S. 26). Im musikpädagogischen Kontext hat Harnischmacher eine Theorie der Bewältigung von Handlungshindernissen vorgelegt, die den Zusammenhang von musikbezogener Motivation und funktionaler Hilflosigkeit beschreibt (vgl. Harnischmacher, 1998). Motivation bildet eine vorauslaufende Bedingung von Stressbewältigung. Im engeren Sinne meint Motivation den Prozess des Abwägens und Wählens von verschiedenen Handlungstendenzen (vgl. Heckhausen, 1989). Das pädagogische Handeln von Lehrenden im Musikunterricht hängt in hohem Maße von der Motivation der Beteiligten ab. Die Motivation von Schülern wurde intensiv erforscht. Fabian Adam (2011) beobachtete mit einer motivationsnahen Skala zur schulischen Selbstwirksamkeit nur einen geringen Vorhersagewert im Zusammenhang mit dem Stresserleben und der Einstellung zum Musikunterricht aus Schülersicht (vgl. auch Heß, 2011). Es werden aussagekräftige Effekte eher von solchen Konstrukten erwartet, die sich auf den interessierenden Bereich im engeren Sinne beziehen (vgl. Krampen, 1987; Herber, Astleitner & Faulhammer, 1999). In der pädagogischen Psychologie werden entsprechend zunehmend bereichsspezifische Motivationsmodelle oder verwandte Konstrukte entwickelt und getestet. Mit dem Inventar zur Motivation im Musikunterricht MMI (Harnischmacher & Hörtsch, 2011) bewährte sich im musikbezogenen Kontext erstmals ein domänenspezifisches und umfassendes Motivationsmodell.

Es besteht ein erhöhter Forschungsbedarf zur Beschreibung und möglichen Wirkungen der Motivation von Lehrenden. Aufgrund aktueller Forschungsergebnisse betont Trautwein (2012, S. 48) die Notwendigkeit einer praxisrelevanten und nachhaltigen Motivationsforschung und deren Vermittlung in der Lehrerausbildung. Zur Motivation von Musiklehrern, im Weiteren bezeichnet als Motivation musikpädagogischen Handelns, liegen noch keine forschungsrelevanten Untersuchungen vor. Musikpädagogisches Handeln meint ein zielorientiertes Verhalten von Musiklehrenden, welches im engeren Sinne der Planung, Durchführung und Reflexion von Musikunterricht dient (vgl. dazu auch Vogt & Rolle, 1999).

Im Motivationsprozess bilden sich Handlungsintentionen heraus. Das Wünschen und Wählen im Prozess der Intentionsbildung ist gleichermaßen von situativen Gegebenheiten abhängig wie auch von den Lernerfahrungen des Akteurs. Heckhausen (1989) beschreibt solche Lernerfahrungen als die generalisierten, über viele Situationen gelernten Erwartungen einer Person. Gelernte Erwartungen können somit als motivationale Dispositionen einer Person verstanden werden. Das Modell zur Motivation musikbezogenen Handelns (Autorenpublikation) unterscheidet die Erwartungskonstrukte Selbstwirksamkeit, Kontrollüberzeugung, Externale Handlungshemmung und Zielorientierung. In der vorliegenden Studie wird dieses Motivationsmodell erstmals im Kontext der Motivation musikpädagogischen Handelns adaptiert und empirisch geprüft.

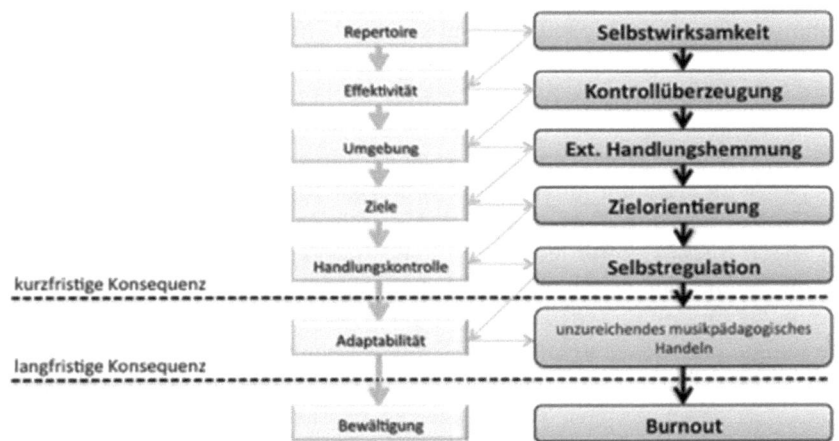

Abb. 1: Modell der Aussagenlogischen Sequenzierung

Das Modell (vgl. Autorenpublikation) unterscheidet einen situativen (links) und einen dispositionalen Pfad (rechts) des Bewältigungsprozesses nach Misserfolg zur Vorhersage von adaptivem Handeln bzw. Burnout durch Motivation. Burnout ist demnach nicht nur eine Folge der motivationalen Disposition einer Person, sondern resultiert stets aus Person-Umwelt-Interaktionen (vgl. Krampen, 1987; Heckhausen, 1989). Angenommen wird, dass starke Situationen wie bspw. Routinehandlungen, deren Abläufe bestens trainiert und bekannt sind, keine Anforderungen an motivationale Dispositionen erfordern. Umgekehrt erfordern schwache Situationen (vgl. Krampen, 1987), die keine situativen Handlungsaufforderungen, Handlungspläne, übersichtliche Strukturen, langfristige Handlungsanreize usw. bereitstellen, eine größere Herausforderung bzw. Kompensation durch motivationale Dispositionen (Selbstwirksamkeit, Kontrollüberzeugung, Externale Handlungshemmung, Zielorientierung).

Die Selbstwirksamkeit (vgl. Bandura, 1977) des musikpädagogischen Handelns bezeichnet den Grad subjektiver und generalisierter Erwartungen darüber, ob ein Musiklehrer für verschiedene Unterrichtssituationen über methodische Vorgehensweisen verfügt. Das Handlungsrepertoire wird vor allem durch Praxiserfahrungen erworben.

In einer Unterrichtssituation bezieht sich Selbstwirksamkeit auf prinzipielle Handlungsmöglichkeiten von Musiklehrern. Dies sagt aber noch nichts darüber aus, ob die Handlungen auch wirkungsvoll sind. Kontrollüberzeugungen (vgl. Rotter, 1966) beschreiben die Erwartung einer Lehrperson, inwieweit sie beim Unterrichten z. B. durch den Einsatz von Methoden etc. eine Wirkung und somit das gewünschte Ergebnis erzielen kann. Die Effektivität von Unterrichtsmethoden ist wie beim Repertoire auch eine Frage der Lernangebote in der ersten und zweiten Phase der Lehrerbildung.

Kontrollüberzeugungen beschreiben die Erwartungen, dass ein Lehrer mit seinen Handlungen ein Ergebnis erzielt. Davon abzugrenzen sind Situations-Ergebnis-Erwartungen. Vertraut der Lehrer darauf, dass er das Ergebnis einer Unterrichtssituation maßgeblich durch sein Tun beeinflussen kann oder schreibt er das (negative) Ergebnis bestimmten Umweltgegebenheiten zu? Das Konstrukt der externalen Handlungshemmung beschreibt diese motivationale Disposition in Form von generalisierten Erwartungen (vgl. Harnischmacher, 1997). In einer Studie zum Übeverhalten von Kindern und Jugendlichen wurden u. a. ungeliebte Musikstücke und Freizeitaktivitäten als handlungshemmende Momente genannt (vgl. ebd., 1997). Mit Hilfe einer Skala zur externalen Handlungshemmung konnte der ungünstige Einfluss auf das Üben gezeigt werden. Wir nehmen an, dass Musiklehrer mit hoher externaler Handlungshemmung, ihre Misserfolge nicht dem eigenen Handeln, sondern äußeren Faktoren zuschreiben wie z. B. der Größe der Klasse, der Ausstattung des Musikraums usw. Der situative Pfad des Modells berücksichtigt die Gegebenheiten der Umgebung. Gemeint sind damit handlungsfördernde oder eher handlungshemmende Einflüsse der Situation. Adaptives Verhalten bei schwierigen Umgebungsbedingungen gelingt vermutlich Lehrpersonen mit geringer Neigung zur externalen Handlungshemmung.

Zielorientierung beschreibt die Erwartung des Akteurs zu den langfristigen Folgen des Handlungsergebnisses. Im Zusammenhang mit dem Üben von Kindern und Jugendlichen ist das gemeinsame Musizieren das vorrangigste Ziel (vgl. Autorenpublikation). Für den Musiklehrer stellt sich mit der Zielorientierung die Frage, warum er Musik unterrichtet oder welches langfristige Ziel er mit einer konkreten Stunde verfolgt. Langfristige Ziele bieten vor allem Unterrichtssituationen, welche im Rahmen von Projektarbeit oder Konzertvorbereitungen usw. stattfinden.

Neben dem Motivationsprozess des Wünschens und Wählens spielen zur Handlungsausführung volitionale Prozesse eine Rolle. Volition meint die „willentliche" und konkrete Realisierung von Handlungszielen (vgl. Heckhausen & Heckhausen, 2010).

Handlungskontrolle kann sich auch aus starken Situationen mit hohem Aufforderungsgehalt ergeben. Umgekehrt wird die Bewältigung von neuen und komplexen (Leistungs-)Situationen durch eine hohe Neigung zur Selbstregulation begünstigt. In der Volitionstheorie bezeichnet Selbstregulation eine Tendenz, schwierige Handlungen auch dann aufrechtzuerhalten, wenn Einflüsse auftreten, welche die Motivation beeinträchtigen (vgl. Bandura, 1990; Schwarzer, 1999). Es wird erwartet, dass sich die einzelnen Konstrukte des Motivationsmodells musikpädagogischen Handelns auf einen Faktor der „Motivation" zurückführen lassen, der sich gegenüber der Selbstregulation als ausreichend trennscharf erweist.

Wir gehen davon aus, dass Motivation durch Lehrerfahrungen erhöht werden kann. In der vorliegenden Studie meint Lehrerfahrung die Praxiserfahrung in pädagogischen Kontexten. Diese beinhaltet sowohl lehrende Tätigkeiten im schulischen Musikbereich, im Instrumentalunterricht oder allgemeine Erfahrungen in der Lehre von Musik wie bspw. Gruppenleitung in verschiedenen Bereichen (Chor, musikalische Früherziehung etc.).

Die vorliegende Studie untersucht den Einfluss schulmusikspezifischer Variablen (Motivation musikpädagogischen Handelns, Lehrerfahrung, Studienleistung) und der Selbstregulation auf Burnout im Studium. Selbstregulation wird als nicht musikbezogene Variable verwendet, um mögliche Unterschiede im Erklärungsbeitrag zu den domänenspezifischen Motivationskonstrukten zu beobachten. Es wird geprüft, inwieweit Lehrerfahrung über die Motivation musikpädagogischen Handelns und über die Selbstregulation einen positiven Einfluss auf die (selbsteingeschätzte) Studienleistung hat. In der Folge wird bei einem positiven Prozessverlauf ein positiver Einfluss auf die Stressbewältigung vermutet und damit eine negative Vorhersage von Burnout (vgl. Abb. 2).

- H1: Lehrerfahrungen fördern die Motivation musikpädagogischen Handelns. Je höher die Lehrerfahrung ist, desto höher ist die Motivation musikpädagogischen Handelns.
- H2: Je höher die Motivation musikpädagogischen Handelns ist, desto höher ist die Selbstregulation.
- H3: Je höher die Selbstregulation ist, desto höher ist die Studienleistung.
- H4: Ein positiv verlaufender Prozess von Lehrerfahrung zu Studienleistung wirkt sich positiv auf die Stressbewältigung aus. Je höher die Lehrerfahrung, die Motivation musikpädagogischen Handelns, die Selbstregulation und die Studienleistung ist, desto geringer sind die Werte von Burnout bei Studierenden.

Abb. 2: Übersicht Hypothesen

Methode

Die Skala zur Motivation musikpädagogischen Handelns (MMI-L) basiert auf dem Modell zur Motivation musikbezogenen Handelns (Harnischmacher & Hörtzsch, 2011). Die Motivationsskala setzt sich aus den Konstrukten Selbstwirksamkeit, Kontrollüberzeugung, Externale Handlungshemmung und Zielorientierung zusammen. Jedes Konstrukt wurde mithilfe von 12 Items operationalisiert (vgl. Anhang). Ein Pretest mit 65 Schulmusikstudenten der Universität der Künste Berlin diente der Reliabilitätsprüfung des MMI-L (Motivation im Musikunterricht Inventar – Lehrer).

An der Hauptuntersuchung in Form einer Fragebogenerhebung nahmen Schulmusikstudenten (N=238) aus verschiedenen deutschen Bundesländern[1] und Österreich teil. Da Online-Erhebungen aufgrund der Selbstselektion meist von höher motivierten Studenten bearbeitet werden (vgl. Welker, Werner & Scholz, 2005, S. 39), wurden die Fragebögen an die entsprechenden Musikhochschulen und Universitäten per Post versendet und vor Ort in Seminaren ausgefüllt. Der Fragebogen enthielt neben der Angabe von demographischen Daten folgende Skalen: Motivation musikpädagogischen Handelns (MMI-L, vgl. Anhang), Selbstregulation (Schwarzer, 1999), Lehrerfahrung, Selbsteinschätzung der Studienleistung und Burnout im Studium (Schaufeli, Martínez, Marqués-Pinto, Salanova & Bakker, 2002). Die einzelnen Skalen wurden auf Ihre Reliabilität (Cronbachs Alpha) getestet.

Die Skala Lehrerfahrung setzt sich aus sechs Items zu lehrenden Tätigkeiten im schulischen Musikbereich sowie im Instrumentalunterricht und zu allgemeinen Erfahrungen in der Lehre zusammen. Die Studenten wurden aufgefordert auf einer fünfstufigen Antwortvorgabe ihre Lehrerfahrungen anzugeben (bis zu einem Monat, zwischen 1 und 12 Monaten, zwischen 2 und 3 Jahren, zwischen 4 und 5 Jahren, mehr als 5 Jahre). Anhand von drei Items schätzten die Studenten ihre Studienleistung ein. Zuerst verorteten sie ihre Leistung zwischen sehr gut und mangelhaft (fünf Stufen) und nahmen einen Vergleich zu ihren Kommilitonen vor. Abschließend gaben Sie sich noch einmal eine Zensur zwischen 1 und 5. Eine „objektive Leistungsmessung" über tatsächliche Zensuren, an sich schon problembehaftet, verbietet sich aus datentechnischen Gründen und ist für die vorliegende Fragestellung zudem nicht zielführend. Wir gehen davon aus, dass tatsächliche Zensuren nicht zwangsläufig das Kompetenzerleben der Versuchspersonen widerspiegeln. Das subjektive Leistungsempfinden spielt dagegen im Burnout-Prozess eine zentrale Rolle.

Da unsere Fragestellungen komplexe Wirkungszusammenhänge implizieren, wurde die Verwendung eines linearen Strukturgleichungsmodells gewählt. Diese Modelle sind im Gegensatz zu den meisten anderen statistischen Verfahren messfehlerbereinigt und lassen dadurch detailliertere Aussagen über Beziehungen zwischen Konstrukten zu. In einem linearen Strukturgleichungsmodell wurde der ange-

---

1   Bayern, Nordrhein-Westfalen, Baden-Württemberg, Bremen, Berlin, Hamburg, Mecklenburg-Vorpommern, Hessen, Saarland, Sachsen, Niedersachsen.

nommene Einfluss domänenspezifischer und allgemeiner Prädiktoren auf Burnout von Schulmusikstudierenden (N=238) mit Hilfe des Programms Amos überprüft.

Ergebnisse

In einem Pretest mit 65 Schulmusikstudenten der Universität der Künste Berlin wurde die Reliabilität des MMI-L (Motivation im Musikunterricht Inventar – Lehrer) getestet. Der Pretest ergab eine hohe Reliabilität mit Cronbachs Alpha von .84 bis .91 und eine mittlere bis hohe Reliabilität von .71 bis .84 für die übrigen Skalen. Die hohen Reliabilitätswerte konnten auch in der Hauptuntersuchung (N=238) bestätigt werden.

Skala	Items	Cronbachs Alpha
Lehrerfahrung	6	.74
Selbstwirksamkeit	12	.94
Kontrollüberzeugung	12	.96
Externale Handlungshemmung	12	.88
Zielorientierung	12	.88
Selbstregulation[2]	10	.75
Selbsteinschätzung der Studienleistung	3	.70
Burnout im Studium[3]	15	.74

Abb. 3: Skalenübersicht

Die Gesamtmotivation, operationalisiert als Summenwert der einzelnen Konstrukte, ergab ein Cronbachs Alpha von α=.91. In einem linearen Strukturgleichungsmodell mit N=238 (vgl. Abb. 4) beträgt die durchschnittlich erfasste Varianz (DEV) 70 % der Gesamtmotivation als Faktor zweiter Ordnung (vgl. Fornell & Larcker, 1981). Die Modellgüte (vgl. Hu & Bentler, 1999; Browne & Cudeck, 1993) ergibt einen guten bis akzeptablen Fit (CMIN/DF=1,281; p=0,087; CFI=0,932; TLI=0,895; RMSEA=0,072). Das Motivationsmodell (vgl. Harnischmacher & Hörtzsch, 2011) konnte erneut bestätigt werden. Das entwickelte Messinventar zur Motivation musikpädagogischen Handelns (MMI-L) erweist sich als höchst reliabel.

---

2   Schirzer, 1999.
3   Schaufeli et al., 2002.

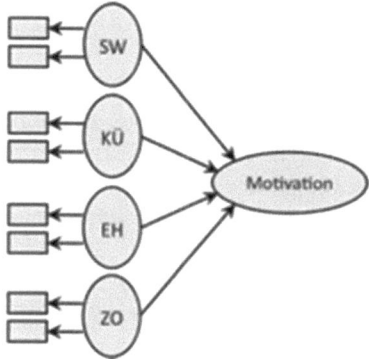

Abb. 4: Strukturgleichungsmodell der Motivation musikpädagogischen Handelns (MMI-L)

Die Hypothesen (vgl. Abb. 2) wurden in einem Strukturgleichungsmodell mit einem guten Model Fit bestätigt (CMIN/DF=1,142; p=0,085; CFI=0,989; TLI=0,987; RMSEA=0,025). Die Motivation musikpädagogischen Handelns hat einen positiven Einfluss auf die Stressbewältigung zukünftiger Musiklehrer. Dabei spielt folgender komplexer Prozess eine Rolle: Lehrerfahrungen beeinflussen die Motivation musik- pädagogischen Handelns, die wiederum einen positiven Effekt auf die Selbstregulati- on hat. Selbstregulation beeinflusst die (selbsteingeschätzte) Studienleistung positiv. Verläuft dieser Prozess insgesamt positiv, ergibt sich ein negativer Einfluss auf Burn- out. Anders gesagt, signalisiert ein insgesamt positiver Verlauf eine gute Prognose für eine Burnout-Prävention (vgl. Abb. 5).

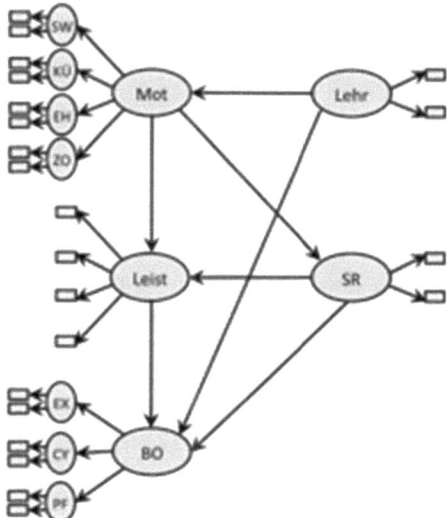

Abb. 5: Strukturgleichungsmodell Hypothesen

Diskussion

In der vorliegenden Studie konnte der positive Einfluss der Motivation musikpädagogischen Handelns auf die Stressbewältigung von Schulmusikstudierenden bestätigt
werden. Die Variable praktische Lehrerfahrung bedingt eine gesteigerte Motivation
und dies wirkt sich in Verbindung mit einer hohen Selbstregulation auf die Studienleistung aus. Verläuft dieser Prozess insgesamt positiv, bestehen gute Chancen für eine
Burnout-Prävention. Diese Ergebnisse stehen im Einklang mit der Theorie zur Über-
windung von Handlungshindernissen, dem Motivationsmodell musikbezogenen
Handelns (Autorenpublikation) und aktuellen Befunden und Erkenntnissen der
Burnout-Forschung (vgl. Burisch, 2010).

Das Burnout-Syndrom wird aktuell in verschiedenen Kontexten diskutiert. Auf
der einen Seite wird Burnout als Modevokabel inflationär verwendet, auf der anderen Seite berichten Gesundheitsberichte von einem starken Anstieg in verschiedens-
ten Bevölkerungsschichten (vgl. BKK, 2011). Nach dem aktuellen Forschungsstand
wird Burnout als arbeitsbezogene Motivationsstörung verstanden, welche sich in
verschiedenen Symptomatiken widerspiegelt (vgl. 3. Stand der Forschung). Unsere
Studien vertiefen daher besonders den Faktor Motivation und die Folgen von Motiva-
tionsabbau bzw. die Chancen durch Bewältigung von Handlungshindernissen in
Form einer Steigerung von Motivation.

Der Fokus lag in dieser Studie auf Schulmusikstudierenden. Aus der Perspektive
der Expertiseforschung ergeben sich weiterführende Fragestellungen. Wie gestaltet
sich dieser Prozess bei Musiklehrern, die mitten im Beruf stehen? Wie unterscheiden
sich Stressbewältigungsstrategien erfahrener und angehender Schulmusiker? Diese
Fragestellungen greift eine derzeit laufende Folgestudie mit einer Stichprobe von
Musiklehrern auf. Anzunehmen ist, dass der aufgezeigte Prozess der Stressbewältigung sich auch bei erfahrenen Musiklehrern in ähnlicher Weise bestätigen lässt. Zudem gehen wir von Expertiseeffekten aus, wobei erfahrene Musiklehrer neben mehr
Lehrerfahrung vermutlich auch eine höhere Motivation zeigen. Andererseits stellen
sich mit der beruflichen Tätigkeit eine Reihe neuer Herausforderungen und Belastungen, die möglicherweise mit höheren Burnoutwerten einhergehen (vgl. Schaarschmidt, 2005). Inwieweit auch in der Folgestudie eine positive Motivation eine
günstige Burnoutprävention signalisiert, ist eine empirische Frage.

Zusätzlich zu den quantitativen Erhebungen werden im Anschluss an diese Studie
verwendete Stressbewältigungsstrategien bzw. der Umgang mit Belastungen in einem qualitativen Ansatz untersucht. Interviews mit Schulmusikstudierenden und
Musiklehrern ermöglichen einen Experten-Novizen-Vergleich. Neben Fragen zur Be-
lastungsempfindung im Schulmusikstudium bzw. im Musiklehrerberuf liegt der Fokus auf vorhandenen Stressfaktoren sowie möglichen und verwendeten Stressbewältigungsstrategien der Probanden.

Ziel unserer Forschung ist eine Burnout-Prävention, welche bereits im Schulmusikstudium ansetzt. Diese könnte durch einen größeren Anteil von Praxiserfahrun-

gen während des Studiums und dem gelernten Umgang mit Belastungen und Stress geprägt sein. Voraussetzung dafür ist die Entwicklung geeigneter Bewältigungsstrategien. Mit der Entwicklung einer reliablen Skala der Motivation musikpädagogischen Handelns (MMI-L) und der Beschreibung von komplexen Wirkungszusammenhängen ist mit der vorliegenden Studie ein erster Schritt getan.

Literatur

Adam, F. (2011). *Zum Zusammenhang von Selbstwirksamkeit und Stresswahrnehmung im Musikunterricht. Eine empirische Studie*. Berlin. Forschungsstelle empirische Musikpädagogik. Verfügbar unter: http://www.fem-berlin.de/index.php?site=content &mid=130 [4.12.2012].

Allsup, R.E. (2005). Stress and the music teacher: Preventing burnout. *Teaching Music*, 12 (5), 50-54.

Bailer, N. (Hrsg.) (2009). *Musikerziehung im Berufsverlauf: Eine empirische Studie über Musiklehrerinnen und Musiklehrer*. Wien: Universal Edition.

Bandura, A. (1977). Self-efficacy: Toward a unifying theory of behavioral change. *Psychological Review*, 84 (1), 191-215.

Bandura, A. (1990). Self-Regulation of Motivation Through Anticipatory and Self-Reactive Mechanisms. In R.A. Dienstbier (Hrsg.), *Perspectives on Motivation, Nebraska Symposium on Motivation 1990* (S. 69-164). University of Nebraska Press.

BKK Bundesverband (2011). *BKK Faktenspiegel. 09/2011*. Essen: BKK Bundesverband. Verfügbar unter: http://www.bkk.de/fileadmin/user_upload/PDF/Faktenspiegel/ Aktuelle_Ausgaben/FS_1109_AU.pdf (2.12.2012)

Browne, M.W. & Cudeck, R. (1993). Alternative ways of assessing model fit. In K. Bollen, & J. S. Long (Hrsg.), *Testing structural equation models* (S. 136-162). Newsbury Park, CA: Sage.

Burisch, M. (2010). *Das Burnout-Syndrom. Theorie der inneren Erschöpfung*. Berlin: Springer.

Cherniss, C. (1980). *Professional Burnout in the Human Service*. New York: Praeger.

Christ, O., van Dick, R. & Wagner, U. (2004). Belastung und Beanspruchung bei Lehrern in der Ausbildung. In A. Hillert & E. Schmitz (Hrsg.), *Psychosomatische Erkrankungen bei Lehrerinnen und Lehrern. Ursachen, Folgen, Lösungen* (S. 113-119). Stuttgart: Schattauer.

Dews, C.L.B. & Williams, M.S. (1989). Student Musician's Personality Styles, Stresses and Coping Patterns. *Psychology of Music*, 17 (1), 37-47.

Fornell, C. & Larcker, D.F. (1981). Evaluating Structural Equation Models with Unobservable Variables and Measurement Error. *Journal of Marketing Research*, 18 (1), 39-50.

Gembris, H. (Hrsg.) (2008). *Musik im Alter: Soziokulturelle Rahmenbedingungen und individuelle Möglichkeiten*. Frankfurt am Main: Peter Lang.

Gusy, B., Lohmann, K. & Drewes, J. (2010). Burnout bei Studierenden, die einen Bachelor-Abschluss anstreben. *Prävention und Gesundheitsförderung*, 5 (3), 271-275.

Harnischmacher, C. (1997). The effects of individual differences in motivation, volition and maturational processes on practice behavior of young instrumentalists. In H. Jorgensen & A.C. Lehmann (Hrsg.), *Does practice make perfekt? Current theory and research on instrumental music practice*, NMH-publikasjoner: 1 (S. 71-88). Oslo: Norges musikkhøgskole.

Harnischmacher, C. (1998). Was macht den Fehler zum Problem? Eine Theorie der Bewältigung von Handlungshindernissen des Übens. In H. Gembris, R.-D. Kraemer & G. Maaß (Hrsg.), *Üben in musikalischer Praxis und Forschung, Musikpädagogische Forschungsberichte 1997* (S. 168-207). Augsburg: Wißner.

Harnischmacher, C. (2008). *Subjektorientierte Musikerziehung. Eine Theorie des Lernens und Lehrens von Musik*. Augsburg: Wißner.

Harnischmacher, C. & Hörtzsch, U. (2011). *Motivation in Music Education Inventory (MMI)*. Forschungsstelle empirische Musikpädagogik. Verfügbar unter: http://www.fem-berlin.de/index.php?site=content&mid=130 [4.12.2012].

Heckhausen, H. (1989). *Motivation und Handeln* (2. völlig überarbeitete Auflage). Berlin: Springer.

Heckhausen, H. & Heckhausen, J. (2010). *Motivation und Handeln* (4. überarbeitete und erweiterte Auflage). Berlin: Springer.

Henning, C. & Keller, G. (1998). *Anti-Streß-Programm für Lehrer – Erscheinungsbild, Ursachen, Bewältigung von Berufsstreß*. Donauwörth: Auer.

Herber, H.-J., Astleitner, H. & Faulhammer, E. (1999). *Musikunterricht und Leistungsmotivation*. Verfügbar unter: http://www.google.de/url?sa=t&rct=j&q=&esrc=s&source=web&cd=1&ved=0CCwQFjAA&url=http%3A%2F%2Fwww.sbg.ac.at%2Ferz%2Fsalzburger_beitraege%2Fherbst99%2Fhh_ha_ef_1999_2.pdf&ei=Y2H5UfPzGYrKsgbuyYGgDQ&usg=AFQjCNHlRFjOsG4_Bx9LA99jbovBPO58NA&bvm=bv.49967636,d.Yms&cad=rja [31.7.2013].

Hernt, S. & Schaarschmidt, U. (2007). Fit für den Lehrerberuf?! In U. Schaarschmidt & U. Kleschke (Hrsg.), *Gerüstet für den Schulalltag. Psychologische Unterstützungsangebote für Lehrerinnen und Lehrer* (S. 157–187). Weinheim: Beltz.

Heß, F. (2011). Musikunterricht zwischen Sach- und Fachinteresse. Ergebnis aus der Pilotstudie Musikunterricht aus Schülersicht. *Beiträge empirischer Musikpädagogik*, 2 (1). Verfügbar unter: http://www.b-em.info/index.php?journal=ojs&page=article&op=view&path[]=44&path[]=104 [4.12.2012].

Hu, L. & Bentler, P.M. (1999). Cutoff criteria for fit indexes in covariance structur analysis: conventional criteria versus new alternatives. *Structural Equation Modeling*, 6 (1), 1-55.

Körner, S.C. (2003). *Das Phänomen Burnout am Arbeitsplatz Schule. Ein empirischer Beitrag zur Beschreibung des Burnout-Syndroms und seiner Verbreitung sowie zur Analyse von Zusammenhängen und potentiellen Einflussfaktoren auf das Ausbrennen von Gymnasiallehrern*. Berlin: Logos.

Krampen, G. (1987). *Handlungstheoretische Persönlichkeitspsychologie*. Göttingen: Hogrefe.

Kretschmann, R. (Hrsg.) (2001). *Stressmanagement für Lehrerinnen und Lehrer*. Weinheim: Beltz.

Nieskens, B. (2009). *Wer interessiert sich für den Lehrerberuf – und wer nicht? Berufswahl im Spannungsfeld von subjektiver und objektiver Passung.* Göttingen: Cuvillier.

Maslach, C. & Jackson, S.E. (1981). *Maslach Burnout Inventory.* Palo Alto, CA: Consulting Psychologists Press.

McLain, B.P. (2005). Environmental support and music teacher burnout. *Bulletin of the Council for Research in Music Education,* 164 (2), 71-84.

Rauin, U. (2007). Im Studium wenig engagiert – im Beruf schnell überfordert. Studierverhalten und Karrieren im Lehrerberuf – Kann man Risiken schon im Studium prognostizieren? *Forschung Frankfurt,* 03/2007, 83-87.

Rotter, J. B. (1966): Generalized expectancies for internal versus external control of reinforcement. *Psychological Monographs,* 33 (1), 300-303.

Schaarschmidt, U. & Fischer, A.W. (2001). *Bewältigungsmuster im Beruf: Persönlichkeitsunterschiede in der Auseinandersetzung mit der Arbeitsbelastung.* Göttingen: Vandenhoeck & Ruprecht.

Schaarschmidt, U. (Hrsg.) (2005). *Halbtagsjobber? Psychische Gesundheit im Lehrerberuf – Analyse eines veränderungsbedürftigen Zustandes.* Beltz: Weinheim.

Schaufeli, W.B. & Enzmann, D. (1998). *The Burnout Companion to Study and Practice: A Critical Analysis.* London: Taylor & Francis.

Schaufeli, W.B., Martínez, I., Marqués-Pinto, A., Salanova, M., & Bakker, A. (2002). Burnout and engagement in university students: A cross-national study. *Journal of Cross-Cultural Studies,* 33 (5), 464-481.

Scheib, W.S. (2003). Role Stress in the Professional Life of the School Music Teacher: A Collective Case Study. *Journal of Research in Music Education,* 51 (2), 124-136.

Schwarzer, R. (1999). Selbstregulation. In R. Schwarzer & M. Jerusalem (Hrsg.), *Skalen zur Erfassung von Lehrer- und Schülermerkmalen.* Verfügbar unter: http://userpage. fu-berlin.de/~gesund/skalen/Selbstregulation/selbstregulation. htm [4.12.2012].

Sieland, B. (2004). Lehrerbiographien zwischen Anforderungen und Ressourcen im System Schule. In A. Hillert & E. Schmitz (Hrsg.), *Psychosomatische Erkrankungen von Lehrer/innen und Lehrern* (S. 143-160). Stuttgart: Schattauer.

Spahn, C., Richter, B. & Altenmüller, E. (2010). *MusikerMedizin: Diagnostik, Therapie und Prävention von musikerspezifischen Erkrankungen.* Stuttgart: Schattauer.

Trautwein, U. (2012). Anstöße für die Bildung. In Vodafone Stiftung Deutschland, *Lehre(r) in Zeiten der Bildungspanik. Eine Studie zum Prestige des Lehrerberufs und zur Situation an den Schulen in Deutschland.* (S. 48-56). Düsseldorf: Vodafone-Stiftung

Vogt, J. & Rolle, C. (1999). „Ja mach nur einen Plan ..." Über einige Probleme musikpädagogischer Handlungstheorie. *Musik & Bildung,* 3, 16-23.

von Georgi, R. & Lothwesen, K. (2010). Handlungskompetenzen und Studiumsmotivation von Musikstudierenden. In N. Knolle (Hrsg.), *Evaluationsforschung in der Musikpädagogik, Musikpädagogische Forschung: Bd. 31* (S. 305-324). Essen: Die Blaue Eule.

Welker, Werner & Scholz (2005). *Online-Research: Markt- und Sozialforschung mit dem Internet.* Heidelberg: dpunkt.

Anhang

Motivation im Musikunterricht Inventar - Lehrer

Motivation in Music education Inventory

Hofbauer, Harnischmacher (C) 2012 – Universität der Künste Berlin

Forschungsstelle
Empirische
Musikpädagogik

Im folgenden Fragebogen geht es um Motivation musikpädagogischen Handelns. Es handelt sich nicht um einen Leistungstest. Bei dieser Art von Untersuchung gibt es also keine richtigen oder falschen Antworten. Bitte achten Sie darauf, alle Fragen zu beantworten. Antworten Sie bitte aufrichtig und möglichst zügig. Die Untersuchung dient lediglich Forschungszwecken. Der Datenschutz ist gewährleistet. Bitte bemühen Sie sich, jede Frage zu beantworten, auch wenn nur minimale Erfahrungen im Unterrichten vorliegen. Vielen Dank für Ihre Mitarbeit und viel Spaß!

		immer	häufig	manchmal	selten	nie
1	Ich fühle mich sicher, wenn ich Musik unterrichte.					
2	Wenn im Musikunterricht etwas nicht Eingeplantes passiert, weiß ich, was ich tun muss.					
3	Beim Unterrichten ist mir klar, auf was ich hinaus möchte.					
4	Ich habe genug Methoden, um Musik zu unterrichten.					
5	Wenn ich Musik unterrichte, fällt mir was ein.					
6	Ich habe Ideen, um meinen Musikunterricht zu gestalten.					
7	Ich weiß, wie ich in Musik vorgehen muss.					
8	Ich kann gut Musik unterrichten.					
9	Musikunterrichten fällt mir leicht.					
10	Beim Musikunterrichten habe ich keine Schwierigkeiten.					
11	Ich weiß, dass ich eine gute Musiklehrerin bin.					
12	Im Musikunterricht kann ich mich verwirklichen.					
13	Ich weiß, wie ich effektiv im Musikunterricht vorgehe.					
14	Meine Methoden im Musikunterricht funktionieren gut.					
15	Meine Unterrichtsziele kann ich im Musikunterricht erreichen.					
16	Ich habe im Musikunterricht keine Schwierigkeiten, effektiv zu unterrichten.					
17	Wenn ich mich gut vorbereite, funktioniert mein Musikunterricht.					
18	Ich unterrichte gut Musik, weil ich flexibel reagiere.					
19	Die von mir eingesetzten Methoden führen zum gewünschten Ergebnis.					
20	Probleme im Musikunterricht kann ich gut meistern.					
21	Weil ich meine Stunden gut strukturiere, funktioniert mein Musikunterricht.					
22	Da ich reflektiere, kann ich meinen Musikunterricht effektiv gestalten.					
23	Mein Handeln im Musikunterricht ist effektiv.					
24	Das, was ich mir vorgenommen habe, erreiche ich in meinem Musikunterricht auch.					

		immer	häufig	manchmal	selten	nie
25	Verschiedene Störfaktoren haben einen starken Einfluss auf mein musikpädagogisches Handeln.					
26	Mein Musikunterricht ist nicht effektiv, da ich immer Brücken- oder Randstunden bekomme.					
27	Mein Musikunterricht verläuft nicht gut, weil die Schüler nicht motiviert sind.					
28	Ich fühle mich nicht gut ausgebildet genug, um Musik zu unterrichten.					
29	Mein Musikunterricht ist nicht gut, weil ich keine methodischen Anregungen bekomme.					
30	Ich unterrichte nicht gut Musik, weil ich keinen Musikraum zur Verfügung habe.					
31	Mein Musikunterricht ist schlecht, weil Instrumente fehlen.					
32	Die Klasse ist zu groß, um guten Musikunterricht durchzuführen.					
33	Da ich nur wenige Stunden zur Verfügung habe, erreiche ich meine Ziele im Musikunterricht nicht.					
34	Die Akustik des Raumes ist so schlecht, dass ich keinen guten Musikunterricht durchführen kann.					
35	Durch große Unruhe der Schülerinnen und Schüler kann ich meine Ziele im Musikunterricht nicht erreichen.					
36	Das gemeinsame Musizieren ist nicht möglich, weil die Schüler zu unruhig sind.					
37	Der Aspekt des gemeinsamen Musizierens ist für mich von großer Bedeutung.					
38	Ich unterrichte Musik, um den Schülern unterschiedliche Musikrichtungen nahe zu bringen.					
39	Ich unterrichte Musik, damit die Schüler ein Gefühl für Musik entwickeln.					
40	Ich unterrichte Musik, um Kinder nachhaltig für das Musizieren zu begeistern.					
41	Ich unterrichte Musik, um Kindern musikalische Möglichkeiten zu eröffnen.					
42	Mein Musikunterricht ist darauf ausgelegt, dass die Schüler motiviert werden.					
43	Wenn ich einen Schüler für Musik begeistern kann, hat sich mein Unterricht gelohnt.					
44	Ich möchte mit den Schülern größere Musik-Projekte im Musikunterricht machen.					
45	Die Schüler möchte ich befähigen, ihre Musikkultur aktiv zu gestalten.					
46	Das Interesse an der Musik zu vermitteln, ist mir wichtig.					
47	Ich unterrichte Musik, um soziale Aspekte zu fördern.					
48	Wenn ich Musik unterrichte, trage ich zur Integration bei.					

Vielen Dank!

Viola C. Hofbauer
Universität der Künste Berlin
Institut für Musikpädagogik
Forschungsstelle empirische Musikpädagogik
Lietzenburger Straße 45
10789 Berlin
hofbauer@fem-berlin.de

Prof. Dr. Christian Harnischmacher
Universität der Künste Berlin
Institut für Musikpädagogik
Forschungsstelle empirische Musikpädagogik
Lietzenburger Straße 45
10789 Berlin
harnischmacher@fem-berlin.de

Gabriele Puffer

Musikunterricht im Rückspiegel
Zur Konstruktion von „Musikunterricht" in Stundennachbesprechungen während der ersten Ausbildungsphase

Looking back on music lessons
Construction of music teaching in discussions held
during a teacher training course

This article provides an interim report on a case study. Following class observation, students and instructors reflected on their impressions in detailed feedback sessions. The focus is on the impressions of "music instruction" formed during the course of these discussions. The current phase of data analysis makes several preliminary statements about the collective orientation of the examined group possible. The findings differ substantially from models commonly found in pedagogical literature, in terms of general rules and teaching propositions as well as on the roles, scope of action, and the specific characteristics of music as a subject of instruction.

Einleitung

Den Untersuchungsgegenstand des hier vorgestellten Projekts bilden Stundennachbesprechungen aus einem Theorie-Praxis-Seminar im Rahmen der Lehramtsausbildung Musik. Mitglieder der Gesprächsrunde waren sechs Studierende (Lehramt Gymnasium, viertes Fachsemester), eine Lehrkraft mit vier Jahren Lehrerfahrung und eine Universitäts-Dozentin mit zehn Jahren Lehrerfahrung im gymnasialen Musikunterricht. Im Praxis-Teil der Lehrveranstaltung wurden Unterrichtsversuche in den Jahrgangsstufen 5 und 6 vorbereitet, durchgeführt und unmittelbar anschließend im gemeinsamen Gespräch reflektiert. Im Mittelpunkt des Forschungsinteresses steht die Frage, welche Bilder von „Musikunterricht" durch die Mitglieder der Gesprächsgruppe konstruiert wurden. Der Titel „Musikunterricht im Rückspiegel" illustriert die besondere Perspektive der Stundennachbesprechungen: Zum einen ist dies der Blick zurück auf das Geschehen aus unmittelbarer zeitlicher und räumlicher Nähe. Zum anderen beinhaltet die Metapher auch den Aspekt des „Toten Winkels", also die Möglichkeit, dass beim Blick zurück etwas Wichtiges zunächst unbemerkt bleibt. Anlass der hier vorzustellenden Studie war eine Irritation. Zu Beginn des Sommersemesters 2011 fertigte ich einen Audio-Mitschnitt einer Stundennachbesprechung an, wie ich es gelegentlich tue, um die Qualität des Unterrichts zu kontrollieren. Zuvor hatte ein Student eine Musikstunde in einer fünften Klasse gehalten. Beim Abhören der Aufzeichnung stieß ich auf folgende Äußerungen:

> St5: Vielleicht habe ich da den falschen Schüler ausgewählt. (P9, 26)

> L: Zum einen glaube ich auch: Schülerwahl. Also, T. ist da wirklich alles andere als fit. Von den Leistungen her ist er sehr schlecht, auch in Musiktheorie. Also, er kann jetzt auch Noten nicht richtig lesen. Es ist ganz schwierig mit ihm, weil er immer so ein Auftreiber ist. ( ) Das eine – also, ein anderer hätte es mit Sicherheit gekonnt. (P9, 28)[1]

Was war zuvor geschehen? Den Kindern war eine Aufgabe gestellt worden, die durch Spielen einer bestimmten Tonfolge auf einem Xylophon zu lösen war. Ein Schüler aus der ersten Reihe meldete sich begeistert, wurde aufgerufen – und scheiterte mit seinem Lösungsversuch. Eine mögliche Interpretation der oben abgedruckten Äußerungen wäre nun: Dem Schüler, der von der Lehrkraft aufgerufen wird und die Aufgabe nicht lösen kann, wird das Attribut „falsch ausgewählt" zugewiesen. Dies bedeutet im Umkehrschluss: „Richtig" ist die Wahl eines Kindes, das in der Lage ist, die korrekte Tonfolge zu spielen. Anschließend kann dann der nächste geplante Arbeitsschritt in Angriff genommen werden. Die Tatsache, dass es in der Klasse auch Schüler gibt, die die Aufgabe nicht bewältigen können, bleibt unberücksichtigt. Weiter zugespitzt: Die Wahl eines „richtigen" Kindes ermöglicht in einer solchen Situation den reibungslosen Fortgang des Unterrichts; die Wahl des „falschen" Schülers behindert ihn. Ob alle Kinder tatsächlich das gelernt haben, was sie bis dahin hätten lernen sollen, erscheint dem gegenüber zweitrangig.

Dies erinnert an eine Beobachtung des Erziehungswissenschaftlers Georg Breidenstein: „Im Extremfall reduziert sich ‚Unterricht' auf eine formale Interaktions-Struktur, die zwar die komplementären Lehrer- und Schülerrollen aufrecht erhält und den bekannten Handlungsmustern (frontalen) Unterrichts folgt, aber die Fiktion, dass ein relevanter Teil der Klasse etwas ‚lernt' in dieser Situation, aufgegeben zu haben scheint" (Breidenstein, 2006, S. 89). Der Autor spricht in diesem Zusammenhang von einer „Fassade von Unterricht" (a. a. O.). – Wenn dieser Fall eintritt, verliert Unterricht seine Legitimation, und es kann kaum Aufgabe von Lehrerausbildung sein, solche Denk- und Interaktionsmuster zu fördern.

---

1   Erläuterung zu den Gesprächszitaten: Das einleitende Kürzel bezeichnet den Sprecher, die Zahlen in Klammern beziehen sich auf die Dokumentennummer der jeweiligen Transkription sowie auf den Absatz innerhalb des Dokuments, aus dem die Textpassage stammt. Zur Gestaltung der Transkripte: vgl. Langer, 2010, S. 523.

Die eingangs erwähnte Irritation entzündete sich vor allem daran, dass die beiden oben abgedruckten Äußerungen in der Gesprächsrunde unwidersprochen und unkommentiert blieben. Dies führte zur Frage, ob es in den Stundennachbesprechungen des Seminars wohl noch mehr solcher Phänomene zu beobachten gäbe. Grundlegender gefasst: Welche Bilder von Musikunterricht lassen sich in den Gesprächen ausmachen? In den Blick genommen werden unter anderem die folgenden Teilaspekte:

- Welche räumlichen und zeitlichen Dimensionen kennzeichnen das Phänomen „Musikunterricht" in den Gesprächen?
- Wie wird über die Akteure des Unterrichtsgeschehens gesprochen? Welche Erwartungen werden an sie gerichtet, welche Eigenschaften und Handlungsspielräume werden ihnen zugeschrieben?
- Welche Mechanismen oder Gesetzmäßigkeiten unterrichtlicher Interaktion werden im Gespräch vermutet?
- Wie wird der Unterrichtsgegenstand „Musik" thematisiert?
- Welche Vorstellungen von „Musik lernen" und „Musik lehren" werden erkennbar?

Die Untersuchung ist dem qualitativen Ansatz interpretativer Unterrichts- bzw. Lehrerforschung verpflichtet und folgt dem Forschungskonzept der Grounded Theory nach Strauss und Corbin (Strauss & Corbin, 2006). Ziel ist nicht nur die Exploration eines Ausschnitts sozialer Realität, sondern auch die Bildung einer gegenstandsbezogenen Theorie. Die Anlage als Fallstudie an einer zeitlich befristet existierenden Realgruppe bringt eine Reihe von Vor- und Nachteilen mit sich: So bietet sich einerseits die Möglichkeit, den zu untersuchenden Gegenstand umfassend zu dokumentieren und bei der Analyse eine gewisse „Tiefenschärfe" zu erreichen. Andererseits beschränkt sich die Reichweite der Analyseergebnisse zunächst auf die untersuchte Realgruppe zum Untersuchungszeitpunkt,[2] Auch das theoretische Sampling unterliegt in diesem Fall Beschränkungen: Es wird hier nicht betrieben im Sinne einer Verbreiterung der Datenbasis, also des Hinzuziehens weiterer Vergleichsfälle etwa in Form anders zusammengesetzter Gesprächsgruppen. Die Suche nach Ähnlichkeiten und Kontrasten erfolgt im bereits erhobenen Datenmaterial (vgl. dazu Truschkat, Kaiser-Belz & Volkmann, 2011, S. 375). So fanden sich beispielsweise im Rahmen des offenen Kodierens der vier ersten Stunden-Nachbesprechungen Hinweise auf mindestens zwei einander widersprechende Bilder des Unterrichtsgegenstands „Musik" – je nachdem, ob Musik gerade in Form theoretischer Unterrichtsinhalte thematisiert wurde oder ob es um Musizierpraxis ging. Da in allen vier Gesprächen Unterrichtsstunden reflektiert wurden, in denen beide Aspekte etwa gleich bedeutsam waren, bot es sich an, aus dem weiteren Datenmaterial gezielt Sitzungen auszuwählen, in

---

2 Zu Möglichkeiten und Grenzen von Fallstudien in musikpädagogischem bzw. erziehungswissenschaftlichem Kontext: vgl. Kormann, 1984; Fatke, 2010; zu Besonderheiten beim Umgang mit Realgruppen: vgl. Loos & Schäffer, 2001, S. 13; Bohnsack, 2009.

denen reine Musizierstunden nachbesprochen wurden, und zu untersuchen, wie „Musik" dort charakterisiert ist.

Um die Dichte der zu entwickelnden Theorie zu erhöhen, wird zudem Vergleichsmaterial aus weiteren Quellen herangezogen. Die transkribierten Gruppeninterviews mit Schülern aus Wallbaum, 2010 erweisen sich beispielsweise im Rahmen kontrastierender Vergleiche als hilfreich, wenn es darum geht, Besonderheiten der Äußerungen über Schüler im Seminar-Gespräch herauszuarbeiten (Wallbaum, 2010, Daten-DVDs).[3]

Eine zusätzliche Herausforderung stellt im vorliegenden Fall die Tatsache dar, dass die Verfasserin selbst Teil der Gesprächsgruppe war. Zwar kann dieser Umstand – gut reflektiert – auch als Erkenntnisquelle nutzbar gemacht werden Um die notwendige Qualität der Interpretationen zu gewährleisten, ist aber insgesamt eine besonders sorgfältige, kontinuierliche Reflexion des eigenen Standpunkts bei allen Arbeitsschritten erforderlich. Unverzichtbar ist zudem das regelmäßige Hinzuziehen eines „fremden Blicks" auf Datenmaterial und Analyseprozess, etwa im Rahmen von Interpretationswerkstätten.[4]

Die Analyse des Materials dauert noch an; erste Ergebnisse zeichnen sich jedoch bereits ab. Die Befunde könnten – trotz ihrer begrenzten Reichweite – in zweierlei Hinsicht relevant werden: Zum einen soll die Studie dazu beitragen, einer fast 30 Jahre alten Forderung nachzukommen und „vom interpretativen Ansatz her die heimlich wirkenden, für die Alltagspraxis aber ungemein wirksamen privaten Theorien von Unterricht aufzudecken" (Bastian, 1984, S. 356). Das Erkenntnisinteresse im hier vorgestellten Projekt richtet sich allerdings nicht auf „private Theorien" im Sinne individueller Konzepte, sondern auf kollektive Orientierungen beim Sprechen über Musikunterricht. Dabei wird im Sinne der Wissenssoziologie davon ausgegangen, dass die Teilnehmer einer Diskussion in einer Realgruppe kollektive Wissensbestände und kollektive Strukturen teilen, „die sich auf der Basis von existenziellen Gemeinsamkeiten (in konjunktiven Erfahrungsräumen) bereits gebildet haben" (Pryborski & Riegler, 2010, S. 239). Im Verlauf des Diskurses treten solche gemeinsamen Orientierungen zutage und können mittels geeigneter Analyse- und Interpretationsverfahren herausgearbeitet werden. Implizit vorhandene Wissensbestände und Orientierungen interessieren dabei ebenso wie das „theoretische", reflexive Wissen der Akteure (vgl. dazu Bohnsack 2006, 2009).

Zum anderen verweisen die beobachteten Phänomene möglicherweise auf einen weiteren Aspekt von (Musik-)Lehrerbildung, der im hochschuldidaktischen Alltag immer wieder zu Tage tritt: die Existenz mehrerer, zum Teil voneinander losgelöst erscheinender und einander widersprechender Kommunikations- und Überlieferungsebenen, wenn schulischer Unterricht und seiner Gestaltung thematisiert und

---

3   Zum Umgang mit verschiedenen „Datenschnitten": vgl. Glaser & Strauss, 2010, S. 80 ff.
4   Zur Notwendigkeit sorgfältiger und kontinuierlicher Reflexion des eigenen Standpunkts als Forschende(r): Siehe Loos & Schäffer, 2001, S. 38; Mruck & Mey, 1998, 2007; Breuer, Dieris & Lettau, 2009, S. 29ff. und 115 ff.; Breuer, Mey & Mruck, 2011.

erprobt werden. (vgl. auch Riedel, 2010, S. 29 f.) So lässt sich immer wieder einmal beobachten, dass Studierende in Seminaren oder Prüfungen durchaus sachkundig und eloquent über Lerntheorien oder musikpädagogische Konzepte referieren und diskutieren; im Schulpraktikum scheinen sie dann aber zunächst vorwiegend Handlungsmuster zu reproduzieren, die sie beispielsweise bei ihren eigenen Musiklehrern oder bei Mentoren beobachten konnten. „Angelerntes" theoretisches Wissen in Handlungsstrategien umzusetzen fällt demgegenüber offensichtlich schwerer oder wird gar nicht erst angestrebt. Eine gewisse „Theorie-Ferne" in diesem Sinne ist auch in den hier analysierten Seminar-Gesprächen wahrnehmbar. Unter diesem Aspekt könnte das Projekt von grundsätzlichem Interesse für in der Lehramtsausbildung Tätige sein. Der Hauptnutzen der Studie dürfte jedoch darin liegen, dass sie neue Blickwinkel auf ein Alltagsphänomen eröffnet. Bereits jetzt wirft die Arbeit am vorliegenden Material eine ganze Reihe weiterführender Fragen auf, die Anregungen zu größeren oder kleineren Forschungsprojekten geben könnten.

Stand der Forschung

Die Musiklehrerforschung kann im deutschsprachigen Raum bereits auf eine längere Tradition zurückblicken, vor allem in Form von Fragebogen- und Interviewstudien, die dem Ein-Personen-Paradigma verpflichtet sind (z. B. Gembris, 1991; Pfeiffer, 1994; Grimmer, 1999; Hansmann, 2000; Niessen, 2006; Bailer, 2009; Hammel, 2011). Inhaltlich zielen diese Untersuchungen auf biographische Aspekte, individuelle Problemlagen und Coping-Strategien sowie Selbst- bzw. Individualkonzepte ab. Im Vergleich dazu wurden Gruppen bisher kaum in den Blick genommen. Kollektive Orientierungen sind vor allem für den Bereich des gemeinsamen Musizierens untersucht (z. B. Rosenbrock, 2004; Dabback, 2009), weniger bezüglich pädagogischer Kontexte. Gruppendiskussionen als Erhebungsinstrument finden sich vor allem in Veröffentlichungen aus Großbritannien und den USA, in der deutschsprachigen Musikpädagogik spielen sie bislang praktisch keine Rolle. Eine Ausnahme bilden die von Niessen und Lehmann-Wermser skizzierten Gruppeninterviews als Teil einer umfangreicheren Studie (Niessen & Lehmann-Wermser, 2006). Im Rahmen reiner „focus group studies" wurden beispielsweise musikalische Identitäten von weiblichen Jugendlichen (Chosiad, 2008) und Jazz-Musikern (MacDonald & Wilson, 2005) untersucht. Zudem fanden Gruppendiskussionen im Rahmen von Mixed-Methods-Studien Verwendung. Themen waren dabei unter anderem Gründe für den Verbleib erfahrener Musiklehrkräfte in ihrem Beruf (Siebert, 2007), Interaktionen zwischen Lehramtsstudierenden und ihren Ausbildern (Conway, Eros, Pellegrino & West, 2010) oder der Einsatz von Informations- und Kommunikationstechnik im Musikunterricht schottischer Lehrkräfte (Byrne & McDonald, 2002).

Studien, in denen Musikunterricht aus der Nahperspektive betrachtet wird, sind insgesamt noch immer rar und richten sich vorwiegend auf die Interpretationen des – zuvor selbst erlebten oder auf Video aufgezeichneten – Unterrichtsgeschehens durch Schüler, Lehrkräfte oder externe Beurteiler (z. B. Könneke, 1992; Niessen & Lehmann-Wermser, 2006; Androutsos & Humphreys, 2010; Harnischmacher & Hofbauer, 2011). In der hier vorzustellenden Studie bleibt die Perspektive der Schülerinnen und Schüler ausgeblendet. Der Fokus liegt auf kollektiven Orientierungen einer Gesprächsgruppe, deren Teilnehmer aus der Lehrer-Perspektive auf das Unterrichtsgeschehen blicken – allerdings vor dem Hintergrund recht unterschiedlicher Grade und Dimensionen von Expertise.[5]

Methodisches Vorgehen

Alle Stunden-Nachbesprechungen des Seminars (n=16, Dauer je 20-35 Minuten) wurden mit Hilfe eines Audio-Recorders aufgezeichnet und unter Verwendung der Software f4 transkribiert (Umfang des Korpus: ca. 65.000 Wörter). Die qualitative Auswertung erfolgt gestützt durch ATLAS.ti. Entsprechend den Vorschlägen von Strauss & Corbin gliedert sich der Arbeitsprozess in offenes, axiales und selektives Kodieren (Strauss & Corbin, 2006, S. 43 ff.). Dieser zirkulär verlaufende Prozess wird kontinuierlich durch das Schreiben von Memos ergänzt und unterstützt. Beim Herausarbeiten von Zusammenhängen werden auch einige der Visualisierungsmöglichkeiten in ATLAS.ti herangezogen (vgl. z. B. Friese, 2012, S. 235).

Bei der Datenanalyse sind zwei wichtige Aspekte zu berücksichtigen: die Analyse-Ebene sowie die Herkunft des Datenmaterials. Im vorliegenden Fall handelt es sich um eine Analyse auf Meta-Ebene: Es werden nicht Unterrichtsbeobachtungen oder gar das Unterrichtsgeschehen selbst untersucht, auch nicht die Wahrnehmung der Gesprächsteilnehmer, sondern ausschließlich deren Interpretationen des Unterrichtsgeschehens, wie sie in den Gesprächen artikuliert wurden. Dies muss im Hinblick auf Inhalt und Reichweite der Befunde beachtet werden. Außerdem wurden die transkribierten Gespräche nicht, wie sonst in der Forschung üblich, eigens zu wissenschaftlichen Zwecken arrangiert. Es handelt sich um Audio-Mitschnitte alltäglicher gemeinsamer Arbeit – was einerseits dem Anliegen qualitativer Forschung entspricht, möglichst nah am „wirklichen Leben" zu sein. Andererseits entfiel so die Möglichkeit, durch gezieltes Nachfragen oder Setzen neuer Impulse den Gesprächsverlauf zu beeinflussen und so aussagekräftigeres Datenmaterial im Sinne des Erkenntnisinteresses zu erhalten. Das ist insofern problematisch, als es sich bei der untersuchten Gesprächsrunde um eine homogene Gruppierung mit wahrscheinlich strukturähnlichen Erfahrungshintergründen handelt. Dies erhöht die Gefahr, dass Aspekte des diskutierten Geschehens einfach deshalb nicht explizit erwähnt werden (und damit auch nicht im Datenmaterial aufscheinen), weil sie ohnehin allen Beteiligten der Gesprächsrunde als selbstverständlich erscheinen.

---

5   Zum Experten-Novizen-Paradigma im Zusammenhang mit dem Lehrerberuf: vgl. Gruber & Stöger, 2011; bezogen auf Musiklehrkräfte: vgl. Hofmann, 2011.

Zwingend erforderlich ist jedenfalls eine intensive Auseinandersetzung mit diskurs- bzw. gesprächsanalytischen Fragen (Loos & Schäffer, 2001, S. 59 ff.; Bohnsack, 2009, S. 376). Für die Interpretation der Stundennachbesprechungen relevant erscheinen insbesondere die Bereiche der sozialen Beziehungen zwischen den Gesprächsteilnehmern, der Gesprächsmodalitäten, des Zustandekommens von Verständigung und Kooperation sowie der Gesprächsorganisation (vgl. Deppermann, 2008, S. 9 f.): So gibt es beispielsweise – trotz eines recht streng ritualisierten Gesprächsablaufs – Stellen, an denen mit besonderer Intensität diskutiert wird. Im Rahmen des offenen Kodierens erhielten sie die Bezeichnung „Hot Spots". Sie zeichnen sich sowohl durch hohe Interaktivität aus als auch durch besonderen Detailreichtum in der Darstellung. Besondere Aufmerksamkeit verdienen solche „Hot Spots", weil davon auszugehen ist, dass die dort behandelten Themen für einige oder alle Teilnehmer der Gesprächsrunde hohe Relevanz haben (vgl. Loos & Schäffer, 2001, S. 61). Inhaltlich geht es in diesen Passagen vorwiegend um Fragen des Herstellens und Aufrechterhaltens von Ruhe und Ordnung.

Welche „Filter" beeinflussen möglicherweise das Gesprächsverhalten der Teilnehmer? Wie wird beispielsweise Kritik geäußert? Wie sind die Einzeläußerungen aufeinander bezogen? – Wichtig ist die Reflexion des Umstands, dass es sich beim untersuchten Seminar um eine hierarchische Konstellation mit einem gewissen „Bewertungsdruck" handelt. Dies beeinflusste mit Sicherheit auch das Kommunikationsverhalten. Deutliche Hinweise darauf liefern in formaler Hinsicht beispielsweise die passagenweise recht unterschiedlichen Gesprächsanteile der einzelnen Teilnehmer sowie häufige und deutliche Vorsichts- und Relativierungssignale in Äußerungen von Studierenden:

> St1: Also, ich habe auch nur zwei ganz kleine Kleinigkeiten, und zwar: Uns ist zum Beispiel hinten aufgefallen, dass jemand den Namen „Haydn" falsch geschrieben hat, weil du es ja diktiert hast. Dass man so etwas vielleicht ahnen könnte, dass es wahrscheinlich die Meisten falsch schreiben – dass man es vielleicht an die Tafel schreibt. Zum Beispiel bei so schwierigen Wörtern (P10, 43).

Auf inhaltlicher Ebene könnte sich der hierarchische Kontext beispielsweise darin äußern, dass Studierende bevorzugt Themen ansprechen, bei denen sie davon ausgehen können, sowohl bei den Kommilitonen als auch bei Lehrkraft und Dozentin auf Akzeptanz zu stoßen. Im gerade zitierten Beispiel geht es um ein im Unterrichtsgeschehen deutlich wahrnehmbares und leicht behebbares „handwerkliches" Problem; mit Widerspruch oder Irritationen musste die Sprecherin daher kaum rechnen. In diesem Zusammenhang ist auch zu fragen, welche Themen in den Gesprächen vollständig oder zu bestimmten Zeitpunkten vermieden werden und ob sich Themen ausmachen lassen, die einzelnen Sprechern vorbehalten sind.

Erste Ergebnisse

Die hier zu berichtenden Ergebnisse haben noch durchweg vorläufigen Charakter, erste konzeptionelle Anhaltspunkte zeichnen sich aber bereits ab. Zwei besonders auffällige Befunde sollen exemplarisch herausgegriffen werden: die deutliche Dominanz des Themas „classroom management" sowie die Frage, in welcher Weise über Schülerinnen und Schüler gesprochen wird.

Der inhaltliche Schwerpunkt der Gespräche liegt ganz klar auf der Herausforderung „Unterrichten" sowie auf dem Handeln und Auftreten der jeweiligen Lehrperson. Angesichts der Zielrichtung der Lehrveranstaltung und der vor den Unterrichtsstunden erteilten Beobachtungsaufträge überrascht das nicht weiter. Interessant ist allerdings, dass musikunterrichts-spezifische Aspekte in den Gesprächen im Vergleich zu allgemeinen Fragen zum Thema „Unterrichten" eine deutlich geringere Rolle spielen – sowohl, was die Quantität der Äußerungen angeht als auch in Bezug auf die Intensität der Auseinandersetzung.[6] Auch die Diskussion von Unterrichtszielen und -inhalten tritt gegenüber dem Sprechen über das Interaktionsgefüge „Unterricht" mit seinen (vermuteten) Gesetzmäßigkeiten klar in den Hintergrund. Insgesamt zeichnet sich ein Bild von Musikunterricht als einer Art „Interaktionsmaschine" ab, die von der Lehrkraft zum Laufen gebracht und permanent unter Kontrolle gehalten werden muss. Zentraler Aspekt aller Nachbesprechungen sind Fragen der Unterrichtsorganisation. Das Unterrichtsgeschehen und seine Strukturmomente werden überwiegend von diesem Bezugspunkt aus betrachtet:

> St1: Ich fand gut: Zum Beispiel das am Klavier Vorspielen mit den Intervallen, dass sie dann hören sollten, welches das ist. Das fand ich cool, weil – irgendwie waren sie da ruhig, das hat sie irgendwie interessiert. (P9, 10)

Auf ein geordnetes Unterrichtsgeschehen mit klaren Strukturen hinzuarbeiten ist nachgewiesenermaßen eine ausgesprochen sinnvolle Angelegenheit (vgl. z. B. Kounin, 2006; Nolting, 2008, S. 32 ff.; Klieme & Rakoczy, 2008; Meyer, 2009, S. 25 ff.). Problematisch wird diese Haltung jedoch, wenn ein reibungsloser Unterrichtsablauf zum obersten Ziel des Lehrerhandelns wird und dabei – wie eingangs geschildert – der Lernerfolg der Kinder aus dem Blick gerät.

Als Akteure des Unterrichtsgeschehens stehen sich in allen Gesprächen „die Klasse" und „die Lehrkraft" gegenüber. Dabei werden die Schülerinnen und Schüler als eine Art „Kollektiv-Entität" behandelt: „die Schüler", „die Klasse", „die Kinder", „die Gruppe" usw. – ähnlich dem Phänomen des kollektiven Schülers („collective stu-

---

6   Passend dazu berichten Harnischmacher und Hofbauer aus einer explorativen Studie, dass im Experiment die Häufigkeit musikbezogener Äußerungen beim Beschreiben von Musikunterricht mit steigendem Professionalisierungsgrad der Beobachter abnehme. Musikstudierende, Lehramtsanwärter und Musiklehrkräfte formulierten demnach in deutlich geringerem Umfang musikbezogene Kommentare als Schüler und Lehramtsstudierende anderer Fächer. Die Autoren betonen allerdings die Vorläufigkeit dieses Befunds (Harnischmacher & Hofbauer, 2011).

dent"), den Bromme im Kontext der Wahrnehmung durch Mathematik-Lehrkräfte als eine abstrakte, aber psychologisch reale Einheit beschreibt (Bromme, 1997, S. 202).

> D: So eine Klasse – und die sind wirklich super, weil die nett sind und wohlwollend – und die spiegeln wirklich das, was Sie tun. (P7, 11)

Die lernenden Kinder erscheinen hier als durchaus sympathisches „Übungspartner-Kollektiv", aber nicht als Individuen mit je eigenen Motiven, Handlungszielen und Lernmöglichkeiten. Die Gesprächsgruppe folgt damit einer langen Tradition mündlichen wie schriftlichen pädagogischen Sprachgebrauchs (vgl. Breidenstein, 2006, S. 9 f.), an dem sich offenbar auch Schülerinnen und Schüler orientieren, wenn sie über (Musik-)Unterricht befragt werden:

> S4: Wir sind ne totale

> S3: Chaotenklasse. Wir passen alle total gut zusammen, weil wir alle hibbelig sind. (Wallbaum, 2010, Schülerinterview GS 4 Thüringen-Stunde, S. 57, Z. 346 f.).

In den bisher analysierten Nachbesprechungen wird nur ein einziger Junge mehrfach namentlich benannt, wohl wegen seiner aus Lehrersicht besonders herausragenden Rolle in der Klasse:

> St6: Also vor allem mit T., mit dem Kasper da vorne, bist du eigentlich recht gut umgegangen. (P9, 6)

Andere Kinder sind in den Gesprächen mit „Rollennamen" bedacht oder über Rollenzuweisungen beschrieben, bleiben dabei aber im Grunde anonym. In diesen Fällen geht es vorwiegend um „Funktionen" der Kinder im Kontext des Unterrichtsablaufs – auch wenn individuelle Dispositionen und Schwierigkeiten durchaus angesprochen werden:

> St1: Das Mädchen, das an der Folie stand mit dem Notenschreiben. Da ging es dann immer ein bisschen schnell, dass sie quasi – erst noch gesucht hat, wohin sie die Note schreiben soll, und du dann aber mit der Klasse schon wieder gesungen hast. (P9, 39)

Über die Gründe dieser „Sprachregelung" kann beim derzeitigen Stand der Arbeit nur spekuliert werden. Möglicherweise war sie einfach Folge der organisatorischen Rahmenbedingungen des Seminars, die den Seminarteilnehmern wenig Gelegenheit boten, die Kinder wirklich kennenzulernen. Es fällt auf, dass sich auch die betreuende Lehrkraft dem anonymisierenden Sprachgebrauch der Gruppe anpasste – obwohl sich beobachten ließ, dass sie die Kinder sehr wohl namentlich kannte und sie im eigenen Unterricht auch stets mit Namen ansprach. Möglicherweise geschah die „Anonymisierung" im Kontext der Gesprächsgruppe aus dem Wunsch heraus, sich innerhalb eines gemeinsamen kommunikativen Bezugsrahmens zu bewegen.

Interessant ist dieser Befund aber auf jeden Fall, weil er in deutlichem Gegensatz zu stehen scheint zu normativen Anforderungen an pädagogisches Handeln, in denen die Ausrichtung am lernenden Subjekt und dessen individuelle Förderung eine bedeutende Rolle spielen – wie etwa in den meisten musikdidaktischen Modellen seit den 1970er Jahren sowie in der Diskussion um Bildungsstandards und Kompetenzen (vgl. dazu Bähr, 2005; Kaiser et al., 2006). Zwar lässt die Tatsache, wie im Rückblick über Schülerinnen und Schüler gesprochen wird, keine unmittelbaren Rückschlüsse auf die Wahrnehmung der Kinder durch Lehrkraft und Beobachter während des Unterrichts zu – doch scheint sich hier eine deutliche Diskrepanz zwischen „Sollen und Sein" aufzutun.

Ausblick

Die bisher erarbeiteten Teilergebnisse machen einmal mehr deutlich, wie wenig noch immer über Voraussetzungen und Mechanismen der alltäglichen Unterrichtsarbeit bekannt ist. Dies gilt sowohl für den schulischen Musikunterricht als auch für die Lehrerausbildung. Als Anregung für weitere Projekte seien einige weiter führende Fragen an das Ende dieses Beitrags gestellt:

–   Wie sehen individuelle Konzepte der Gesprächsteilnehmer in Bezug auf Musikunterricht aus? Inwiefern lassen sie sich in Bezug setzen zu den Positionen, die sich aus den Gesprächsbeiträgen rekonstruieren lassen? Besonders interessant wäre sicherlich auch ein Abgleich zwischen den in ähnlichen Nachbesprechungen geäußerten Vermutungen zu Bedürfnissen und Motivlagen der Schüler und entsprechenden Statements der unterrichteten Kinder (ähnlich dem Forschungsinteresse in Niessen & Lehmann-Wermser, 2006).
–   Welche Bilder von Musikunterricht entstehen in ähnlichen Gesprächsrunden mit etwas anderer Besetzung: beispielsweise im Rahmen einer Lehrveranstaltung für angehende Grundschul-Lehrkräfte; in Gesprächsrunden aus Schülern, fachfremd unterrichtenden Musiklehrkräften, Seminarlehrern, Hochschul-Dozenten; in „gemischten" Besetzungen?
–   Handlungsspielräume der Lehrkraft im Unterrichtsgeschehen: In den Gesprächsbeiträgen ergibt sich hierzu ein Bild von „Konstanten" und „Variablen", das deutlich von dem tradierter didaktischer Modelle zur Planung und Analyse von Unterricht abweicht. Besonders auffallend ist es, dass Unterrichtsinhalte und -ziele in den Gesprächen häufig als etwas behandelt werden, das mit Beginn einer Unterrichtsstunde unabänderlich feststeht, und nicht als etwas, das die Lehrkraft im Bedarfsfall auch flexibel handhaben könnte. Dies steht einerseits im Gegensatz zu tradierten Modellen der Unterrichtsanalyse und -planung wie etwa dem „Berliner" oder dem „Hamburger" Modell (z. B. Schulz, 1995), andererseits aber auch zu einem empirischen Befund aus Anne Niessens Studie über Individualkonzepte von Musiklehrkräften: „Die Lehrer unterscheiden sehr viel deutlicher, als es in diesem [Hamburger] Modell akzentuiert wird, zwischen Konstanten und Variablen in ihrem Nachdenken über Unterricht. Die Wahl der Inhalte ist – anders als es Schulz' Modell nahe legt – eine sehr wichtige Variable" (Niessen, 2006, S. 330; im

Original als Aufzählung). Einen möglichen Erklärungsansatz könnten die unterschiedlichen Perspektiven liefern, unter denen Musikunterricht in den Gesprächen betrachtet wird: unmittelbare räumliche und zeitliche Nähe zu konkreten Handlungssituationen im Unterschied zu Interviews, in denen es um grundlegende individuelle Konzepte bei der Unterrichtsplanung ging (a. a. O., S. 205 f.). Möglicherweise spielt auch der Ausbildungsstand der Gesprächsteilnehmer eine Rolle; Novizen im Lehrerberuf sind in der Regel sehr viel stärker darauf angewiesen und darauf bedacht, einen einmal erdachten Unterrichtsplan auch möglichst unverändert durchzuführen als erfahrene Lehrkräfte (Gruber & Stöger, 2011, S. 257). Zu fragen wäre also beispielsweise, was Lehrkräfte mit unterschiedlicher Berufserfahrung in Bezug auf ein konkretes, gerade erlebtes Unterrichtsgeschehen als Determinanten interpretieren und was ihnen als grundsätzlich durch die Lehrkraft beeinflussbar erscheint. Damit verbunden ist die grundsätzlichere Frage, ob zum Verständnis dessen, was sich im Moment der Realisierung von Musikunterricht abspielt, möglicherweise anders beschaffene Modelle von Determinanten und Handlungsspielräumen hilfreich und notwendig wären als zu seiner Planung und nachträglichen Analyse.

– Aspekte wie Freude, Lust, Spaß im Zusammenhang mit dem Unterrichten kommen in den bisher analysierten Gesprächen kaum vor. Auch dieser Umstand wirft Fragen auf, etwa im Zusammenhang mit Rollenerwartungen an eine „gute Musiklehrkraft". Das Thema ließe sich sowohl empirisch als auch unter historischen Aspekten untersuchen.

– Zeit und Zeiterleben im Musikunterricht: Ein häufiges Thema in den Nachbesprechungen sind Fragen des Zeitmanagements, insbesondere des Umgangs mit Zeitnot und dem Gefühl, „nicht fertig zu werden". Im Kontrast dazu stehen Befunde aus der ethnographischen Erziehungswissenschaft, denen zufolge das Bewältigen von Langeweile eines der zentralen alltäglichen Probleme des „Schülerjobs" darstellt (Breidenstein, 2006, 259 f.). Es ist anzunehmen, dass sich diese gegensätzlichen Modi von Zeitwahrnehmung auch im Musikunterricht wiederfinden. Zu untersuchen wäre aber, wie es sich damit in musikunterrichtsspezifischen Situationen wie Klassenmusizieren oder Musik hören verhält.

– In den Gesprächen werden wiederholt spezifische Überforderungssituationen deutlich, die auf der Ebene fachtypischer Handlungsmuster zu liegen scheinen – wenn beispielsweise eine Lehrkraft Mühe damit hat, während einer Liedeinstudierung gleichzeitig in ansprechender Weise zu singen, am Klavier zu begleiten und den Gesang der Klasse wahrzunehmen. Eine halbwegs präzise Diagnose der musikalischen Leistung der Kinder ist unter solchen Umständen kaum möglich – mit entsprechenden Konsequenzen für die weitere Unterrichtsgestaltung. Eine systematische Bestandsaufnahme solcher und ähnlicher Situationen wäre sicherlich ebenso lohnend wie anspruchsvoll.

Literatur

Androutsos, P. & Humphreys, J. T. (2010). Classroom observation ability among pre-service music educators in Greece. *International journal of music education, 28* (1), 5-16. Verfügbar unter: http://ijm.sagepub.com/content/28/1/5. [28.12.2012]

Bähr, J. (2005). Bildungsstandards für den Musikunterricht. In W. Jank (Hrsg.), *Musik-Didaktik. Praxishandbuch für die Sekundarstufe I und II. 1. Aufl.* (S. 139-142). Berlin: Cornelsen Scriptor.

Bailer, N. (Hrsg.) (2009). *Musikerziehung im Berufsverlauf: Eine empirische Studie über Musiklehrerinnen und Musiklehrer.* Wien: Universal Edition.

Bastian, H. G. (1984). Unterrichtsforschung in der Musikpädagogik: Erkenntniskritische Aspekte und forschungspraktische Perspektiven. In G. Kleinen (Hrsg.), *Kind und Musik.* Hrsg. vom Arbeitskreis Musikpädagogische Forschung e. V. (AMPF). Musikpädagogische Forschung: Bd. 5 (S. 339-359). Laaber: Laaber-Verlag. Verfügbar unter: http://www.ampf.info/index/publikationen/band05/Bd%205%2022%20Bastian%20S.%20339%20-%20359.pdf. [28.12.2012]

Bennewitz, H. (2010). Entwicklungslinien und Situation des qualitativen Forschungssansatzes in der Erziehungswissenschaft. In B. Friebertshäuser (Hrsg.), *Handbuch qualitative Forschungsmethoden in der Erziehungswissenschaft* (S. 43-59). Weinheim [u.a.]: Juventa-Verlag.

Bergmann, J. (2005). Studies of Work. In F. Rauner (Hrsg.), *Handbuch Berufsbildungsforschung* (S. 643-649). Bielefeld: Bertelsmann.

Bohnsack, R. (2006). Dokumentarische Methode. In R. Bohnsack, W. Marotzki & M. Meuser (Hrsg.), *Hauptbegriffe qualitativer Sozialforschung. 2. Aufl.* (UTB Erziehungswissenschaft, Sozialwissenschaft, S. 40-44). Opladen: Budrich.

Bohnsack, R. (2009). Gruppendiskussion. In U. Flick, E. von Kardorff & I. Steinke (Hrsg.), *Qualitative Forschung. Ein Handbuch* (7. Aufl.). (Rororo Rowohlts Enzyklopädie, S. 369-384). Reinbek bei Hamburg: Rowohlt-Taschenbuch-Verlag.

Breidenstein, G. (2006). *Teilnahme am Unterricht: Ethnographische Studien zum Schülerjob.* Studien zur Schul- und Bildungsforschung: Bd. 24. Wiesbaden: VS Verlag für Sozialwissenschaften.

Breuer, F., Dieris, B. & Lettau, A. (2010). *Reflexive Grounded Theory: Eine Einführung für die Forschungspraxis* (2. Aufl.). Wiesbaden: VS Verlag für Sozialwissenschaften.

Bromme, R. (1997). Kompetenzen, Funktionen und unterrichtliches Handeln des Lehrers. In F. E. Weinert, N. Birbaumer & C. F. Graumann (Hrsg.), *Psychologie des Unterrichts und der Schule* (Enzyklopädie der Psychologie – Praxisgebiete – Pädagogische Psychologie, S. 177-212). Göttingen: Hogrefe.

Byrne, C. & MacDonald, R. A. (2002). The use of Information & Communication Technology (I&CT) in the Scottish music curriculum: A focus group investigation of themes and issues. *Music education research, 4* (2), 263-273.

Chosiad, L. (2008). *Hip hop music and the identity and self-esteem of adolescent girls:* University Microfilms International (UMI) Ann Arbor, MI (PsyD from Alliant International University).

Conway, C. M., Eros, J. D., Pellegrino, K. & West, C. (2010). The role of graduate and undergraduate interactions in the development of preservice music teachers and music teacher educators: A self-study in music teacher education. *Bulletin of the Council for Research in Music Education* (183), 49-64.

Dabback, W. M. (2009). Exploring social networks, reciprocity, and trust in a senior adult band. In D. Coffman (Hrsg.), *CMA XI projects, perspectives, and conversations. Proceedings from the International Society for Music Education ISME 2008 Seminar of the Commission for Community Music Activity*. (S. 102-111). Nedlands, W.A: International Society for Music Education (ISME).

Deppermann, A. (2008). *Gespräche analysieren: Eine Einführung* (4. Aufl.). Qualitative Sozialforschung: Bd. 3. Wiesbaden: VS Verlag für Sozialwissenschaften.

Fatke, R. (2010). Fallstudien in der Erziehungswissenschaft. In B. Friebertshäuser (Hrsg.), *Handbuch qualitative Forschungsmethoden in der Erziehungswissenschaft* (S. 159-172). Weinheim [u.a.]: Juventa-Verlag.

Friese, S. (2012). *Qualitative data analysis with Atlas.ti*. London: Sage.

Gembris, H. (1991). Biographische Untersuchungen zum Berufsalltag von Musiklehrern. In R.-D. Kraemer (Hrsg.), *Musiklehrer. Beruf, Berufsfeld, Berufsverlauf.* Musikpädagogische Forschung, Bd. 12 (S. 57-70). Essen: Die Blaue Eule.

Grimmer, F. (1999). Selbstvergewisserung und Bewältigung der Vergangenheit: Eine Biographiestudie mit Lehrerinnen und Lehrern in den neuen Bundesländern. In N. Knolle (Hrsg.), *Musikpädagogik vor neuen Forschungsaufgaben*. Musikpädagogische Forschung, Bd. 20 (S. 64-96). Essen: Die Blaue Eule.

Gruber, H. & Stöger, H. (2011). Experten-Novizen-Paradigma. In E. Kiel & K. Zierer (Hrsg.), *Unterrichtsgestaltung als Gegenstand der Wissenschaft* (Basiswissen Unterrichtsgestaltung, S. 247-264). Baltmannsweiler: Schneider-Verlag Hohengehren.

Hammel, L. (2011). *Selbstkonzepte fachfremd unterrichtender Musiklehrerinnen und Musiklehrer an Grundschulen: Eine Grounded-Theory-Studie.* Theorie und Praxis der Musikvermittlung, Bd. 10. Münster: LIT.

Hansmann, W. M. (2000). Musikalische Sinnwelten und professionelle Medienarrangements: Eine biographie-analytische Untersuchung mit MusiklehrerInnen. In N. Knolle (Hrsg.), *Kultureller Wandel und Musikpädagogik*. Musikpädagogische Forschung, Bd. 21 (S. 124-137). Essen: Die Blaue Eule.

Harnischmacher, C. & Hofbauer, V. C. (2011). Wahrnehmungsdimensionen des Musikunterrichts – Eine explorative Studie zur Unterrichtsbeobachtung von Schülern, Studenten, Lehramtsanwärtern und Lehrern. *Beiträge empirischer Musikpädagogik, 2* (2). Verfügbar unter: http://www.b-em.info/index.php?journal=ojs&page=article&op=view&path%5B%5D=60. [28.12.2012]

Hofmann, B. (2011). Experten für Musiklehre?: Auf der Suche nach der „guten" Musiklehrkraft. In M. D. Loritz, A. Becker & D. M. Eberhard (Hrsg.), *Musik – Pädagogisch – Gedacht. Reflexionen, Forschungs- und Praxisfelder; Festschrift für Rudolf-Dieter Kraemer zum 65. Geburtstag*. Forum Musikpädagogik, Bd. 100 (S. 95-103). Augsburg: Wißner.

Jank, W. & Meyer, H. (2003). *Didaktische Modelle* (6. Aufl.). Berlin: Cornelsen.

Kaiser, H. J., Barth, D., Heß, F., Jünger, H., Rolle, C., Vogt, J. et al. (Hrsg.) (2006). *Bildungsoffensive Musikunterricht?: Das Grundsatzpapier der Konrad-Adenauer-Stiftung in der Diskussion*. Regensburg: ConBrio.

Klieme, E. & Rakoczy, K. (2008). Empirische Unterrichtsforschung und Fachdidaktik. Outcome-orientierte Messung und Prozessqualität des Unterrichts. *Zeitschrift für Pädagogik* (2), 222-237.

Könneke, H. (1992). *Methodologische Aspekte der Unterrichtsforschung im Schulfach Musik*. Essen: Die Blaue Eule.

Kormann, A. (1984). Möglichkeiten und Grenzen der Kasuistik – beispielhaft dargestellt an einer Lehrkräftebefragung im Rahmen der wissenschaftlichen Begleitung des Programms „Musikalische Früherziehung". In G. Kleinen (Hrsg.), *Kind und Musik*. Hrsg. vom Arbeitskreis Musikpädagogische Forschung e. V. (AMPF). Musikpädagogische Forschung, Bd. 5 (S. 284-299). Laaber: Laaber-Verlag. Verfügbar unter: http://www.ampf.info/index/publikationen/band05/Bd%205%2017%20Kormann%20S.%20284%20-%20299.pdf. [28.12.2012]

Kounin, J. S. (2006). *Techniken der Klassenführung*. Standardwerke aus Psychologie und Pädagogik, Reprints, Bd. 3. Münster: Waxmann.

Langer, A. (2010). Transkribieren – Grundlagen und Regeln. In B. Friebertshäuser (Hrsg.), *Handbuch qualitative Forschungsmethoden in der Erziehungswissenschaft* (S. 515-525). Weinheim [u.a.]: Juventa-Verlag.

Loos, P. & Schäffer, B. (2001). *Das Gruppendiskussionsverfahren: Theoretische Grundlagen und empirische Anwendung*. Qualitative Sozialforschung: Bd. 5. Opladen: Leske + Budrich.

Lüders, C. (2009). Beobachten im Feld und Ethnographie. In U. Flick, E. von Kardorff & I. Steinke (Hrsg.), *Qualitative Forschung. Ein Handbuch*. 7. Aufl., Orig.-Ausg. (Rororo Rowohlts Enzyklopädie, S. 384-401). Reinbek bei Hamburg: Rowohlt-Taschenbuch-Verlag.

MacDonald, R. A. & Wilson, G. (2005). Musical identities of professional jazz musicians: A focus group investigation. *Psychology of music, 33* (4), 395-417.

Meuser, M. (2006). Interpretatives Paradigma. In R. Bohnsack, W. Marotzki & M. Meuser (Hrsg.), *Hauptbegriffe qualitativer Sozialforschung*. 2. Aufl. (UTB Erziehungswissenschaft, Sozialwissenschaft, S. 92-94). Opladen: Budrich.

Meyer, H. (2009). *Was ist guter Unterricht?* (6. Aufl.). Berlin: Cornelsen-Scriptor.

Mruck, K. & Mey, G. (1998). Selbstreflexivität und Subjektivität im Auswertungsprozeß biographischer Materialien – zum Konzept einer „Projektwerkstatt qualitativen Arbeitens" zwischen Colloquium, Supervision und Interpretationsgemeinschaft. In G. Jüttemann & H. Thomae (Hrsg.), *Biographische Methoden in den Humanwissenschaften* (S. 284-306). Weinheim [u.a.]: Beltz.

Mruck, K. & Mey, G. (2007). Grounded Theory and Reflexivity. In A. Bryant & K. C. Charmaz (Hrsg.), *The Sage Handbook of Grounded Theory* (S. 515-538). Los Angeles u. a.: SAGE Publications Ltd.

Niessen, A. (2006). *Individualkonzepte von Musiklehrern*. Theorie und Praxis der Musikvermittlung: Bd. 6. Münster: LIT.

Niessen, A. & Lehmann-Wermser, A. (2006). Musikunterricht im Spiegel mehrperspektivischer Sinnzuschreibungen. In N. Knolle (Hrsg.), *Lehr- und Lernforschung in der Mu-*

sikpädagogik. Musikpädagogische Forschung, Bd. 27 (S. 239-252). Essen: Die Blaue Eule.

Nolting, H.-P. (2008). *Störungen in der Schulklasse* (7. Aufl.). Beltz-Taschenbuch: Bd. 108. Weinheim [u.a.]: Beltz.

Pfeiffer, W. (1994). *Musiklehrer: Biographie, Alltag und berufliche Zufriedenheit von Musiklehrern an bayerischen Gymnasien ; eine theoretische und empirische Analyse.* Musikwissenschaft, Musikpädagogik in der Blauen Eule, Bd. 17. Essen: Die Blaue Eule.

Przyborski, A. & Riegler, J. (2010). Gruppendiskussion und Fokusgruppe. In G. Mey & K. Mruck (Hrsg.), *Handbuch qualitative Forschung in der Psychologie* (S. 436-448). Wiesbaden: VS Verlag für Sozialwissenschaften.

Riedel, K. (2010): „Und dann kannst du denen auch noch den Dominantseptakkord unterjubeln". Beobachtungen und Einschätzungen zu Musikunterricht, Musiklehrer und Schule aus der Perspektive des Ausbilders und seiner Referendare. In: *Diskussion Musikpädagogik* (48), S. 29–35.

Rosenbrock, A. (2004). Komposition als Gruppenprozeß – erforscht mit qualitativen Methoden. In B. Hofmann (Hrsg.), *Was heißt methodisches Arbeiten in der Musikpädagogik? Musikpädagogische Forschung,* Bd. 25. Herausgegeben vom Arbeitskreis Musikpädagogische Forschung e.V. (S. 169-186). Essen: Die Blaue Eule.

Schulz, W. (1995). Die lehrtheoretische Didaktik. In H. Gudjons, R. Teske & R. Winkel (Hrsg.), *Didaktische Theorien.* 8. Aufl. (PB-Bücher, S. 29-45). Hamburg: Bergmann und Helbig.

Siebert, J. J. (2007). *Why music teachers remain in the profession: Conversations with career music educators:* University Microfilms International (UMI) Ann Arbor, MI (Doctoral dissertation).

Truschkat, I., Kaiser-Belz, M. & Volkmann, V. (2011). Theoretisches Sampling in Qualifikationsarbeiten: Die Grounded-Theory-Methodologie zwischen Programmatik und Forschungspraxis. In G. Mey & K. Mruck (Hrsg.), *Grounded Theory Reader* (S. 353-379). Wiesbaden: Springer Fachmedien.

Wallbaum, C. (Hrsg.) (2010). *Perspektiven der Musikdidaktik: Drei Schulstunden im Licht der Theorien.* Hochschule für Musik und Theater „Felix Mendelssohn Bartholdy" Leipzig – Schriften, Bd. 3. Hildesheim: Olms.

Dr. Gabriele Puffer
Universität Regensburg
Fakultät für Philosophie, Kunst-, Geschichts- und Gesellschaftswissenschaften
Institut für Musikwissenschaft
Fachgebiet Musikpädagogik
Universitätsstr. 31
93053 Regensburg
gabriele.puffer@psk.uni-regensburg.de

Annkatrin Babbe & Maren Bagge

„Dann bin ich ja überflüssig, richtig?"
Vorstellungen von Lehrpersonen über Lernerautonomie im Musikunterricht

"Then I won't be needed anymore, right?" Teachers' beliefs about learner autonomy in music lessons

Learner autonomy in music lessons is the subject of a research project carried out under the direction of Anja Rosenbrock at the University of Oldenburg in 2011. Supported by the results of international school performance studies, the concept is enjoying increasing popularity among the various educational disciplines. Music teachers were interviewed about their theoretical understanding of the concept as well as their practical experiences with and their personal attitudes towards it. An evaluation of the interviews highlights the connections between institutional conditions and the respective professional experiences of music teachers, as well as the teachers' attitudes towards learner autonomy.

Ausgangssituation

Der Bildungsauftrag der Schule sieht neben der Vermittlung von Inhalten auch die Erziehung der Schüler zu Selbstständigkeit, Selbstverantwortung und Mündigkeit vor (Beschluss der KMK, 1973). Forschungsergebnisse der PISA-Studien aus den Jahren 2000 und 2003 stützen diesen Anspruch. Sie zeigen Zusammenhänge zwischen höheren schulischen Leistungen von Lernern und ihrer Fähigkeit zur Selbstregulation auf (Wernke, 2005, S. 9). Auch aus unterrichtstheoretischer und pädagogisch-psychologischer Sicht erscheint die Förderung autonomen Lernens notwendig: Die Schüler „differieren aufgrund ihrer Motivation, [...] ihrer Persönlichkeit, ihrer besonderen Art zu lernen, ihrer Fähigkeit, Dinge zu behalten und zu verarbeiten" (Weskamp, 1999, S. 11). Aus diesem Grund kann „die jeweils von einem Lehrer bevorzugte oder vom Lehrwerk vorgegebene Unterrichtsform" (ebd.) nicht für alle Lerner geeignet sein.

Seit längerem werden selbstreguliertes, selbstgesteuertes bzw. selbstorganisiertes Lernen, Selbstständigkeit oder Lernerautonomie nicht mehr nur als Ziel von Unterricht betrachtet, sondern auch als Lösungsansätze vorgeschlagen, wenn es um die Frage geht, wie den Schülern – vor dem Hintergrund von verkürzter Schulzeit (G8) und standardisierten Prüfungen – das erforderliche fachliche Wissen und die notwendigen Fähigkeiten bzw. Fertigkeiten vermittelt werden können.[1]

Lernerautonomie gehört mittlerweile zu den besonders verbreiteten und beliebten Begriffen in der didaktischen Diskussion – er ist in den letzten Jahrzehnten „zu einem zentralen Orientierungsbegriff" (Martinez, 2008, S. 11) geworden. „Diese Beliebtheit zeigt sich sowohl in der Entwicklung zum derzeit auszumachenden didaktischen Trend zum autonomen [...] Lernen; andererseits ist die Beliebtheit auch wörtlich zu nehmen; lässt sie sich doch nicht zuletzt darin erkennen, dass Autonomie (zumindest in ‚westlichen' Kontexten) in aller Regel als positiv und wünschenswert empfunden bzw. idealisiert wird" (Schmenk, 2010, S. 12; siehe auch Apeltauer, 2010, S. 20).

Das im Folgenden skizzierte Projekt befasst sich mit Lernerautonomie als Konzept in der Musikdidaktik aus der Perspektive von Lehrenden. Es ist eingebettet in ein Forschungsprojekt an der Carl von Ossietzky Universität Oldenburg mit dem Titel „Lernerautonomie in der Musikdidaktik – eine empirische Studie" unter der Leitung von Anja Rosenbrock. Etwa 20 Studierende haben im Jahr 2011 die Fähigkeit zum bzw. die Selbstevaluation des autonomen Lernens von Schülern im Musikunterricht an Gymnasien untersucht.

Unser Forschungsvorhaben stützt sich zwar auf die Untersuchung Rosenbrocks, fügt sich jedoch nicht vollkommen darin ein. Nicht Schüler, sondern Lehrer bilden hier die Untersuchungsgruppe. Sie fanden in der Autonomieforschung bisher nur wenig Beachtung. Dabei weisen jüngere Untersuchungen auf die große Bedeutung der Lehrer für die Entfaltung autonomen Handelns seitens der Schüler hin.[2] In einem leitfadengestützten Interview wurden die theoretischen Kenntnisse von Lehrern über Lernerautonomie, ihre unterrichtspraktischen Erfahrungen mit dessen Förderung im eigenen Musikunterricht sowie die persönliche Einstellung gegenüber dem Ansatz erhoben. Zwei zentrale Fragestellungen bestimmten die Auseinandersetzung:

---

1 Hier deutet sich bereits die Komplexität des Lernerautonomie-Begriffs an. Lernerautonomie wird einerseits als Ziel von Lehr- bzw. Lernprozessen und andererseits als Prozess der Kompetenzaneignung verstanden (Tassinari, 2010a, S. 122-123).

2 Siehe u. a. William La Ganza (2008) und Hélène Martinez (2008). La Ganzas Untersuchung der Wahrnehmung von Lernerautonomie und der Lehrer-Schüler-Beziehung durch Lehrer und Schüler ließ ihn zu folgendem Schluss kommen: „This theory suggests that it is not sufficient to define learner autonomy as the learner's taking control, or taking responsibility, or knowing how to exercise learning strategies, or being self-directed: the extent to which the learner can realize these achievements depends upon his or her relationship with the teacher" (2008, S. 65). Daneben konstatiert Martinez: Wir werden „nur von autonomen Lernern träumen können, solange wir keine Lehrer haben, die für die Förderung autonomen Lernens ausgebildet sind" (2008, S. 13).

1. „Über welche Vorstellungen von Lernerautonomie verfügen die Lehrer?“
2. „Wie positionieren sich die Lehrer gegenüber Lernerautonomie und womit begründen sie die jeweiligen Haltungen?“

Damit werden einerseits die Lehrpersonen, die in ihrem Unterricht Lernerautonomie anbahnen, in den Fokus der Betrachtung gerückt, andererseits aber auch die Lernenden, als innerhalb einer solchen Unterrichts- bzw. Lernform Agierende, erfasst.

Theoretischer Rahmen

Lernerautonomie – Eine Begriffsbestimmung

Die Idee des autonomen bzw. selbstständigen Lernens ist nicht neu, sondern zählte bereits zu den grundlegenden Postulaten der Reformpädagogik zu Beginn des 20. Jahrhunderts (Beck, 1995, S. 185). In den 1970er Jahren leistete die Fremdsprachendidaktik entscheidende Impulse. Unterstützt durch Initiativen des Europarates und ausgehend von der Erkenntnis, dass sich Lernen im institutionellen Rahmen zunehmend vom außerschulischen Lernen entfernt habe bzw. Unterricht insbesondere durch festgelegte Inhalte, Methoden, Lehrbücher usw. bestimmt sei, bildete sich innerhalb der Fremdsprachendidaktik eine Gegenbewegung zu der starken Produktorientierung im Unterricht (Bimmel & Rampillon, 2007, S. 178; Weskamp, 1996; Wolff, 2003, S. 322): Die Vertreter des Autonomen Fremdsprachenlernens forderten, dass sich „Lehrer und Lerner unabhängiger von [...] vorgefertigten Arrangements" (Weskamp, 1999, S. 9) machen sollten, „dass im Sinne eines lebenslangen Lernens die Eigenständigkeit von Lernenden gestärkt werden sollte, damit diese (mit oder ohne formalen Sprachunterricht) in der Lage wären, weitere Sprachen bedarfsorientiert zu lernen" (Apeltauer, 2010, S. 20). Vor diesem Hintergrund entwickelte der Sprachdidaktiker Henri Holec ein sehr differenziertes und handlungstheoretisch fundiertes Konzept von Lernerautonomie (Schmenk, 2010, S. 14-15). Seine Definition bildet noch heute die Grundlage der Autonomieforschung (Schmelter, 2004, S. 41). Holec versteht unter Lernerautonomie „la capacité de prendre en charge la responsabilité de ses propres affaires" (1979, S. 22) und referiert somit – wie auch David Little (1991) und Philip Benson (2001) – in erster Linie auf die Fähigkeit und zudem auf die Bereitschaft (Holec 1979, S. 22) von Lernern, Verantwortung für das eigene Lernen zu übernehmen. Er entwirft ein Ideal vom autonomen Lerner und definiert als übergeordnetes Lernziel dessen Qualifizierung als Individuum, das „sein Lernen eigenverantwortlich gestalten und alle Entscheidungen im Hinblick auf sein Lernen übernehmen kann" (Wolff, 2003, S. 322). Diese Eigenverantwortlichkeit bezieht sich auf Entscheidungen über Lernziele und -inhalte sowie deren Progression, auf Methoden und Arbeitstechniken, die Wahl der Materialien, die Gestaltung des Lernprozesses, aber auch auf die Verantwortung für die Reflexion bzw. Evaluation des Gelernten (Holec, 1979, S. 4).

Im Rahmen des erkenntnistheoretischen Wandels im Laufe der 1980er und 1990er Jahre wurde dem Ansatz autonomen Lernens vermehrte Aufmerksamkeit zuteil. Derzeit erfreut er sich großer Beliebtheit im pädagogischen Diskurs – und zwar nicht allein in der Fremdsprachendidaktik. Der Popularität von Lernerautonomie stehen divergierende Definitionsansätze gegenüber, vor allem bedingt durch die abweichende Begriffsverwendung im didaktisch-methodischen Diskurs, die jeweils zugrunde gelegten lehr- und lerntheoretischen Annahmen und die Entwicklung des Terminus Autonomie (Schmenk, 2008, S. 12; Summer, 2010, S. 8). Daneben ist der Begriff gerade deshalb so schwer zu fassen, weil sich Autonomie je „in einem spezifischen Klassenraum aus der Interaktion von Schülern und von Lehrern und Schülern entwickelt" (Weskamp, 1999, S. 15) und sich damit für jeden Lerner auf andere Art und Weise konkretisiert.

Aus dem unterschiedlichen terminologischen Gebrauch wird zugleich die Komplexität der Konzeptionen von Lernerautonomie ersichtlich. Gleichwohl ergänzen sich die divergierenden Ansätze zu einem Bild von Lernerautonomie als (Meta-)Fähigkeit, durch die der Lerner in verschiedenen Situationen und unter verschiedenen Bedingungen in der Lage sein soll, Verantwortung bzw. Kontrolle für das eigene Lernen zu übernehmen. (Meta-)Kognition, Handlungskompetenz, motivationale und auch volitionale, affektive und soziale Kompetenz sind wesentliche Bestandteile des Lernprozesses, die in ihrem Zusammenspiel ein grundlegendes Merkmal von Lernerautonomie darstellen (Tassinari, 2010b, S. 123-126).

Lernerautonomie ist nicht gleichzusetzen mit selbstgesteuertem Lernen. Während die Idee des selbstgesteuerten Lernens vor allem auf die Gestaltung von Materialien referiert, die eine selbstständige bzw. selbstgesteuerte Bearbeitung (ohne Lehrer) ermöglichen, impliziert Lernerautonomie die Fähigkeit von Lernenden zum selbstständigen und eigenverantwortlichen Lernen.

> Sie „bezieht sich […] auf Lernformen, in welchen sich der Lehrer darum bemüht, die Lernenden in die Prozesse einzubeziehen, die erforderlich sind, um erfolgreich zu lernen, und ihnen mehr und mehr Verantwortung für das eigene Lernen zu übertragen. Beide Ansätze stehen zwar nicht in Opposition zueinander, verweisen aber auf ein je unterschiedliches Verständnis von Autonomie, wobei das des selbst gesteuerten Lernens eher als technizistisch bezeichnet werden kann, das der Lernerautonomie hingegen eher als humanistisch." (Wolff, 2003, S. 321)

Lernerautonomie in der Musikdidaktik

Ein auf Lernerautonomie gestütztes Konzept von Musikunterricht bildet bis heute ein Desiderat. Inhaltlich wurde die Idee jedoch in den Modellen von Schüler- bzw. Handlungsorientierung bereits in Ansätzen entfaltet. Einzelne Merkmale hiervon sind auch für Konzeptionen von Lernerautonomie von Bedeutung, darunter die Berücksichtigung der Individualität der Lerner, ihre Mitbeteiligung an Entscheidungen über Planung, Durchführung und Evaluation von Unterricht, ihre Selbsttätigkeit (z. B. in einem forschenden Umgang mit vorliegenden Kompositionen, dem eigenständigen Aneignen von Fachwissen, in kreativem musikalischem Ausdruck usw.), die Metakommunikation sowie die moderierende bzw. unterstützende Lehrerrolle (Orgass, 2001, S. 4; Ansohn, 2006, S. 65-66; Petersen, 2006, S. 78-79; Kaiser & Nolte, 2003, S. 81). Allerdings verharrt Schülerorientierung lediglich bei einer „Schüler*mit*bestimmung" (Günther, Ott & Ritzel, S. 195, Hervorh. AB & MB). Ebenso wie im handlungsorientierten Musikunterricht, der nur „die *tendenzielle* Selbstbestimmung aller am Unterricht Beteiligten an[strebt]" (Rauhe, Reinecke & Ribke, 1975, S. 196, Hervorh. AB & MB) behält hier letztlich die Lehrperson die Verantwortung für Inhalte, Ziele und Methoden.

Einen essentiellen Beitrag zur Autonomieforschung in der Musikdidaktik (allerdings mit Konzentration auf musikpraktische Arbeitsfelder) liefert Lucy Green (2008). In einem über mehrere Jahre angelegten Forschungsprojekt untersuchte sie an verschiedenen englischen Schulen, „how far it is possible and desirable to incorporate informal music learning practices into formal music education" (Green, 2008, S. 1-2). Nach dem Vorbild der Probenarbeit in Bands, die in hohem Maße Autonomie der Beteiligten impliziert, sollten sich Schüler populäre Musikstücke aneignen – allein mithilfe einer Audiovorlage, ohne vorliegende Notation bzw. schriftliche Instruktionen und auch ohne jegliche Vorgaben durch die Lehrperson. Entgegen anfänglicher Bedenken seitens der Lehrer war der Lernfortschritt außerordentlich groß (ebd., S. 62-66). Neben dem bloßen Nachspielen bzw. -singen lernten die Schüler, musikalische Strukturen zu erkennen und zu analysieren, das Spiel in der Gruppe und mit der Audiovorlage zu koordinieren und schließlich die Ergebnisse zu evaluieren. Zugleich erhielten sie, wie aus Interviews hervorgeht, das Gefühl, grundlegend von diesem Arbeitsprozess profitiert, etwas gelernt zu haben (ebd., S. 102).

Dass Schüler im institutionellen Kontext vollkommen autonom agieren, bleibt dennoch ein Ideal: die Outputorientierung sowie jegliches Unterrichtsmaterial enthalten ein gewisses Maß an Fremdsteuerung bzw. setzen sie voraus (Gudjons, 2003, S. 6; Ansohn, 2006, S. 67). Daher scheint es angemessen, Lernerautonomie als ein Kontinuum zu verstehen, auf dem Lernende in höherem oder geringerem Maße ihr Lernen selbst initiieren und verantworten (Konrad & Traub, 1999, S. 12-13). In diesem Sinne können Lernphasen, in denen der Lerner weniger autonom agieren kann, durchaus in Phasen autonomen Arbeitens eingebettet sein. Auf diese Weise ergeben sich für den Musikunterricht zahlreiche Möglichkeiten zur Förderung von Lernerautonomie, etwa bei der praktischen Aneignung von Musik, bei der Komposition, Improvisation, der Entwicklung von Spielkonzepten, der Erarbeitung von Fachwissen und auch beim Hören, Sprechen und Schreiben über Musik.

Darstellung des Forschungsprojekts

Datenerhebung

Über eine halbstrukturierte Befragung von Musiklehrern mittels leitfadengestützter Interviews erfolgte die Annäherung an das Thema Lernerautonomie im Musikunterricht an weiterführenden Schulen aus der Perspektive von Lehrenden (Mayring, 2002, S. 66-67; Friebertshäuser, 2010, S. 439-440). Im Zeitraum von Juni bis September 2011 wurden insgesamt acht Interviews mit Lehrern verschiedener Schulformen aus Niedersachsen und Schleswig-Holstein geführt. Sie fanden, je nach Wunsch der Lehrperson, in deren Wohnung, in der Schule oder (in zwei Fällen) auch telefonisch statt und dauerten zwischen 15 und 54 Minuten.[3] Den Interviews lag ein Leitfaden zugrunde, der sowohl die theoretischen Kenntnisse von Lehrern über Lernformen, die autonomes Lernen ermöglichen, als auch deren unterrichtliche Erfahrungen hiermit, fokussiert. Da nicht abzusehen war, über welches Vorwissen bzw. über welche Erfahrungen die Befragten verfügen, war eine möglichst große Offenheit der Fragen intendiert.

Das Sample orientierte sich nicht an einem zuvor festgelegten Auswahlplan, sondern wurde schrittweise entwickelt. Dementsprechend wurden entlang des Forschungsprozesses bewusste Auswahlentscheidungen getroffen (Strübing, 2008, S. 30-33). Für die erste Erhebung wurden Musiklehrer aus verschiedenen Schulformen mit unterschiedlich umfangreicher Berufserfahrung ausgewählt: eine Grundschullehrerin im ersten Berufsjahr, eine erfahrene Berufsschul- und Sonder- bzw. Förderschullehrerin, ein ebenfalls erfahrener Gymnasiallehrer sowie ein Berufsanfänger, der an einer Gemeinschaftsschule unterrichtet. Letzterer berichtete von äußerst negativen Erfahrungen mit Lernformen, die autonomes Lernen anbahnen. Daher sollte zum Vergleich in einer anschließenden Erhebung ein weiterer Gemeinschaftsschullehrer befragt werden. Die Antworten der Probanden dieser ersten Erhebung ließen davon abgesehen vermuten, dass die Kenntnisse über Lernerautonomie sowie die Positionierung gegenüber diesem Ansatz vom Umfang der beruflichen Erfahrungen abhängig sein könnten. In der zweiten Erhebung wurden daher ergänzend eine Grundschul- und eine Gymnasiallehrerin mit vergleichsweise viel Berufserfahrung und in der dritten Erhebung eine seit 1986 berufstätige Gemeinschaftsschullehrerin sowie ein Gymnasiallehrer mit weniger Berufserfahrung interviewt.

---

3   Den Interviews gingen lediglich kurze Besprechungen via E-Mail bzw. Telefon voraus, in denen der Gegenstand der Befragung nur knapp skizziert wurde, um das Verständnis bzw. die Vorstellung der Befragten hinsichtlich von Formen autonomen Lernens nicht zu lenken.

Datenauswertung

Datensammlung und Datenauswertung verliefen nicht – wie die Darstellung des Berichts suggeriert – nacheinander, sondern parallel. Nach der Transkription der Interviews erfolgte eine offene Kodierung der Daten mithilfe des qda-Programmes MAXQDA (Strübing, 2008, S. 24-25). Auf der Grundlage der neu gewonnenen Erkenntnisse wurde daraufhin die Auswahl weiterer Probanden vorgenommen. Anschließend verfasste Einzelfalldarstellungen konnten für vergleichende Analysen und zur Erschließung möglicher Zusammenhänge herangezogen werden. In der Analyse wurden sowohl Vergleiche innerhalb eines Falls als auch zwischen verschiedenen Interviews vorgenommen. Während des Forschungsprozesses verfasste Memos ergänzten die Informationen.

Ergebnisse

Verständnis von Lernerautonomie aus der Perspektive von Lehrenden

Insgesamt zeichnet sich ein recht homogenes Bild hinsichtlich des Verständnisses von Lernerautonomie ab. Indes fällt auf, dass der Begriff Lernerautonomie meist umgangen wurde. Die Rede war vielmehr von freiem bzw. selbstständigem oder selbstgesteuertem Lernen, von Selbstständigkeit bzw. -tätigkeit sowie von eigenverantwortlichem Arbeiten. Hier deutet sich eine „gewisse Verwässerung der Bedeutung von Lernerautonomie" (Schmenk, 2010, S. 12) an, die auch schon auf der begriffstheoretischen Ebene ausgemacht werden konnte.

In den Erklärungsansätzen aller acht Probanden wurde Lernerautonomie als eine (erlernbare) Fähigkeit beschrieben: Schüler seien autonom, wenn sie „bestimmte Entscheidungen treffen können" (V)[4] bzw. „sich selbst Dinge erschließen [...] oder erarbeiten können" (VIII). Dass sie „eigenständig mit Noten umgehen können" (III), dass sie „ganz selbstständig arbeiten" (I) bzw. „selbstständig und selbstbestimmt in irgendeiner Weise handeln können" (V) oder auch „freies Lernen, selbstständiges Lernen" (IV) zeichne Lernerautonomie nach Auffassung der befragten Lehrer im Allgemeinen aus.

Mit Blick auf Holec findet damit nur eine Dimension seiner Definition Beachtung. Die Bereitschaft, Verantwortung für den eigenen Lernprozess zu übernehmen, nach Holec (1979, S. 22) ein weiteres wesentliches Merkmal von Lernerautonomie, wurde lediglich bei Lehrer IV erwähnt, dem es wichtig war, dass Schüler „selber etwas erarbeiten wollen" (IV). Auch die Entscheidungsspielräume der Lerner, die nach Holec

---

4   Die Namen der befragten Lehrpersonen sind mit den Bezeichnungen I bis VIII maskiert.

(1979, S. 4) Lernziele, Inhalte, Methoden, Arbeitstechniken, ihr Vorgehen bzw. die Gestaltung des Lernprozesses und die Evaluation des Gelernten umfassen sollten, waren in den Erläuterungen der Lehrer vorrangig auf die Arbeitstechniken sowie die Gestaltung des Lernprozesses beschränkt. Nur eine Lehrerin verwies zusätzlich auf die Bedeutung der Evaluation des Lernprozesses. Sie sei nach eigener Aussage auch in ihrem Unterricht darum bemüht, dass die Schüler selbst „Rückmeldung geben, wie es geklappt hat [und] was für Erfahrungen sie gemacht haben" (II). Hiervon abgesehen betrachteten die Lehrer das Phänomen Lernerautonomie vor allem bezüglich der Methodenwahl und weniger als Form didaktischer Selbstbestimmung.

Rollenverständnis der Lehrer

Vielfach erläuterten die Lehrer ihr Verständnis von Lernerautonomie über eine Abgrenzung gegenüber geschlossenen Unterrichtsformen. Dabei wurde ausdrücklich die Veränderung der Lehrerrolle thematisiert. So gäbe es nicht mehr „diese Lehrperson, die vorne steht und den Kindern etwas [...] eintrichtert und an die Tafel schreibt" (I). Stattdessen wurde die Aufgabe in einer beratenden Funktion gesehen: „Der Lehrer ist da immer nur noch so eine Hilfsfunktion, wenn die Kinder Fragen haben und nun wirklich gar nicht weiterkommen." (I) Nach Auffassung der Lehrerinnen I und VI sowie von Lehrer III impliziert der Weg hin zu einem autonomen Lernen der Schüler einen Bedeutungsverlust der Lehrperson im Unterricht. Pointiert formuliert Lehrerin VI: „Das würde ja bedeuten, in der Konsequenz: Dann bin ich ja überflüssig, richtig?"[5] Mit Blick auf Holecs Definition von Lernerautonomie erscheint diese Feststellung zunächst folgerichtig – andere Wissenschaftler sehen es aber, unabhängig von dem Grad der Autonomie der Lerner, als unablässig an, dass die Lehrperson beratend am Unterrichtsgeschehen beteiligt ist (z. B. Geuen & Orgass, 2007, S. 72). Auch Ernst Apeltauer bemerkt: „Der Lernerautonomie-Ansatz hat nichts mit ‚Rückzug des Lehrers' zu tun, vielmehr mit einer aktiven Auseinandersetzung von Lehrkraft und Lerner darüber, was noch verbessert werden könnte, damit Lerner befähigt werden, sich die fremde Sprache weiter anzueignen, vor allem aber, damit sie sie später autonom (d. h. ohne Hilfe oder Unterstützung durch eine Lehrkraft oder Fremde) nutzen können." (2010, S. 29)

Lehrerin I wies auf eine weitere Herausforderung hin: „Wie bewerte ich nun die Arbeit der Kinder [...], wer [...] mehr gemacht hat, wer mehr Ideen hatte oder sich mehr engagiert hat?" Ähnlich äußerte sich Lehrerin II und benannte zudem die Schwierigkeit, die richtige Balance zwischen Autonomie und Instruktion durch die Lehrperson zu finden („dann muss ich aber immer sehr [abwägen], inwiefern ich be-

---

5   Dies entspricht auch den Ergebnissen, die Michael Zutavern u. a. aus Berichten von Lehrkräften innerhalb des Projekts „Eigenständige Lerner" (Beck et al., 1992) herausgearbeitet hat. Er beleuchtete die Rolle von Lehrern bei der Förderung von Eigenständigkeit und berichtet ebenfalls, dass diese Bedenken vor einem Funktionsverlust äußerten (Zutavern, 1995, S. 215).

raten kann und inwiefern ich die Arbeit eher hemme") – ein Problem, das Hilbert Meyer in Anlehnung an Lothar Klingenberg als „dialektische[n] Widerspruch von Führung und Selbsttätigkeit" (2007, S. 89) beschreibt.

Besonderheiten von Lernerautonomie im Musikunterricht aus Sicht der Lehrer

„[W]enn es nicht gerade um das praktische Musizieren geht, sehe ich da keine Unterschiede zu anderen Fächern" (IV) – ähnlich wie Lehrer IV identifizierten die meisten Probanden Besonderheiten der Förderung von Lernerautonomie im Musikunterricht vornehmlich in der Musikpraxis. Hiermit verbunden diagnostizierten die Interviewten Probleme, die sie vor allem an den institutionellen Bedingungen, wie z. B. den begrenzten räumlichen Möglichkeiten oder einer mangelhaften Ausstattung im Musikfachbereich, festmachten.

Eine Schwierigkeit wurde auch darin gesehen, dass autonomes Handeln im Rahmen der Musikpraxis ein gewisses Maß an musikalischen Fähigkeiten voraussetze: „Sie müssen eben auch umgehen können mit [der] Stimme oder mit den Instrumenten." (III) Darin stimmen die befragten Lehrer mit Werner Jank überein, demzufolge musikalische Selbstständigkeit und Kreativität ein „Fundament musikalischer Fähigkeiten und musikalischen Könnens" (2010, S. 150) voraussetze. Jank verweist exemplarisch auf das Ensemblemusizieren, das „leicht zu dem Dilemma führen [kann], dass eines der beiden Prinzipien [Lernerautonomie oder Musikpraxis] auf der Strecke bleibt" (ebd., S. 151). Ähnlich äußerte Lehrerin V, dass es „im Klassenorchester [...] natürlich [...] mit dem autonomen Lernen ein bisschen schwierig" sei.

Ganz davon abgesehen, dass sowohl aus Sicht der befragten Lehrer als auch bei Jank das Bild von Musikunterricht wesentlich auf die Musikpraxis konzentriert ist (und das Hören von bzw. Sprechen oder Schreiben über Musik sowie musikwissenschaftliche Bereiche weitgehend außer Acht gelassen werden), formulierten einige Lehrer für musikpraktische Arbeitsfelder Möglichkeiten zur Förderung von Lernerautonomie, etwa wenn die Schüler „eine Geschichte als Hörspiel vertonen [...] [u]nd vielleicht auch musikalisch unterlegen, dass sie sich bestimmte Musikstücke heraussuchen [...], womit sie das [selbst] Gesprochene unterlegen. Da haben sie alle Freiheiten: [...] ob sie die Geräusche selbst mit Instrumenten machen wollen, ob sie das mit der Stimme machen wollen, ob sie es eben von einem Tonträger nehmen wollen." (II)

Überlegungen der Lehrkräfte zur Heterogenität von Lernenden in Bezug auf Lernerautonomie im Musikunterricht

Mehr als in anderen Fächern sahen sich die Lehrer im Musikunterricht mit einer überaus starken Heterogenität der Lerner konfrontiert. Hier zeigte sich erneut die

Fokussierung der Befragten auf die Musikpraxis: „Die Schüler sind halt verschieden musikalisch. Die beherrschen Instrumente oder nicht." (IV) Aber auch darüber hinaus wurden Befürchtungen formuliert. Demnach kämen einige Lerner mit der ihnen zugestandenen Selbstständigkeit „unglaublich gut [...] klar und andere bleiben aber sehr auf der Strecke" (VIII). Lehrerin II verwies auch auf die Gefahr von Unterrichtsstörungen durch Überforderung bzw. soziales Faulenzen: „Es gibt immer mal ein/zwei Leute in der Gruppe, die versuchen, die Gruppe von der Arbeit abzuhalten."

Demgegenüber sahen einige Lehrer in einem didaktischen Konzept von Lernerautonomie Möglichkeiten, den Schülern mit ihren unterschiedlichen Dispositionen gerecht zu werden und stimmen darin mit Ralf Weskamp (1999, S. 11; siehe Kap. 1) überein: „Kein Mensch ist wirklich gleich und jeder hat andere Arbeitstechniken, die er bevorzugt [...]. Insofern ist so ein Vorgehen einfach klasse" (IV). Lehrerin VI verwies ergänzend auf die unterschiedlichen Lerntypen, die in einem auf Lernerautonomie gestützten Unterrichtskonzept Beachtung fänden. Für Lehrerin I war in diesem Kontext zudem von elementarer Bedeutung, „dass die Kinder [...] dadurch lernen, dass es nicht nur einen Weg zum Ziel gibt, sondern auch einen ganz individuellen Weg". Was dies für den Musikunterricht bedeutet, wurde jedoch nicht konkretisiert.

Positionierung der Lehrkräfte gegenüber Lernerautonomie im Musikunterricht

Aus den Äußerungen zur persönlichen Einstellung gegenüber Lernerautonomie zeichneten sich drei verschiedene Positionen ab: Fünf der acht Lehrer sprachen sich dafür aus, die Entscheidung für Lernformen, die autonomes Lernen fördern, oder geschlossene Unterrichtsformen abhängig zu machen von diversen Rahmenbedingungen wie den Dispositionen der Lerner, den räumlichen Gegebenheiten, den Unterrichtsinhalten oder den Zielen der jeweiligen Unterrichtsphasen. Daneben befürworteten zwei Lehrer Unterrichtsformen, in denen autonomes Lernen angeregt wird, ohne Einschränkung. Ein weiterer Lehrer blieb diesen Formen gegenüber skeptisch.

Worauf sind diese Haltungen zurückzuführen? Als mögliche Faktoren kristallisierten sich insbesondere der Umfang der Berufserfahrung sowie die Rahmenbedingungen an den Schulen heraus. Hinsichtlich der Rahmenbedingungen sprachen die Befragten Schwierigkeiten auf vielen verschiedenen Ebenen an: Als prekär empfunden wurden mitunter Unsicherheiten seitens der Lehrperson oder der Schüler, die veränderte Lehrerrolle, schulinterne Einflüsse sowie institutionelle und situative Bedingungen. Häufig wurden „sehr beengt[e]" (II) Raumverhältnisse, eine daraus resultierende kaum auszuhaltende Lautstärke („ich persönlich finde es akustisch eigentlich nicht [...] ertragbar, wenn da jeder in seiner Ecke andere Töne von sich gibt" (VIII)) sowie eine unzureichende Ausstattung im Musikfachbereich („da sind die Probleme einfach, dass nicht genügend Instrumente vorhanden sind, um das wirklich gut zu machen" (VIII)) genannt. Dementsprechend wurden als förderlich empfunden: Eine bewusste Ausrichtung der Schule auf autonomes Lernerhandeln, eine umfangreiche Ausstattung mit Materialien sowie eine angemessene Raumsituation. Die Grundhaltung der Befragten stand in den untersuchten Fällen generell mit den positiven bzw. negativen Rahmenbedingungen an ihrer Schule in Zusammenhang. Allein diejenigen Lehrer, die sich sehr überzeugt von Ansätzen autonomen Lernens zeigten, reflektierten diese Rahmenbedingungen nicht.

Auffällig ist auch, dass sich die drei Lehrer, die noch kaum Berufserfahrung aufweisen, überaus positiv zu Lernerautonomie äußerten – und zwar vielfach ungeachtet der Rahmenbedingungen an ihren Schulen. Demgegenüber zeigten sich die Befragten mit langjähriger Berufserfahrung wesentlich differenzierter in ihrer Argumentation.

Zusammenfassende Bemerkungen

Die Ergebnisse der Befragung von Musiklehrern geben einen Einblick in deren Verständnis und ihre Ideen hinsichtlich von Lernerautonomie (im Musikunterricht), ihre Positionierung gegenüber einem solchen Ansatz sowie mögliche Gründe für die jeweiligen Haltungen. Die Erklärungsansätze sind sehr einheitlich. Sie sind vor dem Hintergrund von Holecs Definitionsansatz (1979, S. 4; S. 22) zugleich aber insofern auch einseitig, als vorrangig auf die Fähigkeit der Schüler zum autonomen Lernen referiert wird. Auch mit Blick auf die Entscheidungsspielräume der Lerner verweisen die Lehrkräfte auf nur wenige Aspekte des Unterrichts. Martinez kommt in ihrer Untersuchung zu einem ähnlichen Ergebnis. Die von ihr befragten angehenden Fremdsprachenlehrer reduzieren Lernerautonomie allenfalls auf die Kontrolle der Lerninhalte (Martinez, 2008, S. 305). Uns stellt sich daher die Frage, ob der Lernerautonomie-Ansatz Holecs überhaupt mit der Unterrichtspraxis kompatibel sein kann, schließlich bezieht sich sein Verständnis von Lernerautonomie auf sämtliche didaktische Entscheidungen, die der Lerner eigenverantwortlich treffen solle (Wolff, 2003, S. 322). Apeltauer dagegen schreibt, dass Lernerautonomie „keine völlige Unabhängigkeit" (2010, S. 23) bedeuten könne: „Jede Form der Autonomie hat also Grenzen. Ja, wir können sogar sagen, dass Lerner in bestimmten Bereichen schon autonom handeln können [...], während sie gleichzeitig in anderen Bereichen [...] noch auf Anleitungen durch eine Lehrkraft angewiesen sein können." (Ebd.) Holecs Ansatz erscheint in diesem Zusammenhang zu weit und weniger für das Lernen im schulischen Kontext als vielmehr für das außerschulische Aneignen von Fähigkeiten und Fertigkeiten geeignet zu sein.

Abschließend soll der Blick auf die Positionierung bzw. Haltung – verstanden im Sinne Ingo Schellers (1989, S. 26)[6] – der Lehrer gerichtet werden, die stabiler sind als

---

6   „Eine Haltung nenne ich das Gesamt an inneren Vorstellungen, Gefühlslagen, sozialen und
     politischen Einstellungen und Interessen (‚innere Haltung'), das eine Person oder Personengruppe in bestimmten Interaktionssituationen zeigt, aber auch längerfristig gegenüber ande-

didaktisches Theoriewissen (Meyer, 2001, S. 74). Die erhobenen Daten lassen einen Zusammenhang zwischen den institutionellen Rahmenbedingungen an der jeweiligen Schule bzw. zwischen der Berufserfahrung und der persönlichen Einstellung der Lehrer zu Ansätzen autonomen Lernens vermuten. Diese Annahme deckt sich mit den Beobachtungen La Ganzas (2008), der auf der Grundlage von Lehrer- und Schülerinterviews zu ihren Wahrnehmungen von Lernerautonomie im Sprachunterricht ein vierdimensionales Interaktionsmodell erstellt hat, in dem er die Lehrer und Schüler verortet. Die Rede ist von „four Dynamic Interrelational Spaces" (ebd., S. 71), die die Beziehung der Lehrperson zu den Schülern, zur Institution, zu dem weiteren (außerschulischen) Umfeld und auch zu den eigenen internalisierten Lehrermodellen umfassen: „The model suggests that from the microcosm of the teacher's internalized relationships, to the macrocosm of the teacher's relationships within society at large, the teacher's perceptions of his or her autonomy as a teacher are affected by interrelational dynamics." (Ebd., S. 72)

Wenn auch bezogen auf das Konzept von Lehrerautonomie, veranschaulicht La Ganza damit die Bedeutung der verschiedenen Interaktionsräume, die auf die Handlungsmöglichkeiten der Lehrer und auch auf ihre Vorstellungen von Unterricht wesentlichen Einfluss haben. Möglich ist, dass Berufsanfänger in ihrer Haltung gegenüber Lernerautonomie noch stärker auf ihre im Rahmen von Ausbildung und in Bezug auf die Mentoren gewonnenen Vorstellungen zur Lehrerrolle bezogen sind und erfahrene Lehrer die eigene Rolle mehr noch im Kontext der weiteren Relationen definieren. Eine intensive Auseinandersetzung an der Schule bzw. im Kollegium könnte eventuell dazu beitragen, Unsicherheiten zu verringern und idealerweise zu einem reflektierten Umgang mit Formen autonomen Lernens zu gelangen.

Literatur

Ansohn, M. (2006). Schülerorientierter Musikunterricht. Große Ziele, kleine Schritte. In W. Pfeiffer & J. Terhag (Hrsg.), *Schülerorientierter Musikunterricht – Wunsch und Wirklichkeit.* Musikunterricht heute, Bd. 6 (S. 65-76). Oldershausen: Lugert.

Apeltauer, E. (2010). Lernerautonomie, Lehrerautonomie und Deutsch als Fremdsprache. In Y. Eğit (Hrsg.), *Globalisierte Germanistik. Sprache, Literatur, Kultur. Tagungsbeiträge* (S. 15-34). Izmir: Ege Üniversitesi Matbaası.

Beck, E., Bachman, T., Geering, P. & Zutavern, M. (1992). *Eigenständige Lerner. Wissenschaftlicher Schlußbericht an den Schweizerischen Nationalfonds.* St. Gallen: Forschungsstelle der Pädagogischen Hochschule.

Beck, E. (1995). Didaktik der Eigenständigkeit. In E. Beck, T. Guldimann & M. Zutavern (Hrsg.), *Eigenständig lernen.* Kollegium. Schriften der Pädagogischen Hochschule St. Gallen (S. 183-198). St. Gallen: UVK, Fachverl. für Wissenschaft und Studium.

---

ren Personen und sich selbst aufrechterhält. Haltungen drücken Beziehungen aus." (Scheller, 1989, S. 26)

Benson, P. (2001). *Teaching and Researching Autonomy in Language Learning*. Harlow [u. a.]: Longman.

Berg, C. & Milmeister, M. (2008). Im Dialog mit den Daten das eigene Erzählen der Geschichte finden: Über die Kodierverfahren der Grounded-Theory-Methodologie. *Forum: Qualitative Sozialforschung, 9*(2), S. 1-27. Verfügbar unter: http:// www.qualitative-research.net/index.php/fqs/article/view/417/905 [14.9.2011].

Bimmel, P. & Rampillon, U. (2008). *Lernerautonomie und Lernstrategien* (4. Aufl.). Fernstudieneinheit, Bd. 23. Berlin [u. a.]: Langenscheidt.

Friebertshäuser, B. & Langer, A. (2010). Interviewformen und Interviewpraxis. In B. Friebertshäuser, A. Langer & A. Prengel (Hrsg.), *Handbuch Qualitative Forschungsmethoden in der Erziehungswissenschaft*. (3. Aufl.) (S. 379-396). Weinheim: Juventa.

Geuen, H. & Orgass, S. (2007). *Partizipation – Relevanz – Kontinuität: Musikalische Bildung und Kompetenzentwicklung in musikdidaktischer Perspektive*. Aachen: Shaker.

Glaser, B. G. & Strauss, A. L. (1967). *The Discovery of Grounded Theory: Strategies for Qualitative Research*. Chicago: Aldine.

Green, L. (2008). *Music, Informal Learning and the School: A new Classroom Pedagogy*. Ashgate Popular and Folk Music Series. Aldershot: Ashgate.

Gudjons, H. (2003). Selbstgesteuertes Lernen der Schüler: Fahren ohne Führerschein? *Pädagogik* (55), S. 6-9.

Günther, U., Ott, T. & Ritzel, F. (1982). *Musikunterricht 1-6*. Weinheim [u. a.]: Beltz.

Holec, H. (1979). *Autonomie et apprentissage des langues étrangères*. Paris: Hatier.

Jank, W. (2010). Lernende: Objekte des Lehrens? Subjekte ihres Lernens? In C. Wallbaum (Hrsg.), *Perspektiven der Musikdidaktik. Drei Schulstunden im Licht der Theorien*. Hochschule für Musik und Theater „Felix Mendelssohn Bartholdy" Leipzig – Schriften, Bd. 3 (S. 133-157). Hildesheim [u. a.]: Olms.

Kaiser, H. J. & Nolte, E. ([2]2003). *Musikdidaktik: Sachverhalte – Argumente – Begründungen. Ein Lese- und Arbeitsbuch*. Mainz [u. a.]: Schott.

Konrad, K. & Traub, S. (1999). *Selbstgesteuertes Lernen in Theorie und Praxis*. München: Oldenbourg.

Kultusministerkonferenz. *Zur Stellung des Schülers in der Schule: Beschluß der Kultusministerkonferenz, beschlossen am 25. 5. 1973*. Verfügbar unter: http:// www.kmk.org/ filead- min/veroeffentlichungen_beschluesse/1973/1973_05_25_Stellung_Schueler.pdf [8.6.2011].

La Ganza, W. (2008). Learner Autonomy – Teacher Autonomy. Interrelating and the Will to Empower. In T. Lamb & H. Reinders (Hrsg.), *Learner and Teacher Autonomy. Concepts, Realities, and Responses* (S. 63-79). Amsterdam [u. a.]: J. Benjamins Publ.

Little, D. (1991). *Learner Autonomy I: Definitions, Issues and Problems*. Dublin: Authentic Language Learning Resources.

Martinez, H. (2008). *Lernerautonomie und Sprachlernverständnis: Eine qualitative Untersuchung bei zukünftigen Lehrerinnen und Lehrern romanischer Sprachen*. Giessener Beiträge zur Fremdsprachendidaktik. Tübingen: Narr.

Mayring, P. (2002). *Einführung in die qualitative Sozialforschung. Eine Anleitung zu qualitativem Denken*. Beltz Studium. Studium Pädagogik. Weinheim [u. a.]: Beltz.

Meyer, H. (2001). *Türklinkendidaktik. Aufsätze zur Didaktik, Methodik und Schulentwicklung.* Berlin: Cornelsen Scriptor.

Meyer, H. (2007). *Leitfaden Unterrichtsvorbereitung.* Berlin: Cornelsen Scriptor.

Orgass, S. (2001). Musikunterricht in einer sich verändernden Schulkultur. Notwendigkeit und Probleme der Teilhabe von Lernenden an den didaktischen Entscheidungen. *Musik in der Schule* (3), S. 4-10.

Petersen, U. (2006). „Was soll denn ich dabei überhaupt noch machen?": Die Rolle der Lehrenden im schülerorientierten Unterricht - Reflexionen aus der Praxis an Beispielen aus Klasse 5–13. In W. Pfeiffer & J. Terhag (Hrsg.), *Schülerorientierter Musikunterricht – Wunsch und Wirklichkeit.* Musikunterricht heute, Bd. 6 (S. 77-84). Oldershausen: Lugert.

Rauhe, H., Reinecke, H.-P. & Ribke, W. (1975). *Hören und Verstehen. Theorie und Praxis handlungsorientierten Musikunterrichts.* München: Kösel.

Scheller, O. (1989). *Wir machen unsere Inszenierungen selber. Szenische Interpretation von Dramentexten.* Oldenburg: Zentrum für Pädagogische Berufspraxis.

Schmelter, L. (2004). *Selbstgesteuertes oder potenziell expansives Fremdsprachenlernen im Tandem.* Giessener Beiträge zur Fremdsprachendidaktik. Tübingen: Narr.

Schmenk, B. (2008). *Lernerautonomie: Karriere und Sloganisierung des Autonomiebegriffs.* Tübingen: Narr.

Schmenk, B. (2010). Bildungspolitischer Idealismus, erfahrungsgesättigte Praxiorientierung, didaktischer Hiphop? Eine kleine Geschichte der Lernerautonomie. *Profil. Würzburger Zeitschrift für den universitären Fremdsprachenunterricht* (2), S. 11-26.

Strübing, J. (²2008). *Grounded Theory. Zur sozialtheoretischen und epistemologischen Fundierung des Verfahrens der empirisch begründeten Theoriebildung.* Qualitative Sozialforschung, Bd. 15. Wiesbaden: VS Verlag für Sozialwissenschaften/GWV Fachverlag.

Summer, T. (2010). Key Concept: Learner Autonomy. *Profil. Würzburger Zeitschrift für den universitären Fremdsprachenunterricht* (2), S. 7-10.

Tassinari, M. G. (2010a). *Autonomes Fremdsprachenlernen. Komponenten, Kompetenzen, Strategien.* Kolloquium Fremdsprachenunterricht, Bd. 39. Frankfurt [u. a.]: Lang.

Tassinari, M. G. (2010b). Checklisten zur Lernerautonomie: Erfahrungen mit der Selbsteinschätzung. *Profil. Würzburger Zeitschrift für den universitären Fremdsprachenunterricht* (2), S. 119-142.

Wernke, S. (2005). *Selbstreguliertes Lernen in der Sekundarstufe.* Oldenburger Vor-Drucke, Bd. 521. Oldenburg: BIS.

Weskamp, R. (1996). Pädagogisierung des Fremdsprachenunterrichts. Schritte in Richtung zeitgemäßen Lernens. *Praxis neusprachlichen Unterrichts* (43), S. 347-356.

Weskamp, R. (1999). Unterricht im Wandel – Autonomes Fremdsprachenlernen als Konzept für schülerorientierten Fremdsprachenunterricht. In C. Edelhoff & R. Weskamp (Hrsg.), *Autonomes Fremdsprachenlernen.* Forum Sprache (S. 8-19). Ismaning: Hueber.

Wolff, D. (2003). Förderung selbst gesteuerten Fremdsprachenlernens. Lernerautonomie und selbst gesteuertes fremdsprachliches Lernen: Überblick. In K.-R. Bausch, H. Christ & H.-J. Krumm (Hrsg.), *Handbuch Fremdsprachenunterricht* (4. Auflage) (S. 321-326). Tübingen, Basel: Francke.

Zutavern, M. (1995). Des einen Freud des anderen Leid?! Über die Rolle von Lehrerinnen und Lehrern bei der Förderung von Eigenständigkeit. In E. Beck, T. Guldimann & M. Zutavern (Hrsg.), *Eigenständig lernen.* Kollegium. Schriften der Pädagogischen Hochschule St. Gallen (S. 215-256). St. Gallen: UVK, Fachverl. für Wissenschaft und Studium.

Maren Bagge, M.Ed./M.A.
Carl von Ossietzky Universität Oldenburg
Fakultät III für Sprach- und Kulturwissenschaften
Institut für Musik
26129 Oldenburg
maren.bagge@gmx.de

Annkatrin Babbe, M.Ed./M.A.
Carl von Ossietzky Universität Oldenburg
Fakultät III für Sprach- und Kulturwissenschaften
Institut für Musik
26129 Oldenburg
annkatrin.babbe@uni-oldenburg.de

Heike Gebauer

„Beschreibt doch mal die Form, die wir gerade gemacht haben."
Kognitive Aktivierung im Musikunterricht

„Describe the musical form that we just played."
Cognitive activation in the music classroom

Cognitive activation describes a dimension of instruction that promotes opportunities for learning about a specific subject in the classroom. The transitory character of music, as well as the fact that music is a cultural practice that is tied to certain types of music acquisition and instruction, yields teaching patterns that are somewhat different from the task and problem based teaching of mathematics. This qualitative video study shows that playing music at the beginning of a lesson can provide a very teacher centered opportunity to implicitly experience concepts such as musical form, thus leading to more autonomous and demanding learning processes. However, deep processing opportunities also depend on the degree of teacher-centeredness and the immediacy of hints to the solution of the music-making task.

> „Wie ganz anders ist es um das Verstehen der Sache bei den Kindern [...] bestellt [...]. Da stellen die Kinder selbst die Aufgaben, sie lösen sie völlig selbstständig, und zwar bald mit überraschender Sicherheit im Denken und ebensolcher Fertigkeiten im Rechnen, und sie überwachen, verbessern und ergänzen einander besser, als es der Lehrer jemals selbst tun könnte. Sie [...] gewinnen so eine Einsicht in das Wesen der Operationen und eine Fertigkeit im Operieren mit Brüchen, wie sie die mechanische Art der alten Schule trotz aller Leitfadenpaukerei [...] nie zu erzielen imstande ist." (Pfalzgraf, 1914, S. 354)

In der 30. Wochenschrift *Der Hauslehrer* berichtet Jakob Pfalzgraf 1914 von Unterrichtsstrategien, die seine Schüler in der Weise anregen, dass sie offenbar ein tieferes Verständnis mathematischer Konzepte und Lösungsstrategien entwickeln. Diese Lehr-Erfahrungen lassen eine unmittelbare Nähe zu jenem jüngsten Diskurs spüren, der vor dem Hintergrund eines konstruktivistischen Lehr-Lernverständnisses „kognitive Aktivierung" als eine der „Basisdimensionen" von Unterrichtsqualität beforscht (Klieme, Schümer & Knoll, 2001; Klieme, Lipowsky, Rakoczy & Ratzka, 2006).

Kognitive Aktivierung in der videobasierten Unterrichtsprozessforschung

Kognitive Aktivierung, ein in der mathematikdidaktischen Unterrichtsprozessforschung seit den TIMS-Studien[1] geprägter Begriff (s. z. B. Klieme, Lipowsky, Rakoczy & Ratzka, 2006), bezeichnet ein von der Lehrperson bereitgestelltes unterrichtliches Angebot an die Schüler, fachliche Konzepte, Sachzusammenhänge und Kompetenzen zu erwerben (vgl. ebd., S. 131; Leutner, Fischer, Kauertz et al. 2008, S. 169). Dieses Angebot realisiert sich in inhaltsbezogenen Denk- und Handlungsaufforderungen wie Aufgabenstellungen, Lehrerfragen im Unterrichtsgespräch und auch Schülerimpulsen (hier bezeichnet als „Anforderungssituationen"). Was den Erfolg unterrichtlicher Lehr-Lernprozesse betrifft, so Ergebnisse der gegenwärtigen Unterrichtsprozessstudien, komme es dabei weniger auf die Unterrichtsmethoden, Sozial- und Arbeitsformen selbst an. Entscheidend seien vielmehr die situativ umgesetzten didaktischen Merkmale von Unterricht, welche sich auf den Lernprozess beziehen, indem sie bestimmte kognitive Operationen wie Vernetzungs- oder Transferleistungen bei den Schülern wahrscheinlich machen (vgl. Kunter & Voss 2011, S. 87). Kognitive Aktivierung zielt demnach auf Verarbeitungstiefe bei den Schülern in ihrer Auseinandersetzung mit einem Unterrichtsinhalt. Aus dem Kontext der kognitiven Theorien des Lernens stammend meint Verarbeitungstiefe also das Ausmaß der kognitiven Aktivität, die ein Lernender darauf verwendet, einen fachlichen Zusammenhang zu lernen (Craik & Lockhart, 1972, S. 671-672.; vgl. Niessen, 2010, S. 65). Folglich sei Unterricht in positiver Ausprägung kognitiv aktivierend, wenn er „Lernende zum vertieften Nachdenken und zu einer elaborierten Auseinandersetzung mit dem Unterrichtsgegenstand anregt" (Lipowsky, 2009, S. 93).

Inwiefern Schüler durch Unterricht tatsächlich kognitiv aktiviert sind, lässt sich allerdings nicht direkt ermitteln. Denn zum einen ist gemäß dem Angebots-Nutzungs-Modell unterrichtlicher Wirkung (Helmke, [3]2010) davon auszugehen, dass unterrichtliche Anforderungen einen Lernprozess nicht determinieren, sondern lediglich wahrscheinlich machen können. Zum anderen: Eine „Kamera kann nicht in Köpfe schauen, sie bleibt beim Körper: außen vor, reduziert auf das, was sich zeigt" (Mohn, 2010, S. 211).[2] Mithin wird das kognitiv aktivierende Unterrichtsangebot in forschungsmethodologischer Hinsicht und auch in der hier berichteten Videostudie zum einen durch Aspekte des Lehrerverhaltens auf der Angebotsseite von Unterricht erfasst. Zum anderen werden die unterrichtlichen Schülerhandlungen und die Interaktionen zwischen Lehrperson und Schüler dahingehend interpretiert, inwieweit bestimmte kognitive Aktivitäten möglicherweise angeregt werden.

---

1   Third International Mathematics and Science Study.
2   Für einen methodologischen Überblick über Potenziale und Grenzen sowie Richtungen der Videoforschung im Allgemeinen und für Musikpädagogik im Besonderen siehe Gebauer (2011).

Entsprechend dieser zwei Beobachtungsperspektiven würde Unterricht als kognitiv aktivierend auf der Angebotsseite gedeutet, so fasst Lipowsky (2009) zusammen, wenn die Lehrperson die Schüler mit anspruchsvollen Aufgaben konfrontiert, sie anregt, Konzepte, Ideen, Deutungen und Lösungswege zu erläutern, zu begründen und intensiv auszutauschen. Kognitiv aktivierend seien Gelegenheiten zum Anknüpfen an Vorwissen und zur Vernetzung von Lerninhalten, indem die Lehrperson Gedanken der Schüler aufgreift und weiterführt; kognitiv aktivierende Lernangebote provozieren kognitive Konflikte, indem die Lehrperson auf Unterschiede und Widersprüche hinweist, Aussagen hinterfragt und selbstständiges Prüfen veranlasst (vgl. ebd.; s. auch Klieme, Schümer & Knoll, 2001; Vehmeyer, 2009; Kleinknecht, Maier, Metz & Bohl, 2011). Von einem kognitiv aktivierenden Unterricht ließe sich auf Ebene der Angebotsnutzung durch die Schüler ausgehen, wenn diese solch anspruchsvolle Tätigkeiten ausüben und Argumente austauschen, Querverbindungen zu anderen Konzepten herstellen, Lösungswege erläutern, begründete Beurteilungen abgeben, selbst Fragen stellen oder ihr Wissen auf andere Situationen übertragen (vgl. Lipowsky, 2009, S. 93). Für diese Interpretationen werden stets sowohl normative als auch evidenzbasierte Qualitätskriterien von Unterricht an die Unterrichtsbeobachtung angelegt; kognitive Aktivierung wird somit „indirekt über Merkmale erfasst, von denen man annimmt, dass sie die Lernenden kognitiv aktivieren" (Vehmeyer, 2009, S. 22).

Kognitive Aktivierung musikdidaktisch konkretisieren

Obwohl die fachübergreifende Perspektive auf Unterrichtsqualität lange im Vordergrund stand, sprechen empirische Evidenzen dafür, kognitive Aktivierung fachspezifisch zu konkretisieren, d. h. in Bezug zu den Kernkonzepten und Kompetenzzielen des jeweiligen Unterrichtsfaches zu setzen (vgl. Klieme & Rakoczy, 2008, S. 235). Entsprechend konnten Pfalzgrafs (1914) Erfahrungen konkretisiert werden: Ein kognitiv aktivierender Mathematikunterricht stelle beispielsweise einen hohen Anteil anspruchsvoller Aufgaben, welche weniger repetitives, schematisches Durchführen von Prozeduren, sondern die selbständige Suche nach auch alternativen Lösungswegen erfordern und Verknüpfungen von Konzepten beim mathematischen Beweisen, Argumentieren und Modellieren bzw. Problemlösen veranlassen (s. z. B. Klieme, Schümer & Knoll, 2001; Leuders & Holzäpfel, 2011). Obgleich sich für die Musikdidaktik viele Anknüpfungspunkte aus anderen Fächern bieten, sind offensichtlich nicht sämtliche Qualitätsmerkmale, die für ein logisches Aufgabenfach wie der Mathematik gelten, auf Lehr-Lernprozesse in Musik übertragbar. Es ergeben sich ganz facheigene Prinzipien und Fragen, die auf Besonderheiten des Mediums Musik und des Umgangs mit Musik zurückzuführen sind. Der musikdidaktische Diskurs rankt sich beispielsweise um den ästhetischen Erfahrungsraum von Musikunterricht (s. z. B. Kaiser 1992; Rolle 1999). Didaktische Herausforderungen bestehen darin, einen Raum für ästhetische Erfahrungen, die weder mittelbar noch überprüfbar sind, zu schaffen und die Ermöglichung individueller Erlebnisse und Deutungen mit dem Erwerb intersubjektiv gültigen Sach-, Kultur- und Kontextwissens zu verbinden (s. z. B. Venus 1984, S. 61; Krause, 2008, S. 48-49).

In der Videostudie zur kognitiven Aktivierung im Musikunterricht, von der in diesem Beitrag berichtet wird, stellte sich vor allem die Frage nach dem Stellenwert musikpraktischer Umgangsweisen – gemäß Venus (1984) Produktion und Reproduktion – im unterrichtlichen Arrangement. Nicht nur aufgrund des transitorischen Charakters von Musik, auch aufgrund bestimmter kulturell tradierter Musizierformen stellt das Musikmachen offensichtlich eine Besonderheit dar für die Frage, worin facheigene Unterrichtsstrukturen kognitiver Aktivierung im Musikunterricht bestehen.

Kognitive Aktivierung durch Musikmachen – Theoretische Ansätze

Kritiken an einer vornehmlich verbalorientierten, wenig praxisnahen Vermittlungsform, die „im Unterricht theoretisiert" und Begriffe „nicht (oder ungenügend) von der unbedingt nötigen Hörerfahrung ab[...]leitet" (Lemmermann, 1984, S. 16, vgl. auch Nimczik, 2001; Schütz, 1997; Buchborn, 2011), zeigen, dass gegenwärtige didaktische Konzepte den musikalisch aktiven Umgang, insbesondere das Musizieren, in den Mittelpunkt des Musikunterrichts stellen. Dieses normative Qualitätskriterium wird damit begründet, dass erst durch musikalische Handlungserfahrung das Musikwissen einen Gebrauchswert für die Lernenden entfalten könne (Nimczik, 2001, S. 4) und musikbezogene Wissensbestände und musikalische Fähigkeiten nachhaltig erworben werden könnten. Audiation, die Fähigkeit „nicht nur sagen zu können, wie eine musikalische Struktur aufgebaut ist, sondern zu wissen, wie sie klingt" (Schütz 1997, S. 4), wird hierbei als ein wesentliches Ziel von Musikunterricht formuliert. Obgleich bei solch normativen Kriterien häufig auf lernpsychologische Grundlagen und Ergebnisse der Hirn- und Gedächtnisforschung rekurriert wird – beispielsweise spricht Wilfried Gruhn von verschiedenen Formen der kognitiven Repräsentationen eines musikalischen Phänomens und bezieht sich auf sequenzielle Lernschritte nach Edwin E. Gordons Music Learning Theory (vgl. Gruhn, 2003, S. 94-95) –, könne ein konkret didaktisch-methodisches Lernarrangement, das der Vermittlung von Klangvorstellungen einen zeitlichen Vorrang vor der Vermittlung begrifflicher Schemata einräumt, nicht vorschnell abgeleitet werden (vgl. Rolle, 2004, S. 204). Wahrnehmung könne durch begriffliche Konzepte durchaus auch erst geschärft werden (ebd.). Zumindest besteht ein normativer Konsens darüber, dass Musikunterricht den Erwerb sowohl von „Denk- und Handlungsfähigkeiten *in* Musik" als auch von „Wissen *über* Musik" anbahnen und inhaltlich sinnvoll miteinander vernetzen sollte (Buchborn, 2011, S. 24; s. z. B. auch Gruhn 2003; Nimczik, 2001; Schütz, 1997; Lemmermann 1984).

Aus der Besonderheit, dass das Schulfach Musik in erster Linie nicht mit einer Wissenschaftsdisziplin korrespondiere, sondern seine Leitdisziplin eine kulturell tradierte, gespielte und gehörte Fachpraxis sei, ergäbe sich, so Jank noch eine ganz eigene didaktische Perspektive (vgl. Jank, 2010, S. 150-151). Musik als Fachpraxis lägen spezifische Weisen der Musikausübung und -aneignung zugrunde: Eine zentral dirigierende Anleitung eines Ensemblespiels beispielsweise synchronisiert die Musizierenden und stimmt ihre Ausführungen aufeinander ab. Diese instruktiven, häufig imitativen Formen scheinen mit dem Ideal einer eigenständigen, problemlösenden Auseinandersetzung mit einem Lerninhalt auf dem ersten Blick schwer vereinbar (vgl. ebd.). Kritische Stimmen wenden sich gar gegen reinen Aktionismus als „werkelnder, das heißt blinder musikalischer Tätigkeit" (Kaiser, 1999, S. 56-57). Es stellt sich demnach die Frage, inwiefern musikpraktische Handlungsformen eigenständige und anspruchsvolle Auseinandersetzungen mit einem Unterrichtsinhalt gemäß o. g. allgemeiner Qualitätsaspekte kognitiver Aktivierung anregen können. Im theoretischen Diskurs wird hier die Reflexion beispielsweise in Form einer bewertenden, argumentativen Kommunikation über das ästhetische Gelingen von Kompositionen und Gestaltungen ins Feld geführt (vgl. Rolle, 2005, S. 61). Indem dabei Qualitätsmaßstäbe erst entwickelt und zur Diskussion gestellt werden, würde das bloße Musikmachen in eine verständige Musikpraxis überführt (ebd., vgl. auch Kaiser, 1999, S. 56).

Neben der Forderung einer reflexiven Musikpraxis im Unterricht spricht Maria Spychiger (2008) rein musikalisch-kinästhetischen Lehr-Lernformen im Musikunterricht dennoch auch eine ganz eigene Rolle zu: Es „rückt [...] mit dem Medium des Klangs ein Prinzip in den Vordergrund, welches etwas anders ‚tickt'" (Spychiger, 2008, S. 7) als sprachlich diskursive Lehr-Lernformen, die zumeist mit einem konstruktivistischen Lehr-Lernverständnis und folglich auch mit kognitiver Aktivierung in Zusammenhang gebracht würden: Mit der „interpersonalen Koordination" beschreibt Spychiger:

> „die Angleichung von Individuen [...], die beim Musizieren etwa in der Simultanität von Bewegungen sichtbar und in einem runden Klang eines Ensembles hörbar wird. Wenn eine Gruppe sich auf einen gemeinsamen Rhythmus einigt, auf eine Klangfarbe einschwenkt, auf die Gestaltung der Lautstärken, und insgesamt im Zusammenspiel eine Interpretation, einen musikalischen Duktus, Einheitlichkeit in den Handlungen und Ausdrucksweisen findet, dann sprechen wir von dieser Koordination." (ebd.)

Dieses musikpraktische Prinzip stelle somit eine fachspezifische Grundlage dar, auf der auch gewisse musikalische Erfahrungen und Kompetenzen entstehen können.

Markus Büring (2010) entwickelt seine kompositorischen Aufgabensets nach lehr-lernpsychologischen, konstruktivistischen Prinzipien der Gestaltung problemorientierter Lernumgebungen: neben der Konstruktion von Ausgangs-, Zielzustand und Lösungsweg (vgl. auch Cvetko & Meyer, 2009, S. 68-69) operationalisiert er Merkmale wie Selbsttätigkeit, Offenheit, Komplexität und Reflexion (vgl. Büring, 2010, S. 63-64). Aus seinen empirischen Analysen schlussfolgert Büring (2010), dass direkt instruktive, geschlossene Aufgabenformate mit überbrückter Lernhilfe hinsichtlich des kurzfristigen Erwerbs „objektivierbare[n] Wissen[s]" effektiver seien als offene Aufgabenformate (Büring 2010, S. 148-149). Sie versetzten die Schüler in die Lage, „selbsttätig […] den erarbeiteten Unterrichtsgegenstand tatsächlich richtig zu erfassen und zu systematisieren und danach zu abstrahieren" (ebd., S. 167). Allerdings spielten mutmaßlich auch kreativ-ästhetische Kriterien im musikpraktischen Problemlöseprozess hinein und spalteten sich teilweise von den rational logischen, auf den reinen Lerninhalt bezogenen Kognitionen ab (vgl. ebd., S. 148). Hierin besteht mitunter eine Besonderheit für die Gestaltung kognitiv aktivierender Unterrichtsangebote in Musik.

Ziel und Methodik der Videostudie

Schon Heinz Antholz (1970) befand, „Unterrichtsformen sind bisher kaum Gegenstand wissenschaftlicher Forschungen gewesen, welche durch Unterrichtsanalysen […] typische und wirksame Strukturen musikunterrichtlicher Prozesse artikulieren müßten" (Antholz, 1970, S. 12). Weil dies stets auch für den gegenwärtigen Musikunterricht zutrifft, rekonstruiert die hier berichtete qualitative Videostudie[3] Strukturen kognitiver Aktivierung im Musikunterricht. Im Mittelpunkt dieses Beitrags steht der Stellenwert, den musikpraktische Angebote zur Erschließung eines musikalischen Phänomens (hier bezeichnet als „Konzeptualisierung") besitzen. Kognitive Aktivierung wird in diesem Beitrag in Bezug auf drei aufeinander bezogene Facetten beschrieben:

-   Ausgehend von der Einbettung musikpraktischer Anforderungssituationen in die Unterrichtsstunde wird
-   mit der Einschätzung des Anforderungsniveaus die Verarbeitungstiefe interpretiert und
-   werden die Funktionen der musikpraktischen Anforderungssituationen für den Lernprozess abgeleitet.

Dies geschieht anhand eines Vergleichs von drei der insgesamt sieben videographierten Fallbeispiele, die jeweils eine einführende Doppelstunde zum Thema „Rondo als Form- und Kompositionsprinzip" in Jahrgangsstufen 5 bis 7 zeigten.

Die Unterrichtsvideos wurden in einem qualitativ deskriptiven Verfahren ausgewertet, in dem ein qualitativ inhaltsanalytischer (Mayring, 2010) mit einem interaktionsanalytischen Zugang zum Unterrichtsvideomaterial verknüpft wurde (Krummheuer, 2010; vgl. auch Knoblauch, Tuma & Schnettler, 2010). Nachdem alle Anforderungssituationen einer Unterrichtsstunde identifiziert wurden, bedurfte die kategorienbasierte Deskription zunächst der Vorschaltung eines interaktionsanalytischen

---

3   Die folgende Ergebnisdarstellung bildet einen ausgewählten Ausschnitt des Promotionsprojektes der Verfasserin.

Schrittes: Denn erst nachdem die Handlungen der am Unterricht Beteiligten, deren Deutungen der unterrichtlichen Situation und gegenseitiger Reaktionen sowie deren Aushandlung von Themen und Bedeutungen interpretativ aufgeschlossen und offengelegt wurden, konnten die Unterrichtsstrukturen eine Merkmalszuschreibungen hinsichtlich des Untersuchungsaspekts kognitive Aktivierung erfahren. Die qualitativ inhaltsanalytische Videoanalyse näherte sich dem Konstrukt kognitive Aktivierung dann zum einen deduktiv auf Grundlage o. g. Erkenntnisse der Unterrichtsforschung und Ansätze, über Qualität von Musikunterricht nachzudenken. Diese Kriterien fungierten vielmehr im Sinne sog. Strukturierungsdimensionen (vgl. Mayring, [11]2010, S. 92) als eindeutig definierte Kategorien bereitzustellen. Zum zweiten wurden in Anbetracht der Forschungslage diese Strukturierungsdimensionen vor allem induktiv, d. h. aus dem Datenmaterial heraus, konkretisiert, ausdifferenziert und um Beschreibungskategorien ergänzt.

Ausgewählte Analyse und Ergebnisse

Die Unterrichtsstunden von drei Musiklehrpersonen weisen ein augenfälliges gemeinsames Element auf. Sie bieten den Schülern Gelegenheit, das Formprinzip Rondo in einer Bodypercussion musikalisch umzusetzen, indem alle Schüler ein Ritornell-Rhythmuspattern gemeinsam produzieren und einzelne die Couplets improvisierend dazwischen setzen.

Einbettung

Diese auf den ersten Blick gleichartig anmutende Unterrichtsaktion ist ganz unterschiedlich in die Unterrichtsstunden eingebettet: Lehrperson 1 initiiert die Bodypercussion gleich zu Beginn als Warm-up im Unterrichtseinstieg, Lehrperson 2 im Anschluss an ein Liedsingen sowie an eine erste Erarbeitung im Unterrichtsgespräch. Lehrperson 3 initiiert die Bodypercussion als Gruppengestaltungsaufgabe im letzten Teil der Unterrichtsstunde (Abb. 1; vgl. Abb. 3 für einen Stundenkurzüberblick). Offensichtlich erfüllen die Bodypercussionen ganz unterschiedliche Funktionen für den Lernprozess in den einzelnen Musikunterrichtsstunden.

Abb. 1: Einbettung der Bodypercussionen in die Unterrichtsphasen

Anforderungsniveau

Um die Funktionen näher zu beschreiben, wurden zunächst die Anforderungsniveaus, auf denen sich die Schüler inhaltlich mit der Rondo-Form auseinandersetzen eingeschätzt. Vor allem für Unterrichtsgesprächsphasen konnten z. T. hochinferente[4] Kategorien adaptiert werden (Lowyck, 1976; Anderson & Krathwohl, 2001; Maier, Kleinknecht, Metz & Bohl, 2011); die Betrachtung der musikalischen Anforderungssituationen verlangte aber eine stärke Ausdifferenzierung und Erweiterung der Kategorien zur Einschätzung der Verarbeitungstiefe (s. Abb. 2). Die Kategorien umfassen schließlich vier übergreifende Anforderungsniveaus, ein rezeptives, reproduzierendes, nahes Transfer- und Anwendungsniveau. Ihre Sequenz spiegelt den Anspruch an kognitiv aktivierenden Unterricht wider, Schülern zu einer vertieften Konzeptualisierung (Verarbeitungstiefe) zu verhelfen. Zum Erwerb eines vertieften Verständnisses darüber, was das Phänomen Rondo musikalisch ausmacht, müssten Anforderungssituationen, so die theoretische Annahme, also so sequenziert sein, dass sie insgesamt eine Progression zu höheren Niveaus initiieren.[5]

Fallbeispiel 1: Bodypercussion im Unterrichtseinstieg

Musiklehrperson 1 initiiert ein musikunterrichtlich ritualisiertes, rhythmisches Warm-up. In Bezug auf den Inhaltsaspekt Form ist noch eine eher niedrigschwellige Auseinandersetzung mit der musikalischen Form AABBCCDD beobachtbar: Denn zentral angeleitet von der Lehrperson sind die Schüler aufgefordert, Rhythmuspatterns gemäß einem schlichten Vormachen-

> L. Wir beginnen mit unserem normalen Warmup, was wir oft machen. Ich klatsche etwas, ein Pattern vor. Ihr klatscht es nach, okay?

> L. Beschreibt doch mal die Form, die wir gerade gemacht haben, Also, ich habe ein Pattern, einen musikalischen Baustein angespielt. Den nennen wir mal, das ist ein Teil. Den nennen wir mal A. [schreibt A n die Tafel]. Was ist dann passiert?

---

4   Hoch-inferente Videoanalyse beinhaltet interpretative Rekonstruktionen und Einschätzungen nicht direkt sichtbarer, latenter Untersuchungsgegenstände, wie hier der Kognitionen und didaktischen Prinzipien in der Tiefenstruktur von Unterricht. Im Gegensatz dazu sind Phänomene wie Sozialformen von Unterricht direkt, ohne interpretative Schlussfolgerungen auf der Sichtebene von Unterricht, d. h. niedrig-inferent, beobachtbar.

5   Anders als in konventionellen Lernzieltaxonomien (z. B. Anderson & Krathwohl, 2001), bei denen von einer hierarchischen Stufung in dem Sinne ausgegangen wird, dass eine höhere Stufe nur erreicht werden kann, wenn die vorhergehenden bewältigt wurden, weil die jeweilig höhere Stufe die Fähigkeiten auf den darunterliegenden Stufen voraussetzt, wird Progression in dieser Studie als dynamischer aufgefasst: Einzelne Niveaustufen können übersprungen werden, auch ein Zurückgehen auf ein niedrigeres Niveau gefolgt von einer Anforderungssituation mit insgesamt höherem Niveau ist laut Videodatenanalyse möglich.

Nachmachen zu imitieren. Damit erhalten sie Gelegenheit, das Formprinzip durch die interpersonal koordinierende Ausführung implizit wahrzunehmen (implizites Wahrnehmen; Abb. 2, (1)[6]). Die Konzeptualisierung bleibt jedoch nicht auf dem rezeptiven Niveau stehen. Zusammen mit einem kurzen Lehrerinput zum Formbegriff und der buchstabenbasierten Notationsweise (Rezeption von Wissensbeständen; Abb. 2, (2)) bildet das Warm-up den Ausgangspunkt für ein vertieftes Verstehen: In einer kurzen Unterrichtsgesprächssequenz sind die Schüler gefordert, den musikpraktisch realisierten Formablauf reflexiv zu vergegenwärtigen und begrifflich mit eigenen Worten zu beschreiben (Reproduktion von Wahrgenommenem; Abb. 2, (3)).

Ein zweiter Teil des Warm-ups knüpft an den bereits geübten Groove und das Handlungswissen an. Die angeleitete Ausführung der Rondo-Form führt zurück auf ein Rezeptionsniveau und ermöglicht wiederum eine implizite musikali-

> *L. Wir spielen dasselbe Spiel wie eben, also unser Rhythmusspiel. Aber jetzt spielen wir nicht das, was der andere vorgeklatscht hat, sondern wir spielen immer nur diesen Teil [zeigt auf Notenbild an der Tafel] als Bestätigung. Und ich bitte euch, einen eigenen zweiten Teil einzufügen.*

sche Wahrnehmung, die indes durch die „explizite Musizieranweisung" bereits eine erhöhte Aufmerksamkeit auf die Formgestalt wahrscheinlich macht (gerichtete Wahrnehmung; Abb. 2, (4)).

Das Angebot, ein Verständnis von der Rondo-Form zu erlangen, verbleibt wiederum nicht auf diesem Rezeptionsniveau. Vor dem Hintergrund der Handlungserfahrung und dem neuen Wissen über die symbolische Beschreibung von Form wird ein Begriffsaufbau sogar auf höherer Stufe, der „nahen Transferebene", initiiert. Durch adaptive Hilfestellungen, die beides, die Charakteri-

> *L: Wie würdet ihr das in so einen Formteil, in so eine Formteilabfolge bringen, wenn man das so beschreiben wollte?*

sierung der Formteilabfolge (L: *Und haben wir dann den zweiten Teil wiederholt?*) sowie die Benennung mittels Buchstaben (L: *Dem geben wir jetzt einfach einen Namen und der Name soll ein Buchstabe sein.*) nahelegen, changiert die Auseinandersetzung allerdings zwischen der Rezeption von Wissensbeständen und dieser Transferleistung (Abb. 2, (5)).

Betrachtet man die Sequenz dieser einzelnen Anforderungssituationen hinsichtlich ihres Anforderungsniveaus, bildet sich für diese Unterrichtseinstiegs- und erste Erarbeitungsphase eine „progressive Spiralenform" ab. Die reflexiven Aufgabenstellungen erweitern die musikpraktischen Gelegenheiten zur impliziten Wahrnehmung musikalischer Form um Angebote zur vertieften Konzeptualisierung.

---

6   Die Ziffern markieren die entsprechende Einschätzung des Anforderungsniveaus, die in der Abbildung 2 für die jeweilig hervorgehobene Musikpraxisphase der Lehrpersonen abgetragen ist.

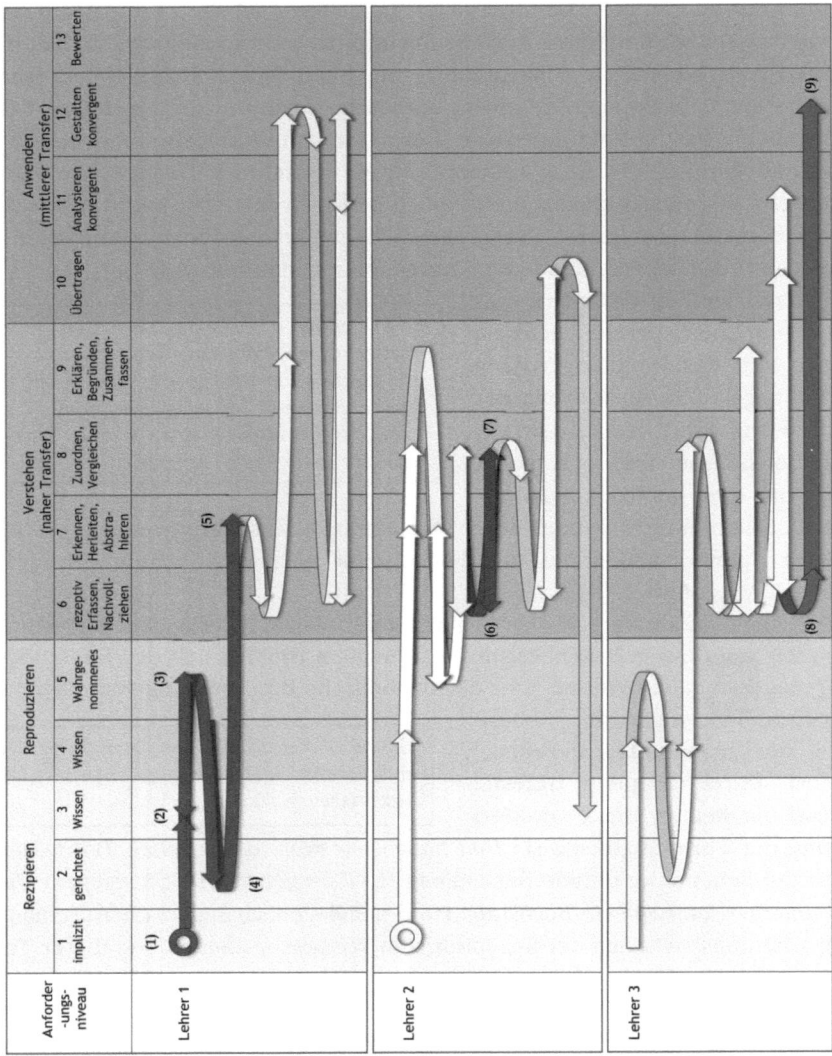

Abb. 2: Verortung der Bodypercussions in den fallspezifischen Progressionsmustern im Kategoriensystem zur Einschätzung des Anforderungsniveaus

Anmerkung: Die Pfeilspitzen kennzeichnen unterrichtliche Anforderungssituationen und das ihr zugeschriebene Anforderungsniveau; die Pfeilverbindungen visualisieren die Richtung derer Progression im Unterrichtsverlauf. Hervorgehoben und nummeriert sind die Einschätzungen der hier exemplarisch vorgestellten musikpraktischen Lerngelegenheiten. In der Gesamtbetrachtung bilden sich Progressionsmuster für die jeweiligen Stunden ab. Während die Sequenz der Lerngelegenheiten bei Lehrer 1 und 3 grundsätzlich eine „progressive Spirale" zeichnet, bildet sich bei Lehrer 2 u. a. aufgrund der Stagnation bei der Bodypercussion eine Mischform ab. Genauere Rekonstruktionen und weitere Progressionsmuster werden in der nachfolgenden Dissertationsschrift nachzulesen sein.

Fallbeispiel 2: Bodypercussion als Erarbeitung II

Betrachtet man die Progression der Anforderungssituationen bei Lehrperson 2, zeichnet sich eine ähnliche progressive Schleife für den Unterrichtseinstieg und die erste Erarbeitungsphase ab. Es schließt die Bodypercussion an, in der zwar einzelne Lernziel überprüfende Fragestellungen die Festigung des neu erworbenen Wissens über die Rondo-Form ermöglichen (Abb. 2, (7)). Sie bietet allerdings keine Gelegenheit zur selbstständigen musikpraktischen Anwendung desselben. Verantwortlich dafür, dass die musikpraktische Umsetzung die Progression nicht fortführt, sondern vielmehr auf dem „nahen Transferniveau" (Abb. 2, (6)) verbleibt, sind offensichtlich folgende methodische Aspekte:

Die sehr lehrerzentrierte musikalische Leitung durch die Lehrperson 2 nimmt in Bezug auf die musikpraktische Rondo-Gestaltung die Form einer ausgesprochen instruktiven Vermittlung an. Allein Lehrer 2 plant und realisiert den Formablauf, bestimmt durch das Einzählen und seine Einsatzgesten, wann ein Ritornell geklatscht wird, wer wann das nächste Couplet spielt. Indem die Schüler diesen Anweisungen schlicht Folge leisten, müssen sie eigenständige Entscheidungen zur Formgestaltung unter Rückgriff auf ihr neues Wissen nicht treffen. Während im Vergleich Lehrer 1 die Coupleteinsätze zwar auch durch Blickkontakt zuteilt, legt er seinem Groove aber eine feste Zwei-Takt-Struktur zugrunde, welche die Entscheidung über Einsatz, Anfang, Ende zumindest des Ritornells der „interpersonellen Koordination" der Schüler überlässt. Ein derartig musikalisches Gerüst ist bei Lehrer 2 nicht zu beobachten; er allein bestimmt über die Länge der Formteile, wofür deren Variationen zwischen 2 und 6 Takten ein Indikator sind. Diese stark instruktive Form gibt damit vergleichsweise weniger Gelegenheit, die Rondo-Percussion als „Groove" zu erleben, bei dem die Schüler die Entscheidung für Ritornell oder Couplet „gemeinsam ausführend" treffen müssen. Die Progression stagniert auf der Verstehensebene und die Bodypercussion kann als eine durch die musikpraktische Umgangsweise variierte Gelegenheit interpretiert werden, das Formprinzip musikpraktisch nachzuvollziehen.

Fallbeispiel 3: Bodypercussion als Anwendungsaufgabe

Im Anschluss an eine Vorwissensexploration zur Liedform und die Erarbeitung des Unterrichtsinhalts Rondo mittels eines Lehrerinputs und höranalytischer Aufgabenstellungen initiiert Lehrperson 3 eine geschlossene, konvergente[7] Gruppenaufgabe. Diese fordert die Schüler dazu auf, das neu erworbene Wissen über das Kettenrondo und die Formteilbezeichnungen musikpraktisch in einer Bodypercussion anzuwen-

---

7   Bei konvergenten Aufgabenstellungen sind alle für die Lösung der Aufgaben erforderlichen Fakten verfügbar und müssen für die Bearbeitung angewendet werden, beispielsweise bereits erarbeitete oder durch die Aufgabenstellung gegebene Fakten. Im Gegensatz dazu lassen divergente Lernaufgaben eine ganze Reihe von verschiedenen Denkwegen und Ergebnissen zu (vgl. z. B. Lowyck, 1976, n. Guilford 1971; Kleinknecht, Maier, Metz & Bohl, 2011).

den. Dies geschieht allerdings erst, nachdem Lehrperson 3 in einer gemeinsamen, Aufgaben vorbereitenden Bodypercussion-Übung die Formteilabfolge nochmals, auch dirigierend, erläutert. Auf diese Weise nimmt er das Ergebnis der selbstständigen Aufgabenbearbeitung allerdings schon vorweg. Die Progression nimmt folglich ihren Ausgangspunkt von dem „nachvollziehenden" „nahen Transferniveau" (Abb. 2, (8)). Erst die anschließenden Gruppenprozesse ermöglichen den Schülern, die Reihenfolge der Formteile eigenständig und kooperativ zu planen und zu verwirklichen, und entsprechend „mittlere Transferleistungen" (Abb. 2, (9)).

> L.: Und wenn wir jetzt selber ein Rondo aus Rhythmus bauen wolle, müssen wir uns erst einmal einen Refrain ausdenken. [...] dazwischen müssten jetzt unsere [...]B, C, D. E Und-so-weiter-Teile kommen.

Der Fallvergleich verdeutlicht: Musikpraktische Anforderungssituationen können in ganz unterschiedlichen Unterrichtsphasen mit unterschiedlichem Anforderungsniveau – Rezeption, Verstehen, Anwendung – initiiert werden. Die Wahl und der Wechsel einer Umgangsweise können dabei mit der Progression des Anforderungsniveaus zusammenfallen, sind aber keine hinreichende Bedingung für Verarbeitungstiefe. Je nach inhaltlicher Einbettung in den Stundenverlauf und eingeschätztem Anforderungsniveau erfüllen die musikpraktischen Anforderungssituationen auch unterschiedliche Funktionen für den Lernprozess (vgl. Reusser, 1999, S. 4): Exploration und Aufbau (Lehrer 1), Aufbau und Konsolidierung (Lehrer 2), Flexibilisierung und Anwendung des Konzepts Rondo-Form (Lehrer 3).

Funktionale Vernetzung der Umgangsweisen

Ein genauerer Blick auf diese Funktionen und die Rolle der gewählten musikpraktischen Umgangsweise darin zeichnet ein noch differenzierteres Bild. Die musikunterrichtlichen Prozessstrukturen schaffen nicht nur Gelegenheit zu einem vertieften Verständnis des musikalischen Phänomens (Progression im Anforderungsniveau). Kognitive Aktivierung in den videographierten Musikunterrichtsstunden bedeutet gemäß dem theoretisch formulierten Prinzip des vernetzten Lernens „in" und „über" Musik offensichtlich auch, Angebote zum Erwerb sowohl einer musikalischen Klangvorstellung als auch des entsprechenden begrifflichen Wissens bereitzustellen – adaptiert wurde hierfür der Begriff der Repräsentationen (vgl. z. B. Gruhn, 2003).

Aus allen sieben Fallbeispielen konnte eine prototypische Anordnung der Anforderungssituationen hinsichtlich ihrer didaktischen Funktion für den Lernprozess, Exploration, Aufbau, Festigung und Anwendung (vgl. Reusser, 1999, S. 4) der jeweiligen Repräsentationen, im Stundenverlauf rekonstruiert werden (s. Abb. 3). So wird zu Beginn der gefilmten Unterrichtsstunden eine Exploration von Wissensbeständen im Unterrichtsgespräch und/oder vorhandenen Handlungswissens beim Musikmachen initiiert. Diese Angebote korrespondieren mit dem Anforderungsniveau der „Reproduktion" bzw. „Rezeption". Im Zentrum der gefilmten Unterrichtsstunden stehen Unterrichtsgespräche, die Gelegenheiten zum Aufbau einer begrifflichen und symbolischen[8] Repräsentation bieten. Die Unterrichtsgespräche sind eingerahmt von musikpraktischen oder -hörenden Umgangsweisen, die Gelegenheit zum Aufbau einer musikalischen Repräsentation der Rondo-Form auf o. g. „rezeptiven" Anforderungsniveau sowie zur Flexibilisierung bzw. Festigung und Anwendung derselben auf „nahem" bis „mittlerem Transferniveau" bieten. Die hier betrachteten Bodypercussion-Settings erfüllen jeweils eine dieser Funktionen: Aufbau (Lehrer 1), Aufbau und Konsolidieren der musikalischen Repräsentation (Lehrer 2) sowie Anwenden sowohl der musikalischen Repräsentation als auch des Begriffswissens in einem musikpraktischen Anforderungskontext (Lehrer 3). Auf diese Weise messen die Lehrpersonen in den gefilmten Unterrichtsstunden der Musik als Fachpraxis und der Ausbildung einer musikalischen Repräsentation Bedeutung für die Konzeptualisierung der Rondo-Form bei.

Vernetzt werden das Lernen „in" und „über" Musik in den jeweiligen didaktischen Funktionen durch einen Kern an inhaltlichen Elementen der Rondo-Form. So kommt beispielsweise das Kettenrondo als regelmäßiger Wechsel eines sich wiederholenden und stets neuartigen Formteils bei allen Lehrpersonen im Unterrichtsgespräch zur Sprache, wird zumeist durch die buchstabenbasierte Notationsweise grafisch unterstützt und in den musikalischen Anforderungssituationen als Gestaltungskriterium fokussiert, während andere Inhaltsaspekte wie der historische Kontext nur punktuell Erwähnung und kaum Verkörperung auch in musikpraktischen Phasen finden. Die diskursiven Anforderungssituationen bieten dabei Gelegenheit, beide Repräsentationen, musikalische und begriffliche, aufeinander zu beziehen und die Konzeptualisierung auf ein höheres Anforderungsniveau („naher Transfer" bzw. „Verstehen") zu befördern.

Auffällig ist, dass die Bodypercussion bei Lehrer 2, die im Anschluss an die begriffliche Vermittlung durchgeführt wird, entgegen dem prototypischen Muster der Umgangsweisen als Aufbau denn als Konsolidierung der musikalischen Repräsentation der Rondo-Form eingeschätzt wurde. Solche Abweichungen entstehen offenbar dort, wo didaktische Problemfelder in Bezug auf die inhaltliche Vernetzung von Vorwissen und neuem Unterrichtsinhalt auszumachen sind. So baut Lehrer 2 die sprachlich begriffliche Vermittlung der Rondo-Form auf Grundlage der zuvor musikpraktisch explorierten Liedform auf. Dies legitimiert er, indem Rondo-Merkmale wie der Beginn mit einem Ritornell implizit vermittelt werden: Beispielsweise fordert Lehrer 2 durch seinen Klaviereinsatz dazu auf, das Lied mit dem Refrain zu beginnen. Dennoch ist im weiteren Verlauf der Bezug zur Liedform nicht immer fachlich korrekt.

---

7   Mit symbolischen Repräsentationen sind Formen der Notation – graphische, konventionelle Formen, geometrische Symbol- oder buchstabenbasierte Formen – gemeint. In den videographierten Unterrichtsstunden zum Thema Rondo-Form spielt der Inhaltsaspekt der geometrischen Symbol- und buchstabenbasierten Notationsformen eine wesentliche Rolle.

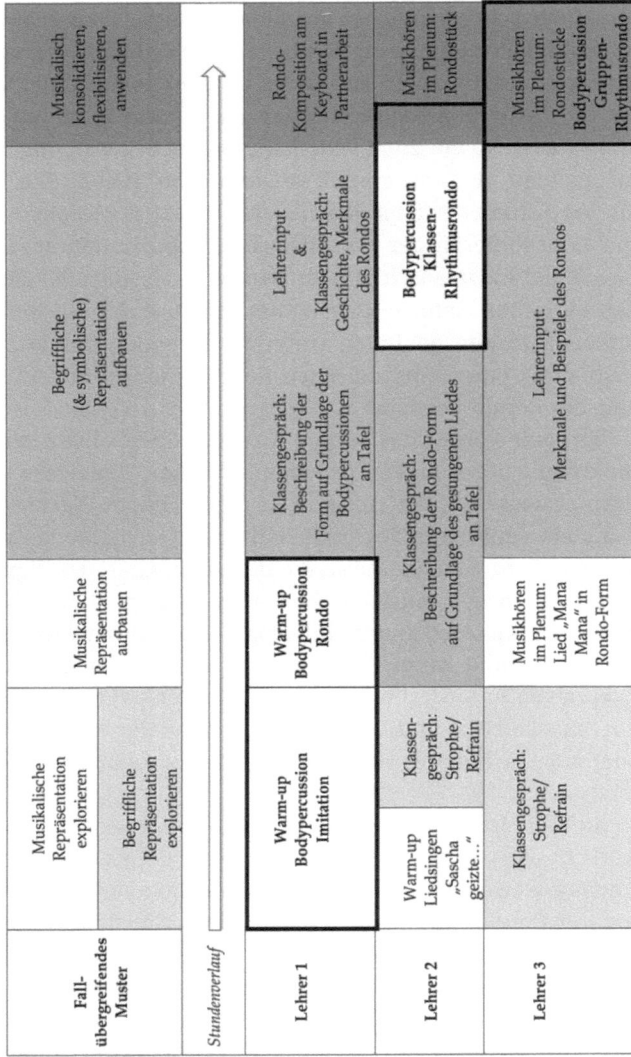

Abb. 3:
Funktionales Muster
der Umgangsweisen
Anmerkung: Abgebildet ist das
fallübergreifende funktionale
Muster der Umgangsweisen, das
die Anordnung der Anforderungssituationen mit ihren Funktionen der Exploration, des Aufbaus, der Festi-
gung und Anwendung der entweder musikalischen oder begrifflichen Repräsentation des fachlichen Kon-
zepts (hier Rondo-Form) beschreibt. Die fallspezifischen Gefüge zeigen mittels eines kurzen Stundenüber-
blicks, mit welchen unterrichtlichen Handlungen jeweilige Funktionen in welcher Sequenz erfüllt werden.
Hervorgehoben sind die hier fokussierten bodypercussiven Anforderungssituationen.

Damit bietet erst die anschließende Bodypercussion die eigentliche Gelegenheit zum Aufbau der musikalischen Repräsentation des Formprinzips Rondo. Möglicherweise ist dies auch ein Grund dafür, dass die Bodypercussion dann auf dem „nahen Transferniveau" verbleibt.

Zusammenschau

Im Gegensatz zu quantitativen Unterrichtsvideostudien, die ein repräsentatives und objektiveres Bild von Unterricht zeichnen können, war Ziel dieser Fallanalysen, Unterrichtsstrukturen, Schüler auf einer kognitiven und psychomotorischen Unterrichtszielebene zu aktivieren, überhaupt erst zu beschreiben und im Detail für den Musikunterricht zu konkretisieren. Hierbei standen die Form und der Stellenwert von Musikpraxisphasen vor dem Hintergrund, dass Musik zeitlich flüchtig und als Fachpraxis bestimmte, kulturell tradierte Musizierformen mit sich bringt, im Fokus der Betrachtung.

Die drei videographierten Musikunterrichtsstunden bieten in der Tat sehr lehrerzentrierte Handlungsformen, die die Ausführungen der Schüler stark anleiten und synchronisieren. Diese im Hinblick auf den Unterrichtsinhalt Rondo-Form zunächst nur bedingt eigenständig und anspruchsvoll anmutenden musikalischen Handlungsformen sind in einem Fallbeispiel Ausgangspunkt einer vertieften Konzeptualisierung. Hier bietet dieser musikpraktische Stundenbeginn Gelegenheit, musikalische Phänomene rein musikalisch implizit zu erfahren, noch bevor ein bewusster Begriffsaufbau initiiert wird. Mit der „impliziten Rezeption" musste dafür ein ganz facheigenes Anforderungsniveau beschrieben werden, das statt einer verbalsprachlichen Informationsaufnahme eine Gelegenheit zur reinen Wahrnehmung eines musikalischen Phänomens unabhängig von der musikalischen Umgangsweise (musikhörend oder musikpraktisch) meint.

In die Unterrichtsstunde eines zweiten Fallbeispiels ist eine ähnlich synchronisierende Musikpraxisform in Folge eines Begriffsaufbaus eingebettet. Das Angebot zum musikalisch wahrnehmenden „Nachvollziehen" eines Begriffswissens beschreibt dabei wiederum ein ganz eigenes Anforderungsniveau musikalischer Auseinandersetzung. Es spiegelt zum einen die Bedeutung rein musikalisch-kinästhetischer Lehr-Lernformen (vgl. Spychiger, 2008) zum Aufbau oder zur Konsolidierung der musikalischen Repräsentation. Es gibt zum anderen aber auch Anlass zu der Annahme, dass zu stark lehrerzentrierte musikpraktische Anforderungssituationen Chancen für eine vertiefte Verarbeitung vergeben können.

Schließlich konnten in einer dritten Fallunterrichtsstunde geschlossene Musikpraxisaufgaben beobachtet werden, die eine selbstständige, konvergente Bearbeitung zur „Anwendung" erworbenen Begriffs- und Handlungswissens verlangten. Offene und divergente Aufgabenformate sind insgesamt in den Fallportraits nicht beobachtbar gewesen. Dies kann zum einen auf den Charakter der themeneinführenden Stunde und ihrem begrenzten zeitlichen Rahmen einer Doppelstunde zurückgeführt werden. Es zeigt aber auch, dass geschlossene, instruktive Aufgabenformate, die nach o. g. Zusammenhangsanalysen Bürings für einen kurzfristigen Erwerb musikbezogener Wissensbestände geeigneter erscheinen (Büring, 2010, S. 148-149), von den videographierten Musiklehrpersonen für eben jenen Zweck auch bevorzugt wurden.

Die musikpraktischen Unterrichtsangebote werden in den gefilmten Unterrichts-stunden über einen thematischen Kern so mit anderen Anforderungssituationen und Umgangsweisen vernetzt, dass der normative Anspruch, Schülern Gelegenheit so-wohl zum begrifflichen Lernen „über" ein musikalisches Phänomen als auch zum Er-werb einer musikalischen Repräsentation „in" Musik zu bieten, eingelöst wird. Gera-de die Unterrichtsgespräche können dann Angebote zur reflexiven Vergegenwärti-gung des musikalischen Phänomens bieten und korrespondieren mit einer konzep-tuellen Vertiefung des musikpraktisch Erfahrenen. Insbesondere in diesen diskur-siven Lernformen konnten Kategorien zur Beschreibung von Anforderungsniveaus aus anderen Fachzusammenhängen zielführend adaptiert werden.

In den videographierten Musikstunden wird insgesamt eine Progression zu einer komplexeren inhaltlichen Auseinandersetzung erreicht. Die qualitativ differenzie-rende Fallstudie verdeutlicht dabei aber: Obgleich die quantitative Unterrichtpro-zessforschung den didaktischen Prinzipien größere Bedeutung als der methodischen Sichtstruktur für den Lernerfolg beimisst, besitzt die Methodik in Musikpraxisphasen offensichtlich Tragweite für die didaktische Tiefenstruktur. Der Grad der Lehrerzent-rierung, Unterstützungsstrategien und in Aufgabenstellungen formulierte Inhaltsas-pekte bestimmen, mit welcher Verarbeitungstiefe und Funktion für den Lernprozess Musikpraxisphasen bewältigt werden können.

Literatur

Anderson, L. W. & Krathwohl, D. R. (Hrsg.) (2001). *A Taxonomy for learning, Teaching and Assessing: A Revision of Bloom's Taxonomy of Educational Objectives*. New York: Longman.

Antholz, H. (1970). *Unterricht in Musik: Ein historischer und systematischer Aufriß einer Didaktik*. Düsseldorf: Schwann.

Bäßler, H. & Nimczik, O. (2002). Elementarlehre – ein elementares Missverständnis? *Musik & Bildung* (4), S. 4-7.

Buchborn, T. (2011). Wohin gehört das Musizieren? Zur konzeptionellen Verknüpfung des Lernens „in" und „über" Musik. *Musikerziehung* 64 (2), S. 22-27.

Büring, M. (2010). *Lernumgebungen im Musikunterricht: Eine empirische Studie zur Wirk-samkeit problemorientierter Aufgabensets*. Forschungsberichte des Instituts für Mu-sikpädagogische Forschung, Bd. 24. Hannover: Hochschule für Musik, Theater und Medien Hannover.

Craik, F. & Lockhart, R. (1972). Levels of processing: A framework for memory research. *Journal of Verbal Learning & Verbal Behavior* (11), S. 671-684.

Cvetko, A. & Meyer, D. (2009). Problemlösen im Musikunterricht – Interdisziplinarität als Ausgangspunkt für eine kompetenzorientierte Perspektive. In N. Schläbitz (Hrsg.), *Interdisziplinarität als Herausforderung musikpädagogischer Forschung*. Musikpäda-gogische Forschung, Bd. 30 (S. 67-96). Essen: Die blaue Eule.

Gebauer, H. (2011). „Es sind Kamera-Themen". Videographie in der musikpädagogischen Lehr-Lernforschung – Potenziale und Herausforderungen eines audio-visuellen Mediums. *Beiträge Empirischer Musikpädagogik*, 2 (2), 1-58. Online verfügbar: http://www.b-em.info/index.php?journal=ojs&page=article&op=view&path%5B %5D=57&path%5B%5D=147 (25.7.2013)

Gruhn, W. (2003). *Lernziel Musik. Perspektiven einer neuen theoretischen Grundlegung des Musikunterrichts.* Hildesheim, Zürich & New York: Olms.

Helmke, A. (2010). *Unterrichtsqualität und Lehrerprofessionalität. Diagnose, Evaluation und Verbesserung des Unterrichts* (3. neubearb. Aufl.). Seelze-Velber: Klett-Kallmeyer.

Jank, W. (2010). Lernende: Objekte des Lehrens? Subjekte ihres Lernens? In C. Wallbaum (Hrsg.), *Perspektiven der Musikdidaktik – Drei Schulstunden im Licht der Theorien.* Hochschule für Musik und Theater „Felix Mendelssohn Bartholdy" Leipzig, Schriften 3 (S. 133-157). Hildesheim, Zürich & New York: Olms.

Jank, W. (2005). *Musik-Didaktik. Praxishandbuch für die Sekundarstufe I und II.* Berlin: Cornelsen Scriptor.

Kaiser, H. J. (1999). Musik in der Schule? – Musik in der Schule! Lernprozesse als ästhetische Bildungspraxis, *BFG Kontakt*, S. 46-59.

Kaiser, H. J. (1992). Meine Erfahrung – Deine Erfahrung?! oder: Die grundlagentheoretische Frage nach der Mittelbarkeit musikalischer Erfahrung. In H. J. Kaiser (Hrsg.), *Musikalische Erfahrung. Wahrnehmen, Erkennen, Aneignen.* Musikpädagogische Forschung: Bd. 13 (S. 100-113). Essen: Die Blaue Eule.

Kleinknecht, M., Maier, U., Metz, K. & Bohl, T. (2011). Analyse des kognitiven Aufgabenpotenzials. Entwicklung und Erprobung eines allgemeindidaktischen Auswertungsmanuals. *Unterrichtswissenschaft* 39 (4), S. 328-344.

Klieme, E., Lipowsky, F., Rakoczy, K. & Ratzka, N. (2006). Qualitätsdimensionen und Wirksamkeit von Mathematikunterricht. Theoretische Grundlagen und ausgewählte Ergebnisse des Projekts „Pythagoras". In M. Prenzel & L. Allolio-Näcke (Hrsg.), *Untersuchungen zur Bildungsqualität von Schule. Abschlussbericht des DFG-Schwerpunktprogramms* (S. 127-146). Münster, New York, München & Berlin: Waxmann.

Klieme, E. & Rakoczy, K. (2008). Empirische Unterrichtsforschung und Fachdidaktik. Outcome-orientierte Messung und Prozessqualität des Unterrichts. *Zeitschrift für Pädagogik* 54 (2), S. 222-237.

Klieme, E., Schümer, G. & Knoll, S. (2001). Mathematikunterricht in der Sekundarstufe I: „Aufgabenkultur" und Unterrichtsgestaltung. In Bundesministerium für Bildung und Forschung (BMBF) (Hrsg.), *TIMSS – Impulse für Schule und Unterricht. Forschungsbefunde, Reforminitiativen und Video-Dokumente* (S. 43-57). Bonn: BMBF.

Knigge, J. & Lehmann-Wermser, A. (2009). Kompetenzorientierung im Musikunterricht. Einige Anmerkungen zu einem Perspektivwechsel. *Musik & Unterricht* (94), S. 56-60. Langversion: Verfügbar unter: http://www.musik.uni-bremen.de/fileadmin/ mediapool/musik/dateien/Knigge_Lehmann-Wermser_2009.pdf [15.4.2013].

Knoblauch, H., Tuma, R. & Schnettler, B. (2010). Interpretative Videoanalysen in der Sozialforschung. In S. Maschke & L. Stecher (Hrsg.), *Enzyklopädie Erziehungswissenschaft Online. Fachgebiet: Methoden der empirischen erziehungswissenschaftlichen Forschung, Qualitative Forschungsmethoden* (S. 1-40). Weinheim & München: Juventa. Verfügbar unter: http://www.erzwissonline.de/fachgebiete/ methoden_erziehungswissenschaftlicher_forschung/beitraege/07100074.htm [17.1.2011]

Krause, M. (2008). Perturbation als musikpädagogischer Schlüsselbegriff?!. *Diskussion Musikpädagogik* (40), S. 46-51.

Krummheuer, G. (Juli 2010). Die Interaktionsanalyse. Kassel. http://www.fallarchiv.uni-kassel.de/wp-content/uploads/2010/07/krummheuer_inhaltsanalyse.pdf [31.12.2012].

Kunter, M. & Voss, T. (2011). Das Modell der Unterrichtsqualität in COACTIV: Eine multi-kriteriale Analyse. In M. Kunter, J. Baumert, W. Blum, U. Klusmann, S. Krauss & M. Neubrand (Hrsg.), *Professionelle Kompetenz von Lehrkräften. Ergebnisse des Forschungsprogramms COACTIV* (S. 85-114). Münster, New York, München & Berlin: Waxmann.

Lemmermann, H. (1984). *Musikunterricht. Hinweise – Bemerkungen – Erfahrungen – Anregungen* (3. Aufl.). Didaktische Grundrisse. Bad Heilbrunn/Obb.: Klinkhardt.

Leuders, T. & Holzäpfel, L. (2011). Kognitive Aktivierung im Mathematikunterricht. *Unterrichtswissenschaft* 39 (3), S. 213-230.

Leutner, D., Fischer, H. E., Kauertz, A., Schabram, N. & Fleischer, J. (2008). Instruktions-psychologische und fachdidaktische Aspekte der Qualität von Lernaufgaben und Testaufgaben im Physikunterricht. In J. Thonhauser (Hrsg.), *Aufgaben als Katalysatoren von Lernprozessen. Eine zentrale Komponente organisierten Lehrens und Lernens aus der Sicht von Lernforschung, Allgemeiner Didaktik und Fachdidaktik* (S. 169-182). Münster, New York, München & Berlin: Waxmann.

Lipowsky. F. (2009). Unterricht. In E. Wild & J. Möller (Hrsg.), *Pädagogische Psychologie* (S. 73-102). Berlin: Springer.

Lowyck, J. (1976). Die Analyse des Fragenstellens als Instrument für ein absolutes Fertigkeitentraining. *Unterrichtswissenschaft* 4 (1), S. 53-73.

Mayring, P. (2010). *Qualitative Inhaltsanalyse. Grundlagen und Techniken* (11. Aufl.). Weinheim & Basel: Beltz.

Mohn, B. E. (2010). Zwischen Blicken und Worten: kamera-ethnographische Studien. In G. E. Schäfer & R. Staege (Hrsg.), *Frühkindliche Lernprozesse verstehen. Ethnographische und phänomenologische Beiträge zur Bildungsforschung*. Juventa Materialien. (S. 207-231). Weinheim: Juventa.

Niessen, A. (2010). Die Bedeutung von Verarbeitungstiefe im Musikunterricht. In C. Wallbaum (Hrsg.), *Perspektiven der Musikdidaktik – Drei Schulstunden im Licht der Theorien*. Hochschule für Musik und Theater „Felix Mendelssohn Bartholdy" Leipzig, Schriften 3. (S. 63-82). Hildesheim, Zürich & New York: Olms.

Nimczik, O. (2001). Musik lernen in der Schule? Einleitende Gedanken zur Situation des Musikunterrichts. *Musik & Bildung* (3), S. 2-4

Pfalzgraf, J. (1914). Vom Gesamtunterricht in der Volksschule. Ein Bericht. *Der Hauslehrer* 14 (30), S. 345-355.

Reusser, K. (1999). KAFKA und SAMBA als Grundfiguren der Artikulation des Lehr-Lerngeschehens. Aus: *Skript zur Vorlesung Allgemeine Didaktik*. Pädagogisches Institut der Universität Zürich.

Rolle, C. (1999). Musikalisch-ästhetische Bildung: über die Bedeutung ästhetischer Erfahrung für musikalische Bildungsprozesse. Perspektiven zur Musikpädagogik und Musikwissenschaft, Bd. 24. Kassel: Bosse.

Rolle, C. (2004). Bilden mit Musik. Zwischen der Inszenierung ästhetischer Erfahrungssituationen und systematisch-aufbauendem Musiklernen. In Landesverband der Kunstschulen Niedersachsen (Hrsg.), *bilden mit kunst* (S. 197-215). Bielefeld: transcript.

Rolle, C. (2005). Klassenmusizieren als ästhetische Praxis?. In H.-U. Schäfer-Lembeck, (Hrsg.), *Klassenmusizieren als Musikunterricht!?: Theoretische Dimensionen unterrichtlicher Praxen*. Beiträge des Münchner Symposions 2005. Musikpädagogische Schriften der Hochschule für Musik und Theater München: Bd. 1 (S. 60-70). München: Allitera.

Schütz, V. (1997). Welchen Musikunterricht brauchen wir? Teil 2: Perspektiven eines brauchbaren Musikunterrichts. *AfS-Magazin* 3, S. 1-6. http://www.afs-musik.de/magazin/1997/6/02-welchen_musikunterricht_brauchen_wir.pdf [15.4.2013].

Spychiger, M. B. (2008). Musiklernen als Ko-Konstruktion? Überlegungen zum Verhältnis individueller und sozialer Dimensionen musikbezogener Erfahrung und Lernprozesse. Einführung des Konstrukts der Koordination. *Diskussion Musikpädagogik* 40 (4), S. 4-12.

Vehmeyer, J. K. (2009). *Kognitiv anregende Verhaltensweisen von Lehrkräften im naturwissenschaftlichen Sachunterricht – Konzeptualisierung und Erfassung*. Münster. http://miami.uni-muenster.de/servlets/DerivateServlet/Derivate-5615/diss_vehmeyer.pdf.[15.4.2013].

Venus, D. (1969/1984): *Unterweisung im Musikhören*. Verbesserte Neuausgabe. Musikpädagogische Bibliothek: Bd. 30. Wilhelmshaven: Heinrichshofen.

Heike Gebauer
gebauer@uni-bremen.de

Anne Niessen

Das Unterrichten großer Lerngruppen im ersten JeKi-Jahr aus Lehrendenperspektive

Teaching large groups in the "Jedem Kind ein Instrument" (An Instrument for Every Child) program from the perspective of elementary and music school teachers

Our research explores how music teachers reflect on promoting individual pupils within the "Jedem Kind ein Instrument" program (JeKi). We conducted a grounded theory study, based upon narrative inquiry, with elementary and music school teachers working together in teams to teach first-year pupils. The music school teachers are not accustomed to teaching large groups of up to 30 pupils. Upon analysis of the data, we found that teachers predominantly wish their students to gain valuable experiences with musical instruments, something that is difficult to achieve for so many pupils simultaneously. The JeKi lessons described as successful by the interviewees meet some of the principles of classroom management as defined by Jacob S. Kounin. In addition, aspects of successful classroom management that are specific to the teaching of music were also found.

In Kooperationsprojekten von allgemeinbildenden Schulen und Musikschulen haben häufig Lehrende von Musikschulen mit Schülergruppen in Klassenstärke zu tun – oder zumindest mit größeren Lerngruppen, als sie es vom Musikschulalltag her gewohnt sind. Die Problematik, die dieses Lernsetting mit sich bringt, wird in der musikpädagogischen Literatur zwar benannt, wurde bislang aber nur selten empirisch erforscht.[1] Vollzieht man die Perspektive der Lehrenden – insbesondere der Musikschullehrenden – nach, können aber Einsichten in die Besonderheiten der Gestaltung musikpädagogischer Situationen mit großen Lerngruppen gewonnen werden, die in der musikpädagogischen Forschung als selbstverständliche Rahmenbedingungen schulischen Lernens in der Regel gar nicht erst thematisiert werden. Im Folgenden

---

1   Ausnahmen stellen die erste Evaluation von JeKi (Beckers & Beckers, 2008) und einige Arbeiten zur Kooperation zwischen Schulen und Musikschulen dar (z. B. Jäger, 2012; Lehmann-Wermser, Naacke & Nonte, 2012).

werden deshalb aus einem Forschungsvorhaben zum musikpädagogischen Programm „Jedem Kind ein Instrument" (= JeKi) diejenigen Ergebnisse dargestellt, die
Schwierigkeiten, aber auch Chancen der Gestaltung musikbezogener Lernsituationen
mit Gruppen in Klassenstärke zum Thema haben.

Forschungsvorhaben und -methoden

Im nordrhein-westfälischen JeKi-Programm lernen Schulanfänger ein Jahr lang Musikinstrumente kennen; im zweiten Schuljahr haben sie die Möglichkeit, Kleingrup-
penunterricht auf einem Instrument ihrer Wahl zu erhalten. Der Unterricht im ersten
Schuljahr findet im Klassenverband statt und wird von einem Tandem aus einer Musikschullehrkraft und einer Grundschullehrkraft begleitet.[2] Das BMBF-geförderte
Verbundvorhaben „GeiGE" fokussiert die Gelingensbedingungen individueller Förderung im JeKi-Unterricht des ersten Schuljahres.[3] Im Kölner Teilprojekt des Verbund-
vorhabens wird mit qualitativen Methoden die Sichtweise der Lehrenden erforscht.
Dazu wurden zwölf leitfadengestützte Interviews mit Musikschullehrenden und
Grundschullehrenden geführt und nach der Grounded-Theory-Methodologie ausgewertet.[4] In den Interviews wurde vor allem gefragt nach den Zielen der Lehrenden
und ihren Erwartungen an JeKi, nach ihren ersten Erfahrungen mit dem Programm,
ihrem Konstrukt individueller Förderung sowie nach dessen Bedeutung für den JeKi-
Unterricht. Die Daten wurden transkribiert[5] und im Programm ATLAS.ti zur Vorbereitung der Theoriebildung einzelfallübergreifend offen, axial und selektiv kodiert.

Im Laufe des Kodierprozesses kristallisierten sich drei große Themenbereiche
heraus, die von den Probanden mit besonderem Nachdruck benannt wurden: der
Kontext des JeKi-Unterrichts, der den Rahmen für die Arbeit der Grund- und Musikschullehrenden darstellt, das Lehrendentandem im ersten Schuljahr und das Unterrichten selbst. In Bezug auf das Unterrichten wiederum ließen sich u. a. die Aspekte
„Umgang mit großen Lerngruppen", „Umgang mit Heterogenität" und „Individuelle
Förderung" inhaltlich deutlich voneinander unterscheiden. Der erste dieser drei Aspekte wird im vorliegenden Beitrag schwerpunktmäßig dargestellt. Als theoretisch
besonders gehaltvoller Anknüpfungspunkt für das Phänomen der großen Gruppe,
das die Lehrenden als Herausforderung erleben, erwies sich die allgemein pädagogi-

---

2 Zu den Einzelheiten des Programms s. die Homepage des JeKi-Programms: http://
   www.jedemkind.de/programm/informationen/grundlagen.php [4.8.2011].
3 Weitere Informationen unter: http://www.uni-bielefeld.de/lili/kumu/forschung /forschungs
   stelle/geige/ [10.9.2012].
4 Dabei folgt das Vorgehen im Wesentlichen der Ausprägung der Grounded Theory, wie sie von
   Strauss und Corbin (2003) entwickelt wurde. Genauere Hinweise zum Prozedere finden sich
   in Lehmann, Hammel und Niessen (2012) und in dem Abschlussbericht des Verbundvorha-
   bens GeiGE (Bonsen, Kranefeld & Niessen, 2013, i. Vorb.).
5 Die Interviews wurden von der Projektmitarbeiterin Katharina Lehmann geführt und
   transkribiert.

sche Diskussion um „Classroom Management" bzw. „Klassenführung". Mit ihr werden im Folgenden die im Kodierprozess zu diesem Thema erstellten Theoriebausteine in Beziehung gesetzt.

Die Technik des ständigen Vergleichens (Strauss & Corbin, 1998) hilft im qualitativen Forschen bei der Erschließung auch gegensätzlicher Wahrnehmungen derselben Phänomene; sie kam im Auswertungsprozess und zur Darstellung der Ergebnisse gezielt zum Einsatz: So wurden Berichte von JeKi-Lehrenden im ersten Schuljahr über „gelingenden" JeKi-1-Unterricht verglichen mit Berichten über Unzufriedenheit mit dessen Verlauf. Musikschullehrende vergleichen JeKi-Unterricht selbst mit Unterricht im Rahmen der so genannten „musikalischen Früherziehung"[6], Grundschullehrende mit schulischem Musikunterricht. Hieraus ergaben sich aufschlussreiche Erkenntnisse über relevante Strukturen und Phänomene im JeKi-1-Unterricht.

Ein gelegentlich geäußerter Verdacht gegenüber qualitativer Forschung lautet, dass die referierten Ergebnisse über den Stand von Ist-Aussagen einiger weniger Befragter nicht hinauskommen. In den theoretischen Grundlagen qualitativer Forschung finden sich ausführliche Antworten auf die dahinter stehenden Fragen; hier kann nur angedeutet werden, welche Reichweite die im Folgenden wörtlich oder in Zusammenfassungen wiedergegebenen Äußerungen der Lehrenden haben und welche Funktion sie erfüllen: Im Laufe des Auswertungsprozesses ließen sich Zusammenhänge und Beziehungen zwischen Lehrendenäußerungen identifizieren, die in Kategorien theoretisch gefasst wurden und auf diese Weise über die Zahl der befragten Personen hinausweisen.[7] Wenn also ein Phänomen dargestellt wird, bedeutet das nicht in jedem Fall, dass alle Lehrenden damit identische Erfahrungen gesammelt haben, sondern dass ihre teilweise höchst unterschiedlichen Erfahrungen auf einer abstrakteren Ebene diesem Phänomen oder dieser Kategorie zugeordnet werden können. In dem graphischen Modell, das hier vorgelegt wird, werden beispielsweise problematische Abläufe dargestellt, von denen zwar nicht alle Befragten genau so berichten, die sich aber zumindest in Ansätzen in allen Interviews identifizieren lassen. Sie verweisen auf zentrale Herausforderungen des JeKi-Unterrichts. Die inhaltlichen Äußerungen fügten sich dabei zu Netzen mit vielfältigen Beziehungen zusammen; berichtet wird im Folgenden von den dabei entstandenen Mustern. Zur Illustration dieser Muster werden auch Aussagen weniger oder sogar einzelner Befragter verwendet. Sie erhalten ihre Reichweite durch ihre Anbindung an die theoretisierten Ergebnisse der Auswertung.

---

6   Hier und auch im Folgenden ist zu beachten, dass die Musikschullehrenden dieses Samples bis auf eine Ausnahme alle einen Studiengang im Bereich „Allgemeine Musikerziehung" absolviert, also den Umgang mit Gruppen bereits in ihrer Ausbildung kennengelernt haben. Der einzige Musikschullehrende ohne eine solche Ausbildung ist studierter Sozialpädagoge; ihm ist aus diesem Kontext der Umgang mit Gruppen vertraut.

7   An dieser Stelle kann nicht alle methodologische Literatur wiedergegeben werden, die den folgenden Überlegungen zugrundeliegt; stellvertretend für viele Titel seien erwähnt Kelle, 2008, Mey & Mruck, 2010, Muckel, 2007, Strauss, 1994 sowie Strauss & Corbin, 2003.

In diesem Beitrag erfolgt die Darstellung des Forschungsstandes und die Diskussion der eigenen Ergebnisse stärker miteinander verquickt, als es in der Regel in For-
schungsberichten üblich ist. Dieses Vorgehen wurde gewählt, weil es eine Besonderheit im Prozess qualitativen Forschens angemessener abbildet: Der übliche Aufbau
„Darstellung des Forschungsstandes – Darstellung der eigenen Ergebnisse – Diskussion" impliziert eine zeitliche Abfolge von zunächst intensiver Beschäftigung mit dem
Forschungsstand zu einem vorab festgelegten Themenbereich, vielleicht gar Hypo-
thesen- oder Kategorienbildung, in einem zweiten Schritt Auswertung der eigenen
Daten und schließlich Diskussion der Ergebnisse vor dem Hintergrund des Forschungsstandes, was der Forschungslogik der Grounded-Theory-Methodologie nicht
entspricht (Suddaby, 2006, S. 637): Die datengegründete Theoriebildung auf Basis
der Interviews verschränkt sich in einem zyklischen Prozess mit der Rezeption des
Forschungsstandes zu verschiedenen Aspekten des Umgangs mit großen Gruppen;
dieses Vorgehen spiegelt sich im Aufbau dieses Textes.

Ergebnisse der Interviewauswertung zum JeKi-Unterricht in großen Lerngruppen

Zunächst ist der Begriff der „großen Lerngruppe" erläuterungsbedürftig: Hier sind
damit Gruppen in Klassenstärke gemeint. In NRW beträgt der Richtwert für eine
Grundschulklasse 28 Schüler[8]; möglich ist eine Spanne von mindestens 18 bis höchs-
tens 30 Schüler.[9] Auf der Grundlage qualitativer wie quantitativer Daten konte bereits festgestellt werden, dass in der überwiegenden Zahl der Fälle die Musikschullehrenden Planung und Durchführung des JeKi-1-Unterrichts weitgehend übernehmen (Lehmann, Hammel & Niessen, 2012; Kulin & Özdemir, 2011). Sie empfinden die
Klassen im Vergleich zu den Gruppen der „Musikalischen Früherziehung", die mit
einem Dutzend oder weniger Kindern weit unter Schulklassenstärke liegen, als groß
– und wie sich herausstellen wird: im Verhältnis zu dem, was sie als ihren musikpädagogischen Auftrag wahr- und annehmen, als zu groß.

Auch wenn es kein ausgearbeitetes musikpädagogisches Konzept gibt, setzt der
faktische Rahmen des JeKi-Programms ein wichtiges Lernziel: Die Schüler sollen eine
bestimmte Auswahl an Instrumenten kennen lernen, die in „Instrumentenpaketen"
jeweils einige Wochen in der Klasse zur Verfügung stehen. Während dieser Zeit su-
chen die Musikschullehrenden nach Möglichkeiten, den Kindern Erfahrungen im

---

8 § 82 Abs. 1 Schulgesetz für das Land Nordrhein-Westfalen (Schulgesetz NRW – SchulG) vom
   15. Februar 2005 (GV. RW. S. 102); zuletzt geändert durch Gesetz vom 14. Februar 2012
   (SGV. NRW. 223). Verfügbar unter: http://www.schulministerium.nrw.de/BP/Schulrecht
   /Gesetze /Schulgesetz.pdf [18.5.2012].
9 Leitfaden Schulorganisation, Bezirksregierung Düsseldorf, Dezernat 48, Stand Dezember
   2011. Verfügbar unter: http://www.brd.nrw.de/schule/service/20100201Leitfaden.pdf
   [18.5.2012].

Umgang mit den Instrumenten zu ermöglichen. Dabei ist es ihnen in der Regel wichtig, dass die Kinder einen Ton erzeugen – allein, damit sie ein Erfolgserlebnis mit dem Instrument verbinden. Das „richtige" Spiel finden die Lehrenden dabei allerdings nicht so bedeutsam wie eine möglichst weitgehende Erkundung der Klangmöglichkeiten eines Instruments. Eine besondere Schwierigkeit ergibt sich daraus, dass nicht allen Schülern ein Instrument zur Verfügung steht: Die Lehrenden berichten, dass sich in einem Paket fünf bis zehn Instrumente befinden, die sie aber aus verschiedenen Gründen nicht einfach an die Schüler ausgeben können. Ganz praktisch ergeben sich unterschiedliche Möglichkeiten bzw. Inszenierungsmuster, die von den Lehrenden benannt werden: Sie stellen Instrumente frontal vor, geben eines oder mehrere Instrumente herum, binden diese in Klassenmusiziersätze ein, teilen die Klasse in Kleingruppen oder, falls die Tandemlehrkraft sich aktiv beteiligt, in zwei Hälften, so dass die Schüler sich teilweise selbständig mit den Instrumenten beschäftigen – und können doch nicht verhindern, dass die Schüler den größten Teil der Stunde kein Instrument in Händen haben. Diese Schüler werden häufig mit Ausmalbildern oder Arbeitsblättern beschäftigt oder von der Grundschullehrkraft betreut. Ein musikalisches Lernen kann dabei kaum stattfinden, denn wenn kein zweiter Raum zur Verfügung steht, können sich die Kinder nur still beschäftigen – und sind dabei häufig abgelenkt, weil sie das Ausprobieren ihrer Mitschüler hören und mitverfolgen. Einzelne Instrumentengruppen konfrontieren mit besonderen Herausforderungen: Streichinstrumente sind aufwändig zu stimmen und Blasinstrumente bereiten nicht nur bei der Tonerzeugung Probleme, sondern müssen auch für jeden Schüler neu desinfiziert werden. Eine Musikschullehrerin resümiert ihre detaillierte Beschreibung solcher Situationen mit den Worten: „Und das hat für mich nicht so viel mit Musik zu tun." (ML 3)

Die JeKi-Lehrenden beschreiben insgesamt ein ganzes Bündel von Schwierigkeiten, die ihnen der Umgang mit den großen Gruppen bereitet. Nicht alle Interviewpartner berichten exakt von denselben Problemen, aber in der Zusammenschau der unterschiedlichen Beschreibungen ergibt sich ein konsistentes Bild: Die Schwierigkeiten lassen sich im Wesentlichen zwei Kategorien zuordnen, die im Folgenden entfaltet werden: Zum einen haben die Musikschullehrenden das Gefühl, dass sie den Unterrichtsstörungen, die in den großen Gruppen auftreten, nicht adäquat begegnen können. Zum anderen leiden sie darunter, dass es ihnen vor allem in der Phase der Instrumentenvorstellung nicht gelingt, den Unterricht so zu gestalten, dass allen Kindern genügend Lerngelegenheiten und intensive Lernzeiten zur Verfügung stehen. Diese beiden Kategorien erscheinen im Erzählen der Lehrenden in vielfacher Weise miteinander verschränkt. Wegen ihrer unterschiedlichen Auswirkungen seien sie aber hier getrennt dargestellt.

1. Manche Musikschullehrenden beschreiben die Situation, vor 30 Kindern zu stehen, als Schock bzw. existentielle Herausforderung, die sie an den Rand ihrer Belastbarkeit bringt. Einige berichten von Ängsten, insbesondere, wenn sie „so ganz alleine vor der Klasse" (ML 7) sind: Sie fühlen sich deren Unterrichtsstörungen

„hilflos" (ML 3), fast ohnmächtig ausgeliefert.[10] Sie betonen, dass sich diese Situation für sie deutlich von ihrem Unterricht in Gruppen der „Musikalischen Früherziehung" unterscheidet. Das liegt zum einen an der Gruppengröße: Jedes einzelne Kind bringt ein gewisses Unruhepotenzial mit, das die Musikschullehrenden nur schwer in den Griff bekommen, wenn sie weder die Namen der Kinder kennen noch deren je besondere Situation. Hier fehlt auch der unmittelbare Kontakt zu den Eltern, der an der Musikschule hilfreich sein kann. Einige Schüler nutzen die damit verbundene Unsicherheit der Lehrenden aus und testen, inwieweit sie Regeln verletzen können, ohne Sanktionen zu erfahren. Zusätzlich erweist sich als problematisch, dass nicht alle JeKi-Lehrenden die Regeln, die in der jeweiligen Schulklasse vereinbart wurden, kennen. Je größer die Gruppe, als desto wichtiger wird die „Autorität" (GL 4) der jeweilig Lehrenden empfunden: Die Grundschullehrerin, die auf diesen Punkt explizit hinweist, bescheinigt ihrem Tandempartner, keine „klare Lehrerposition" zu haben (GL 4). Sie macht ihre Beschreibung an der Beobachtung fest, dass der Lehrer nicht für genügend Distanz sorge und die Schüler ihn deshalb nicht als Lehrperson akzeptierten. Dieselbe Lehrerin verweist zusätzlich darauf, dass dem Musikschullehrer einfach das entsprechende „Handwerkszeug" fehle, in der Klasse für Ruhe zu sorgen (GL 4). Musikschullehrende erzählen zwar von Ideen, wie sie besser mit unruhigen Kindern agieren könnten, aber die beengten Klassenräume verwehren ihnen einige dieser Möglichkeiten, beispielsweise die Durchführung von Bewegungsspielen. Eine Grundschullehrerin berichtet von einem Teufelskreis, der sich auf diese Weise aufgetan hat zwischen dem Auftreten von Unterrichtsstörungen und einem starken Unsicherheitsgefühl auf Seiten ihrer Tandempartnerin, was diese wiederum in ihrem Agieren einschränkt und hemmt: „[Sie] ist im Umgang mit den Kindern natürlich ein bisschen unsicher, was ich auch verstehen kann, wenn da Kinder so aus der Reihe fallen, und dann haben wir darüber gesprochen und sie weiß jetzt, dass das nicht ihre Schuld ist – ihre Schuld in Anführungszeichen – sondern dass das eben ein Problem ist, was da ist. Und seitdem ist sie da auch wieder ein bisschen entspannter." (GL 2) Insgesamt wird deutlich, dass Musikschullehrende unter der Situation deshalb leiden, weil ihre Strategien, mit unruhigen Kindern in der Musikschule umzugehen, nämlich persönliche Ansprache, Kontakt zu den Eltern und Bewegungsspiele, in der Schulklasse nicht oder kaum realisierbar sind. Das Ergebnis ist eine persönliche Unsicherheit, die teilweise als geradezu bedrohlich wahrgenommen wird.

---

10 Der Begriff Unterrichtsstörungen ist nicht unproblematisch, weil er die Perspektivenabhängigkeit des Phänomens nicht adäquat erfasst. Eine „Störung" liegt erst vor, wenn jemand eine solche feststellt; das können Lehrer und Schüler sein. Im vorliegenden Kontext geht es um die Perspektive der Lehrer, die im schulischen Alltag in der Regel diejenigen sind, die darüber entscheiden, was als Unterrichtsstörung gilt (Nolting, 2012, S. 12-15). ML 5 beispielsweise berichtet davon: In Klassen mit bis zu 30 Kindern in JeKi 1 gebe es „immer wieder Störungen".

2. Unabhängig davon, ob sie von Unterrichtsstörungen berichten oder nicht, bedauern Musikschul- und Grundschullehrende gemeinsam, dass die große Anzahl von Schülern es erschwert, jedem einzelnen Kind möglichst viele fruchtbare Lerngelegenheiten zu ermöglichen. Das sei im Fach Musik wegen des höheren Grades an Aktivität aller Beteiligten ohnehin ein besonderes Problem, weil es beispielsweise in Phasen gemeinsamer musikalischer Arbeit schwieriger ist, einzelne Kinder zu beobachten oder sich ihnen zuzuwenden, als in Stillarbeitsphasen, die es in anderen Fächern häufiger gibt. In JeKi-1 erscheint das Problem in der Phase der Instrumentenvorstellung wie unter einem Brennglas: Es gibt nur wenige Instrumente; die Musikschullehrkraft muss das Ausprobieren begleiten – und so ergibt sich die Notwendigkeit, permanent die meisten Kinder in irgendeiner Weise zu beschäftigen. Dafür werden zwar verschiedene Modelle genannt, aber keines von ihnen überzeugt die Lehrenden in Bezug auf das Anforderungsniveau und die Lernmöglichkeiten. Beim Problem der großen Gruppe geht es also nicht nur um ein disziplinarisches Problem, sondern dahinter steht die Frage nach dem ‚guten‘ JeKi-1-Unterricht im Sinne eines Unterrichts, der für die Kinder sinnvolle Lern- und Erfahrungsmöglichkeiten eröffnet, was den Lehrenden in der Regel nicht zu ihrer Zufriedenheit gelingt.

Begibt man sich auf die Suche nach Gründen für diese als schwierig beschriebene Situation, kann man sicherlich darauf verweisen, dass die Musikschullehrenden in ihrer Ausbildung nicht auf den Umgang mit Gruppen in Schulklassenstärke vorbereitet wurden und dass sie in ihrer bisherigen Berufstätigkeit damit keine Erfahrungen sammeln konnten. Zusätzlich ist allerdings zu konstatieren, dass die Rahmenbedingungen des JeKi-1-Unterrichts besonders einengende Vorgaben setzen. Das wird deutlich, wenn man den JeKi-1-Unterricht mit Klassenunterricht vergleicht: Selbst Musiklehrer der Grundschulen bringen Ratlosigkeit angesichts der Frage zum Ausdruck, wie die Instrumentenvorstellung für alle Kinder ansprechend und lernintensiv gestaltet werden könnte. Um es mit Hilfe des theoretischen Modells des Individualkonzepts zu beschreiben (Niessen, 2006): Schon bei der Planung regulären Musikunterrichts gibt es eine Fülle von Rahmenbedingungen, die beachtet werden müssen und von denen nur einige veränderbar sind. Das Programm JeKi setzt aber nicht nur wirkmächtige Rahmenbedingungen, sondern de facto auch die Inhalte des Unterrichts und das „unscharfe" Ziel, in der Phase der Instrumentenvorstellung die Wahl des je eigenen Instruments vorzubereiten – was mit der Vorgabe des Unterrichts im Klassenverband kaum zu vereinbaren ist. Die Auswirkungen dieses Dilemmas spüren vor allem die Musikschullehrenden sehr deutlich.

Schlüsselkategorien zum JeKi-1-Unterricht in großen Lerngruppen

Die beiden Schlüsselkategorien „Unterrichtsstörungen" und „zu wenige fruchtbare Lernmöglichkeiten" wurden jeweils mit Hilfe eines Kodierparadigmas erschlossen und sind in Abb. 1 in einem Modell dargestellt, das die beiden Phänomene miteinander koppelt und einige ihrer Dimensionen und Beziehungen visualisiert.[11] Die Abbildung stellt die Sicht der Lehrenden auf einen Bereich dar, den sie als problematisch wahrnehmen. Die Formulierungen „zu wenige", „zu wenig" und „zu viele" verweisen dabei auf einen Maßstab, in Bezug auf den etwas als „zu wenig" bzw. „zu viel" wahrgenommen wird: Als Maßstab fungiert die Vorstellung der Lehrenden von Rahmenbedingungen, die einen in ihren Augen guten JeKi-1-Unterricht erst ermöglichen würden. Keineswegs darf aus dieser Formulierung gefolgert werden, dass eine Reduzierung der Schülerzahl quasi automatisch und de facto zu besserem Unterricht führen würde; vielmehr geht es hier lediglich um die Darstellung der Lehrendensicht auf die ihres Erachtens problematische Größe der Lerngruppen in JeKi 1. „Musikschullehrer unterrichten JeKi 1 in großen Lerngruppen" bildet als Umstand, der in der Konstruktion des Programms angelegt ist, zugleich den Kontext der beiden in den Ovalen aufgeführten Schlüsselkategorien wie auch eine intervenierende Bedingung, die die Strategien, die die Lehrenden anwenden, massiv beeinflusst. Das Modell stellt allerdings keine zwangsläufigen Abläufe dar, sondern verdeutlicht Zusammenhänge, die auftreten können, aber nicht müssen – was durch die durchbrochenen Umrandungen angedeutet ist: Je kürzer die Striche, desto weniger zwangsläufig sind die Phänomene anzutreffen. Zusätzlich muss beachtet werden, dass die im Modell verbalisierten Dimensionen der Darstellungsform geschuldet nur stark verkürzt und reduziert aufgeführt werden können. Im rechten Teil der Abbildung ist das vereinfachte Modell der Individualkonzepte zitiert (Niessen 2006, S. 227), um zu verdeutlichen, dass die Rahmenbedingungen des Unterrichts den Kontext für problematische Phänomene bilden und die Individualkonzepte der Lehrenden auf verschiedenen Ebenen beeinflussen. So können sie das Ringen der Lehrenden um Umsetzung der von ihnen als sinnvoll und überzeugend erachteten Unterrichtsziele empfindlich stören und das Erreichen dieser Ziele gefährden – was auf Seiten der Lehrenden massive Unzufriedenheit auslöst.

---

11 Im Kontext der Grounded-Theory-Methodologie sind verschiedene Versionen von Kodierparadigmata im Umlauf. Zugrunde gelegt wurde hier das von Mey und Mruck (2010, S. 40) aus dem einfachen Grund, dass es für die beiden Schlüsselkategorien dieses Themenbereichs sinnvolle Reflexionshinsichten bereitstellte. Mey und Mruck beziehen sich dabei auf die Beschreibung des Kodierparadigmas von Strauss mit „Bedingungen", „Interaktion zwischen den Akteuren", „Strategien und Taktiken" sowie „Konsequenzen" (1994, S. 57), verändern aber seine Punkte folgendermaßen: Sie führen die „Interaktion zwischen den Akteuren" nicht auf und fügen stattdessen „Kontexte" hinzu. Außerdem spalten sie die Bedingungen auf in „ursächliche" und „intervenierende Bedingungen" und ordnen letztere nicht dem Phänomen selbst, sondern den „Strategien" zu. Für den vorliegenden Kontext passte dieses Paradigma besonders gut.

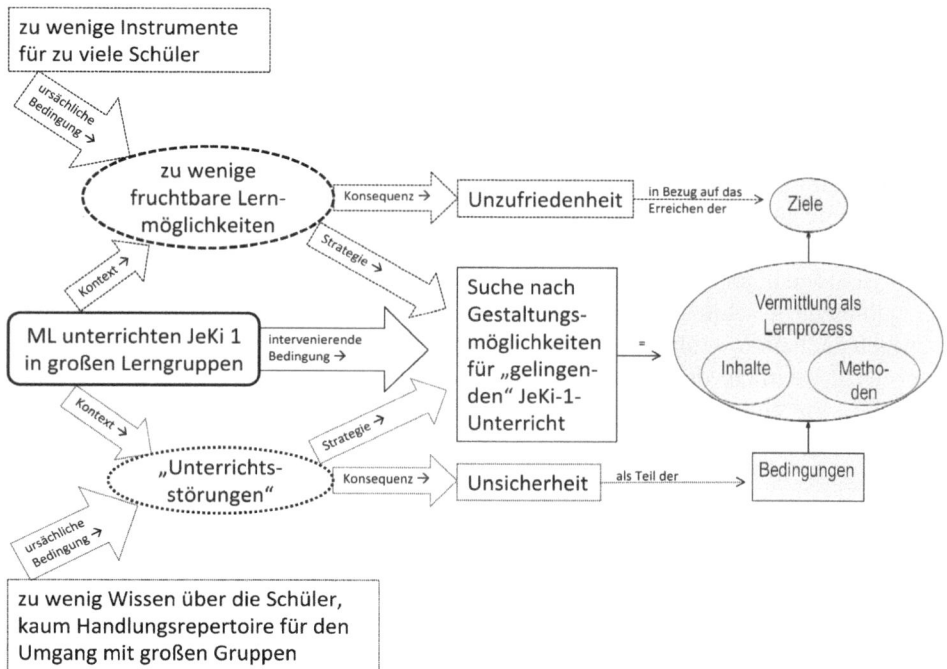

Abb. 1: Die Schlüsselkategorien „Unterrichtsstörungen" und „zu wenige fruchtbare Lernmöglichkeiten" in ihrer Beziehung zum Modell des Individualkonzepts (Niessen 2006, S. 227)

Gestaltung „gelingenden" JeKi-1-Unterrichts

Die Schilderungen der Probleme, die im JeKi-1-Unterricht auftreten können, stellen aber nur eine Seite der Medaille dar: Immer wieder fallen in den Interviews Passagen auf, in denen Lehrende von stellt „gelingendem" JeKi-1-Unterricht berichten. Als Beleg für das Gelingen von Unterricht werden eine geringe Zahl von Unterrichtsstörungen angeführt und die hohe Beliebtheit des JeKi-Unterrichts bei den Kindern – in pädagogischen Begriffen also in erster Linie ein hoher Grad von Beteiligung und Motivation der Schüler. Auf der Suche nach konkreten Erscheinungsweisen gelingenden JeKi-Unterrichts stößt man auf Schilderungen von charismatischen Lehrerpersönlichkeiten, die aber so unkonkret sind, dass man ihnen keine genauen Informationen entnehmen kann. Einige Grundschullehrende beschreiben gelingenden JeKi-Unterricht aber differenzierter. Ihre Äußerungen werden hier nur knapp zusammengefasst dargestellt, weil sie in einem nächsten Schritt noch einmal aufgegriffen und ausführlicher entfaltet werden: Eine Tandempartnerin realisiert in ihrem Unterricht ein hohes Tempo und setzt gezielt Bewegungsspiele und -übungen ein. Zudem haben die Lehrenden sich abgesprochen und sind bei der Instrumentenvorstellung beide aktiv.

Als günstig für gelingenden Unterricht werden auch an anderen Stellen spielerische Elemente und Geschichten geschildert, die die Aktivitäten der Kinder in einen Sinnzusammenhang bringen. Wenn die Kinder beispielsweise eine Rolle in einer Geschichte spielen, zu der das Zuhören gehört, gelingt ihnen das sehr viel besser als ohne einen solchen Kontext. Als besonders wichtig werden Regeln und Konsequenz in deren Einhaltung im Unterricht eingeschätzt. Theoretisiert man diese Schilderungen, scheint ein hoher Aktivierungsgrad möglichst vieler Schüler bei gleichzeitiger Aufrechterhaltung einer förderlichen Arbeitsatmosphäre für das Gelingen des JeKi-1-Unterrichts maßgeblich zu sein – oder umgekehrt formuliert: JeKi-Unterricht wird als gelingend geschildert, wenn den Schülern möglichst lange möglichst intensive Lerngelegenheiten eröffnet und Unterrichtsstörungen minimiert werden können. Hier wird deutlich, dass die Schilderungen von gelingendem JeKi-Unterricht wie beim Negativ eines Fotos die eben identifizierten Herausforderungen noch einmal bestätigen.

Theoretische Anknüpfungspunkte

Um die Befunde zum JeKi-1-Unterricht möglichst differenziert zu erfassen und für die Weiterentwicklung des musikpädagogischen Programms nutzbar zu machen, werden sie nun mit erziehungswissenschaftlichen Theorieansätzen verknüpft: Die Lehrerwahrnehmung des Umgangs mit den „großen" JeKi-1-Gruppen verweist auf das Thema ‚Klassenführung'.[12] Es handelt sich dabei nicht um eine Randerscheinung des Unterrichts; in mehreren Studien konnte nachgewiesen werden, dass die Variable Klassenführung nach den kognitiven Kompetenzen der Schüler das Gelingen des Lernprozesses am stärksten beeinflusst (Wüsten, 2010, S. 15). Unter dem Begriff selbst wird in der Literatur Unterschiedliches verstanden; Andreas Helmke plädiert für einen „integrativen Ansatz", der Klassenführung weder bloß als Reaktion auf Störungen versteht noch formal als die Tätigkeit des Klassenlehrers, sondern der „präventive, proaktive und reaktive Elemente" der Lehrertätigkeit umfasst (Helmke, 2009, S. 172). Einen Meilenstein in der Beschäftigung mit diesem Thema stellt bis heute eine Veröffentlichung von Jacob Kounin aus dem Jahr 1970 dar, der zunächst in

---

12 Statt des Begriffs Klassenführung findet in der deutschsprachigen erziehungswissenschaftlichen Literatur auch der Begriff des „Klassenmanagements" Verwendung, vor allem um die negativen Konnotationen zu vermeiden, die mit dem Begriff „Führung" in Deutschland verbunden sind. In diesem Text soll allerdings der Begriff Klassenführung beibehalten werden, weil er weiter verbreitet und wegen der frühen Übersetzung seines Buches untrennbar mit dem Ansatz von Jacob Kounin (1976) verbunden ist. Auch in deutschsprachiger Literatur findet man bisweilen die englische Form des „class room management". Betrachtet man die Entwicklungsphasen der Forschung zum „class room management", wird allerdings deutlich, dass der Begriff der Klassenführung, wie er von Kounin verstanden und von Helmke aufgegriffen wurde, dem aktuellen englischsprachigen Verständnis des „class room management" in vielen Aspekten, wenn auch nicht vollständig, entspricht (Schönbächler, 2008, S. 21-23).

einem experimentellen Design mit einer Untersuchung der gruppenspezifischen Wirkungen von Disziplinierungsmaßnahmen begann und schließlich einen „mehr ökologisch orientierten Ansatz beim Studium von Problemen der Klassenführung" verfolgte, indem er Video-Mitschnitte von Unterricht daraufhin untersuchte, inwiefern die Klassenführung der Lehrperson und das Handeln der Schüler erkennbare Zusammenhänge aufwies (Kounin, 1976, S. 147). Er betrachtet zwar das Thema Klassenführung in erster Linie im Hinblick auf „Vorbeugung von Fehlverhalten", weist aber auch darauf hin, dass die Beherrschung von Klassenführungsregeln den Unterricht insgesamt verbessert, indem sie „den individuellen Handlungsspielraum" erweitert und Handlungsalternativen ermöglicht (Kounin, 1976, S. 148-149). Helmke betont den inhaltlichen Aspekt noch stärker und versteht Klassenführung gar als „unabdingbare Voraussetzung für die Sicherung anspruchsvollen Unterrichts, indem sie einen geordneten Rahmen für die eigentlichen Lehr- und Lernaktivitäten schafft und insbesondere die aktive Lernzeit steuert, das heißt diejenige Zeit, in der sich die Schüler mit den zu lernenden Inhalten engagiert und konstruktiv auseinandersetzen können." (Helmke, 2009, S. 174) Hier ergibt sich schon ein unmittelbarer Anknüpfungspunkt zu den Äußerungen der JeKi-Lehrenden, die sich um eine Klassenführung bemühen, die einerseits das Ausmaß der Unterrichtsstörungen verringert und andererseits den Schülern möglichst intensive musikbezogene Lern- und Erfahrungsphasen ermöglicht. Im Folgenden werden die oben bereits schlagwortartig benannten Beschreibungen gelingenden JeKi-1-Unterrichts noch einmal aufgegriffen, durch Interviewausschnitte illustriert und einigen der von Kounin benannten Dimensionen zugeordnet:

–   Eine Grundschullehrerin berichtet davon, dass ihre Tandempartnerin deshalb so erfolgreich unterrichte, weil sie in ihrem Unterricht ein „hohes Tempo" realisiert: „Ein Element folgt dem anderen, ohne dass sie groß erklärt, sondern sie macht einfach. Dadurch haben die Kinder eigentlich auch keinen Freiraum, ... sich jetzt abgelenkt zu fühlen." (GL 12) Hier ist geradezu idealtypisch beschrieben, was Kounin mit den Begriffen „Reibungslosigkeit des Aktivitätsflusses" und „Schwung" (Kounin, 1976, S. 105) erfasst. Damit sind bereits zwei der wichtigsten Dimensionen einer erfolgreichen Klassenführung nach Kounin benannt.

–   Die Lehrenden betonen die Bedeutung von Regeln im JeKi-1-Unterricht. Eine Musikschullehrerin beschreibt, wie hilfreich sie die Regeln empfunden hat, die eine Grundschullehrerin in der Klasse eingeführt hat: „Dass also Kinder nie frustriert wurden, indem sie irgendwie gemaßregelt wurden, sondern die Regeln wurden sehr sachlich, sehr konsequent, aber nicht wertend durchgesetzt." (ML 10) Interessant ist an dieser Äußerung, dass Regeln als bedeutsam bezeichnet werden auch für das Herstellen einer Atmosphäre von Wertschätzung. Vor allem wird das Aufstellen von Regeln aber von dieser Lehrkraft wie von anderen auch als wichtige Voraussetzung für einen reibungslosen Unterrichtsablauf benannt – was auch auf den Musikunterricht der Grundschule zutrifft, auf den sich das folgende Zitat bezieht: „Musikunterricht hat allgemein immer ein Unruhepotenzial. ... Die

Instrumente haben einen unheimlichen Aufforderungscharakter, die motivieren halt total und dann muss man – das hört sich jetzt so blöd an – aber ich finde, man muss gerade im Musikunterricht ganz besonders strenge Regeln haben, damit es ein schöner Musikunterricht wird." (GL 4) Nötig für einen fruchtbaren Einsatz sei neben der Kenntnis der Regeln, die in einer Klasse eingeführt sind, deren konsequente Handhabung durch alle Lehrenden. Diese Überzeugungen der JeKi-Lehrenden decken sich mit den Anmerkungen, die Helmke und Nolting zu einem sinnvollen Einsatz von Regeln im Rahmen einer gelingenden Klassenführung machen, insbesondere in Bezug auf die Konsequenz in ihrer Beachtung (Helmke, 2009, S. 180; Nolting, 2012, S. 43-51). Bei Kounin sucht man nach dem Stichwort „Regeln" vergebens. Inhaltlich kann man sie allerdings ebenfalls den Dimensionen „Reibungslosigkeit" und „Schwung" zuordnen: Regeln zeichnen sich dadurch aus, dass sie die Frage der Angemessenheit eines bestimmten Schülerhandelns schon vor der Situation klären, ohne dass der Unterrichtsfluss deswegen unterbrochen oder verzögert werden müsste – was wiederum zu einer gelingenden Steuerung von Unterrichtsabläufen beiträgt (Kounin, 1976, S. 105).

– Ein wichtiges Lernsetting im JeKi-1-Unterricht, die Instrumentenvorstellung, wird in aller Regel nicht als gelingend beschrieben, deshalb wird hier zunächst auf ein „Negativbeispiel" zurückgegriffen, das aber ebenfalls mit den Kounin'schen Dimensionen in Verbindung gebracht werden kann. Wie schon erwähnt äußern die Lehrenden große Unzufriedenheit mit den Lerngelegenheiten für die Schüler vor allem bei der Instrumentenvorstellung. Eine Grundschullehrerin beschreibt dieses Problem genauer: „Wenn die [Kinder] an einem Instrument was ausprobieren dürfen oder so: Die wollen das alle total gerne und die sind mit Begeisterung dabei und die melden sich auch. Nur wenn die nicht beschäftigt sind, kommt eben eine Unruhe auf." (GL 6) Hier wird in aller Deutlichkeit ein „Merkmal negativer Gruppenmobilisierung" beschrieben, das Kounin folgendermaßen operationalisiert: „Lehrer, die ihren Aufmerksamkeitsschwerpunkt von der Gruppe auf den vortragenden Schüler verlagern, von dessen Ausführungen sie sich vollständig in Anspruch nehmen lassen ... ohne erkennbare Anzeichen dafür, dass sie sich einer Gruppe gegenübergestellt wissen" (Kounin, 1976, S. 125). Im JeKi-Unterricht wird dieses Problem oft so gelöst, dass die Schüler, die gerade nicht Musikinstrumente ausprobieren können, von der Grundschullehrenden betreut werden oder Ausmalbilder bzw. Arbeitsblätter bearbeiten. Mit dieser Lösung sind die meisten Lehrenden aber wegen der eingeschränkten Lernmöglichkeiten für die Schüler nicht zufrieden. In einem Interview wird geschildert, wie eine solche Situation gelingen kann: „Und dann sucht man eine Gruppe aus: ‚So, ihr Sechs fangt jetzt an.' Eine Geschichte – [darin] muss man ... den anderen auch einen ... Part geben. Aber in diesem Part ist auf jeden Fall drin, dass sie dann auch Zuhörende sind und gucken, was die anderen da machen. Das geht schon auch darum, nach und nach die Scheu zu verlieren: ‚Ich probier das jetzt aus und ein anderer guckt mir zu.' Das geht, ... dann haben die auch eine Freiheit, auszuprobieren." (ML 8) Das Einbinden der Schüler durch das Zuteilen bestimmter Rollen ist nah verwandt mit Spielen verschiedener Art: „Ich mache auch Spiele … Die sind lustig, aber die fördern Konzentration. … Manche Lehrer sagen: ‚Ah das ist schwierig, das werden die nicht schaffen!' Doch! Die schaffen [das] dann in dieser Stunde." (ML 11) Spiele und Geschichten erfüllen eine ähnliche Funktion: Alle Schüler sind als Mitspielende einbezogen oder verfolgen als Zuhörende die Geschichte, in der für sie dann eine nur gelegentlich aktive Beteiligung akzeptabel ist, weil sie eine Rolle in einem für sie sinnvollen Kontext spielen. Wenn sie in dieser Rolle aktiv sind, befolgen sie die der Geschichte immanenten Regeln und bieten damit gleichzeitig den Schülern, die sich gerade präsentieren, einen Schutzraum. Hier gelingt „Gruppenmobilisierung", womit „das Ausmaß" gemeint ist, „in welchem der Lehrer nichtaufgerufene Schüler in die Übungsarbeit miteinzubeziehen, sie bei Aufmerksamkeit, bei der Stange, ‚auf dem Posten' zu halten versucht" (Kounin, 1976, S. 124). Eine ähnliche Funktion erfüllt offenbar der Einsatz von Bewegungen im Unterricht. Eine Lehrerin beendet ihre Schilderung des „schwungvollen" JeKi-1-Unterrichts ihrer Tandempartnerin mit den Worten: „Es ist immer auch mit irgendeiner körperlichen Aktivität verbunden und wenn es nur die Handzeichen sind oder viele Lieder auch mit Bewegung." (GL 12)

Fazit

Insgesamt sind die von den Lehrenden berichteten Aspekte des Umgangs mit großen JeKi-Gruppen natürlich nicht nur im Hinblick auf die Kounin'schen Dimensionen von Bedeutung: Dass die Lehrenden so intensiv darauf bedacht sind, ihren Schülern lernintensive Erfahrungen zu ermöglichen, stellt einen Wert dar, der mit dem Verweis auf die Nähe zur Dimension der Aufrechterhaltung des Gruppenfokus nicht vollständig und angemessen erfasst wird.[13] Dennoch erscheint es sinnvoll, den Ansatz von Kounin für eine weitere Differenzierung der Kategorien zu nutzen. Er lenkt den Blick auf die Mikroebene: Wie genau ermöglichen bestimmte Dimensionen störungsfreies Lernen im Musik- bzw. JeKi-1-Unterricht? Durch die Theoretisierung der Lehreräußerungen werden Implikationen freigelegt, die bei einer immanenten Analyse der Daten möglicherweise nicht ins Auge gefallen wären. So gelingt es beispielsweise im Abgleich der Daten mit den Kounin'schen Dimensionen, den Einsatz von Spielen und Geschichten in ihrer Funktion für eine gelingende Klassenführung besser zu verstehen. Sie dienen nicht nur dem Erhalt von Motivation, sondern auch der Gruppenmobilisierung. Besonders interessant im Abgleich von Theorie und Daten ist die fachspezifische Dimension: Deutlich tritt beispielsweise hervor, dass im Musikunterricht der Grundschule nicht etwa fehlende Motivation der Schüler Probleme bereitet, son-

---

13 Überhaupt orientiert sich die Theorie von Kounin an praktischen Phänomenen des Schulalltags; das stellt allerdings in der Tradition der Grounded Theory kein Problem dar; aufgrund ihrer Verwurzelung im Pragmatismus richtet sich Theoriebildung im Rahmen der Grounded Theory durchaus an realen Handlungsproblemen aus (Strübing, 2008).

dern dass vielmehr musikbezogene Lernprozesse in großen Gruppen große und ganz eigene Herausforderungen bergen. Die Konfrontation von Theorie mit empirischen Daten kann also zu einer fachspezifischen Zuspitzung theoretischer Aussagen führen: Nicht nur, aber besonders deutlich in Phasen gemeinsamen Musizierens im Musikunterricht der Grundschule ergeben sich spezifische Anforderungen an die Klassenführung von Musiklehrkräften, was in der Schilderung der JeKi-Lehrenden auch deutlich wird: „Reibungslosigkeit" und „Schwung" spielen im Musikunterricht eine besonders wichtige Rolle – und sollten im fachspezifischen Nachdenken ausdrücklicher reflektiert werden.

In Bezug auf die hier referierten Ergebnisse ist zu beachten, dass Kounin die Dimensionen der Klassenführung nicht bei der Analyse von Lehreräußerungen, sondern durch die Auswertung videographierter Unterrichtsstunden gewonnen hat. In der vorliegenden Interviewstudie gerät das Unterrichtsgeschehen nicht unmittelbar in den Blick, sondern in der Wahrnehmung der meist allein unterrichtenden Musikschullehrenden auf der einen und der vorwiegend beobachtenden Grundschullehrenden auf der anderen Seite. In diesem Kontext ist ein Befund von Hans-Peter Nolting interessant, der eine Umfrage unter deutschen Lehrkräften durchführte, mit deren Hilfe er zeigen konnte, dass zwar einige Aspekte von den Befragten als wichtig zur Prävention von Störungen eingeschätzt wurden, die auch Kounin gefunden hatte; andere Aspekte waren aber unter den befragten Lehrenden gänzlich unbekannt – und zwar vor allem solche, für die Kounin eine besondere Bedeutsamkeit festgestellt hatte. Nolting zog daraus nicht nur den Schluss, dass die Ergebnisse von Kounin nicht besonders bekannt geworden sind, sondern dass es offenbar schwierig sei, „allein durch Unterrichtspraxis zu solchen Erkenntnissen zu gelangen" (Nolting, 2006 b, S. 28). Dieser Befund spiegelt sich auch in der vorgelegten Studie: Der Grad von Abstraktheit ist in den Beschreibungen der beobachtenden Grundschullehrenden höher als in den Schilderungen der in der Regel selbst unterrichtenden Musikschullehrenden. Das mag zum einen darauf zurückzuführen sein, dass die Grundschullehrenden in ihrer Ausbildung das Thema Klassenführung intensiver reflektiert und ein entsprechendes Vokabular zur Verfügung haben, aber auch, dass ihr Beobachterstandpunkt eine stärkere theoretische Durchdringung des Geschehens im Klassenraum zulässt. Den Musikschullehrenden sind, beispielsweise mit Regeln, Bewegungsspielen und Geschichten, durchaus Elemente erfolgreicher Klassenführung bewusst, aber sie beschreiben sie eher praktisch.

Die Tatsache, dass die Grundschullehrenden das Beobachtete stärker theoretisch reflektieren können als die sich in permanenten „Handlungszwängen" befindenden Musikschullehrenden, wäre als Ressource weiter zu nutzen. Dieses enorme Potential ist nur einer von mehreren Gründen, die die Fortführung des JeKi-Unterrichts im Lehrendentandem nahelegen – auch wenn die Gestaltung des Tandem sicherlich verbesserungsbedürftig ist (vgl. Lehmann, Hammel & Niessen, 2012). Der zweite Grund liegt in den besonderen Herausforderungen, die eine gelingende Klassenführung im JeKi-1-Unterricht bedeutet – was sich in den Äußerungen der Lehrenden spiegelt. Angesichts der Tatsache, dass im Bereich der musikalischen Bildung zunehmend

Personen eingesetzt werden, die im Umgang mit großen Gruppen wenig Erfahrungen haben, sollte das Thema Klassen- bzw. Gruppenführung in musikpädagogischen Lernsituationen in Aus-, Fort- und Weiterbildung in Zukunft praktisch und theoretisch intensiver erprobt und reflektiert werden.

Am Schluss wird noch einmal der Bogen geschlagen zum Verbundvorhaben GeiGE, in das das Kölner Teilprojekt eingebettet ist. In GeiGE werden Gelingensbedingungen individueller Förderung im JeKi-1-Unterricht erforscht. Wie die Auswertung der Interviews gezeigt hat, darf die Tatsache, dass die Musikschullehrenden kaum auf den Umgang mit großen Gruppen vorbereitet sind, nicht als bloßes Manko abgetan werden: Sie beweisen gleichzeitig eine besondere Aufmerksamkeit für einzelne Schüler und nehmen die Schwierigkeiten, die im Umgang mit vielen Schülern entstehen, mit großer Sensibilität wahr – auch das eine Ressource, die u. a. für die individuelle Förderung von Schülern nutzbar gemacht werden kann. In welch engem Zusammenhang zu individueller Förderung die Kounin'schen Dimensionen der Klassenführung stehen, soll abschließend mit einem Zitat von Jacob Kounin in der Diktion einer Übersetzung der 1970er Jahre verdeutlicht werden: „Eine Konzentration auf Gruppenführungstechniken widerspricht nicht dem Interesse am Einzelnen. Gerade die Beherrschung der Gruppenführung befähigt den Lehrer, individuelle Unterschiede systematisch zu berücksichtigen und damit Einzelnen zu helfen." (Kounin, 1976, S. 149) Aus diesem Grund stellt die Beschäftigung mit Gruppenführung die Basis dar für eine weitere Erschließung der Gelingensbedingungen individueller Förderung im JeKi-1-Unterricht, die im GeiGE-Vorhaben geleistet wird (s. Bonsen, Kranefeld & Niessen, 2013, i. Vorb.).

Literatur

Beckers, E. & Beckers, R. (2008). *Faszination Musikinstrument – Musikmachen motiviert. Bericht über die zweijährige Evaluationsforschung zum Bochumer Projekt „Jedem Kind ein Instrument".* Theorie und Praxis der Musikvermittlung, Bd. 7. Münster: LIT.

Bonsen, M., Kranefeld, U. & Niessen, A. (2013 i. Vorb.). *Das erste Jahr im musikpädagogischen Programm „Jedem Kind ein Instrument". Ergebnisse einer mehrperspektivischen Studie (Arbeitstitel).* Perspektiven musikpädagogischer Forschung. Münster: Waxmann.

Helmke, A. (2009). *Unterrichtsqualität und Lehrerprofessionalität. Diagnose, Evaluation und Verbesserung des Unterrichts.* (2., aktualisierte Auflage). Seelze-Velber: Klett-Kallmeyer.

Jäger, A. (2012). *Musikschulen in Kooperation mit allgemeinbildenden Schulen. Wandel des Berufsbildes Musikschullehrer am Beispiel des Unterrichtsmodells „Stark durch Musik".* Augsburg: Wißner.

Kelle, U. (2008): Strukturen begrenzter Reichweite und empirisch begründete Theoriebildung. Überlegungen zum Theoriebezug qualitativer Methodologie. In H. Kalthoff,

S. Hirschauer & G. Lindemann (Hrsg.), *Theoretische Empirie. Zur Relevanz qualitativer Forschung* (S. 312-337). Frankfurt: Suhrkamp.

Kounin, Jacob S. (1976). *Techniken der Klassenführung.* Bern: Huber.

Kulin, S. & Özdemir, M. (2011). Lehrer-Kooperation im JeKi-Kontext: Erwartungen und Umsetzungen. *Beiträge empirischer Musikpädagogik* (2), S. 1-27. Verfügbar unter: http://www.b-em.info/index.php?journal=ojs&page=article&op=view&path=61& path=161 [11.12.2011].

Lehmann, K., Hammel, L. & Niessen, A. (2012). „Wenn der eine den Unterricht macht und der andere diszipliniert …". Aufgabenverteilung im Lehrenden-Tandem des musikpädagogischen Programms „Jedem Kind ein Instrument". In J. Knigge & A. Niessen (Hrsg.), *Musikpädagogisches Handeln. Begriffe, Erscheinungsformen, politische Dimensionen.* Musikpädagogische Forschung, Bd. 33 (S. 195-212). Essen: Die Blaue Eule.

Lehmann-Wermser, A., Naacke, S. & Nonte, S. (2010). *Musisch-kulturelle Bildung an Ganztagsschulen. Empirische Befunde, Chancen und Perspektiven.* Weinheim: Juventa.

Mey, G. & Mruck, K. (2010). Grounded-Theory-Methodologie: Entwicklung, Stand, Perspektiven. In G. Mey & K. Mruck (Hrsg.), *Grounded Theory Reader* (S. 11-48). 2. Auflage. Wiesbaden: VS Verlag für Sozialwissenschaften.

Muckel, P. (2007). Die Entwicklung von Kategorien mit der Methode der Grounded Theory. *HSR* (Beiheft Nr. 19), S. 211-231.

Niessen, A. (2006). *Individualkonzepte von Musiklehrern.* Theorie und Praxis der Musikvermittlung: Bd. 6. Münster: Lit.

Nolting, H.-P. (2006). Prävention von Unterrichtsstörungen. Unauffällige Einflussnahmen können viel bewirken. *Pädagogik* (11), S. 10-13.

Nolting, H.-P. (2012). *Störungen in der Schulklasse. Ein Leitfaden zur Vorbeugung und Konfliktlösung.* 10., vollständig überarbeitete Auflage. Weinheim: Beltz.

Schönbächler, M.-T. (2008). *Klassenmanagement. Situative Gegebenheiten und personale Faktoren in Lehrpersonen- und Schülerperspektive.* Bern: Haupt.

Strauss, A. L. (1994): *Grundlagen qualitativer Sozialforschung. Datenanalyse und Theoriebildung in der empirischen soziologischen Forschung.* München: Fink.

Strauss, A. L. & Corbin, J. M. (2003). *Basics of qualitative research: Techniques and procedures for developing grounded theory* (2. ed., [Nachdr.]). Thousand Oaks: Sage Publ.

Strübing, J. (2008). Pragmatismus als epistemische Praxis. Der Beitrag der Grounded Theory zur Empirie-Theorie-Frage. In H. Kalthoff, S. Hirschauer & G. Lindemann (Hrsg.), *Theoretische Empirie. Zur Relevanz qualitativer Forschung* (S. 279-311). Frankfurt: Suhrkamp.

Suddaby, R. (2006). From the editors: What grounded theory is not. *Academy of Management Journal* (4), S. 633-642. Verfügbar unter: http://www.aom.pace.edu/amj/ articles/Suddaby2006.pdf, [24.11.2011].

Wüsten, S. (2010). *Allgemeine und fachspezifische Merkmale der Unterrichtsqualität im Fach Biologie. Eine Video- und Interventionsstudie.* Berlin: Logos.

Prof. Dr. Anne Niessen
Hochschule für Musik und Tanz Köln, FB 5
Unter Krahnenbäumen 87
50668 Köln
anne.niessen@hfmt.de

Thomas Busch & Ulrike Kranefeld

Individuelle Förderung im instrumentalen Gruppenunterricht

Ein Aspekt von Lehrendenkompetenz im Programm „Jedem Kind ein Instrument"

Individualized education in group instrumental lessons
One aspect of teaching skills from the program
"An Instrument for Every Child"

Teacher competencies are considered to be crucial to educational quality. Looking at the German school program "An Instrument for Every Child", this article presents research on the types of training and ongoing education received by instrumental music teachers, and on how they perceive the importance of forms of individual instruction. It thus focuses on two very specific yet relevant aspects of teacher competencies. We find a very limited correlation between training and teaching through individual instruction. Self-efficacy in problem solving and gender contribute to high ratings of individualized instruction.

Einleitung

Lehrerkompetenz ist in den vergangenen Jahren in der pädagogischen Forschung zu einem Kerngegenstand geworden. Dabei sind Modelle erarbeitet worden, die entweder auf Hypothesen aufbauen, welche die persönliche Eignung als wichtigsten Faktor für Lehrerkompetenz ansehen, oder auf Hypothesen, welche die Qualifizierung von Lehrern in den Vordergrund stellen (u.a. im Rahmen der COACTIV-Studie, siehe Kunter, Kleickmann, Klusmann & Richter, 2011, S. 56f.).

In einem weiten Verständnis von Kompetenz als „Handlungskompetenz" (Weinert, 2001) umfasst der Begriff neben vorrangig kognitiven Leistungsdispositionen wie dem Wissen von Lehrenden auch motivationale, metakognitive und selbstregulative Merkmale, die wesentliche Voraussetzungen für die Bereitschaft zum Handeln darstellen (siehe Baumert & Kunter, 2011). Wissen, Überzeugungen, Motivation und Selbstregulationsprozesse von Lehrenden – und gerade von Instrumentallehrern – sind auch im Rahmen des Programms „Jedem Kind ein Instrument" von Interesse. Instrumentallehrer sind durch die für viele vermutlich ungewohnte Situation des Instrumentalen Gruppenunterrichts im Rahmen eines schulischen Settings auf besondere Weise gefordert. Es ist fraglich, ob die erhaltene formale Aus- und Fortbildung auf der einen Seite und die im Laufe der Berufstätigkeit erworbene Erfahrung zum anderen für „guten" Unterricht ausreichen.[1]

Im vorliegenden Beitrag dient das Modell zur Lehrerkompetenz der COACTIV-Studie als Orientierungsrahmen, innerhalb dessen einzelne, in der Beobachtung des Feldes als besonders relevant angesehene Aspekte von Lehrerkompetenz mit den zur Verfügung stehenden Variablen genauer geprüft werden.[2]

Im Zentrum steht hierbei die Kompetenz zur Förderung von Schülern nach individuellen Lernvoraussetzungen im Rahmen eines angemessenen Umgangs mit Heterogenität, der als wichtige Voraussetzung gelingenden Unterrichts gedeutet wird (Helmke, 2009, S. 245).

Der Beitrag nimmt deshalb exemplarisch zunächst zwei wichtige Aspekte von Lehrerkompetenz in den Fokus – den Aus- und Fortbildungsstand der Lehrenden und das Ausmaß von individueller Förderung in ihrem Unterricht, gemessen anhand der diesbezüglichen Selbsteinschätzungen der Lehrenden. Es wird geprüft, ob zwischen diesen beiden Aspekten im Kontext von JeKi ein Zusammenhang besteht. Darüber hinaus fragt der Beitrag aber auch nach Einflussgrößen auf die Selbsteinschätzung der Lehrenden als individuell Fördernde.

Modelle der Lehrerkompetenz

Lehrerkompetenz ist ein zentrales, vielschichtig schillerndes und seit langem in der pädagogischen Forschung vorfindliches Konstrukt. Wesentliche Vorarbeiten zur Struktur des professionellen Wissens von Lehrkräften leisteten unter anderem Shulman (1986) und Bromme (1997). Dabei wird die Bedeutung des spezifischen Fachinhalts für das unterrichtsbezogene Denken, Wissen und Handeln betont.

Nach Klieme und Leutner (2006) definiert sich Kompetenz als persönliche Voraussetzung zur erfolgreichen Bewältigung spezifischer situationaler Anforderungen. Dabei ist hier insbesondere eine professionelle Handlungskompetenz von Interesse, die im Sinne von Weinert (2001, S. 51) als System von Voraussetzungen definiert

---

1   Dabei wird der Begriff „guter" Unterricht in Anlehnung an die Merkmale guten Unterrichts (Helmke, 2009, S. 168ff.) verwendet, auch wenn im Kontext der COACTIV-Studie und anderer output-orientierter Studien der Begriff des „effektiven" Unterrichts dominiert.

2   Da sich die Veröffentlichung der Erhebungsinstrumente und Ergebnisse von COACTIV mit der Planung dieser Studie zeitlich überschnitt, ist hier keine vollständige Deckung auf der theoretischen Ebene herzustellen. Weitere Aspekte von Lehrerkompetenz werden im ersten Abschlussband des Projektes „BEGIn" behandelt werden (Kranefeld et al., 2013).

wird, die zur Erfüllung der Anforderungen an eine bestimmte professionelle Position notwendig sind. Dazu gehören im Besonderen intellektuelle und kognitive Fähigkeiten, domänenspezifisches Wissen und ebensolche Strategien und Routinen, Motivationslagen, volitionale Kontrollorientierungen, persönliche Werthaltungen und soziales Verhalten.

Dabei ist oft fraglich, als wie stark entwickelbar Lehrerkompetenz gilt. Folgt man Ansätzen, die die persönliche Eignung in den Mittelpunkt stellen, werden Unterschiede in Erfolg und Effizienz des Unterrichts weitgehend auf stabile Persönlichkeitsmerkmale zurückgeführt. Eine gute Lehrkraft wäre somit als eine mit persönlicher Eignung und Talent zum Lehrerberuf anzusehen, wobei die spezifischen Dispositionen dazu über die Lebensspanne relativ unveränderlich sind (u.a. Roberts & DelVecchio, 2000; Kunter et al., 2011, S. 56). Im Gegensatz dazu gilt in anderen Ansätzen im Sinne einer Qualifikationshypothese die berufsspezifische Art und Weise der Ausbildung von Lehrern als wichtigste Ursache für Unterschiede im beruflichen Erfolg. Dabei spielen die Eingangsvoraussetzungen eine geringere Rolle (z.B. Darling-Hammond, 2006). Gute Lehrer sind nach Kunter et al. (2011, S. 57) dann eher solche, die relevantes Wissen und Können erworben haben. Vertreter der Qualifikationshypothese fokussieren dabei fast ausschließlich auf kognitive Merkmale wie das professionelle Wissen, während im Rahmen der Eignungshypothese auch motivationale Merkmale einbezogen werden (ebd.).

Heuristisches Modell professioneller Handlungskompetenz (COACTIV)

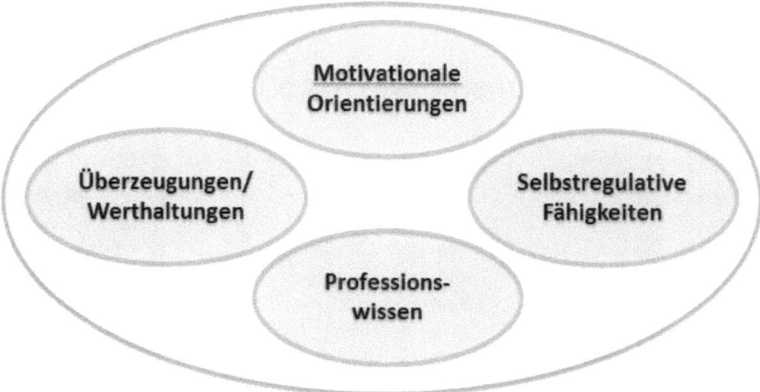

Abb. 1: Heuristisches Modell professioneller Handlungskompetenz (nach Baumert & Kunter, 2011, S. 32)

Im Rahmen dieser Diskussionen und der Entwicklung von Standards für die Lehrerbildung sind mit dem pädagogisch-psychologischen Kompetenzmodell von Oser
(2001) und dem Modell der Lehrerbildungsstandards von Terhart (2002) Entwürfe
entstanden, die darauf zielen, umfassende Kompetenzmodelle abzubilden. Im Rückgriff auf die Arbeiten von Shulman (1986), des National Board for Professional
Teaching Standards (NBPTS, 2002) und Darling-Hammond und Bransford (2005)
haben Baumert und Kunter für die COACTIV-Studie zur Kompetenz von Mathematik-
lehrern ein nicht-hierarchisches, heuristisches Modell der professionellen Handlungskompetenz ausdifferenziert (Baumert & Kunter, 2006, S. 481-484; Baumert &
Kunter, 2011, S. 32-33), das auch die Grundlage für den vorliegenden Beitrag bilden
soll.

In diesem Modell wird professionelles Handeln als Zusammenspiel von vier Aspekten angesehen: Spezifisches, erfahrungsgesättigtes deklaratives und prozedurales
Wissen als Kompetenz des „Wissens und Könnens" im engeren Sinne („Professionswissen") greift dabei mit Überzeugungen und Werthaltungen und darauf bezogenen
individuellen subjektiven Theorien und Zielsystemen, mit motivationalen Orientierungen und mit professionsrelevanten selbstregulativen Fähigkeiten ineinander
(Baumert & Kunter, 2011, S. 33). In Bezug auf Motivation waren insbesondere Kontrollüberzeugungen, Selbstwirksamkeitserwartungen und intrinsische Motivation
sowie Belastungserleben und Resilienzfaktoren in der COACTIV-Studie von Interesse
(Baumert & Kunter, 2011, S. 42). Unterhalb dieser vier Aspekte liegen jeweils spezifische Kompetenzbereiche mit weiter differenzierbaren Facetten und konkret operati-
onalisierbaren Indikatoren.

Ein weiteres Modell aus derselben Studie nimmt die Wirkung von Lehrerkompetenz in den Blick (Blum, Krauss & Neubrand, 2011, S. 332, Abbildung 2).

Mediationsmodell nach COACTIV

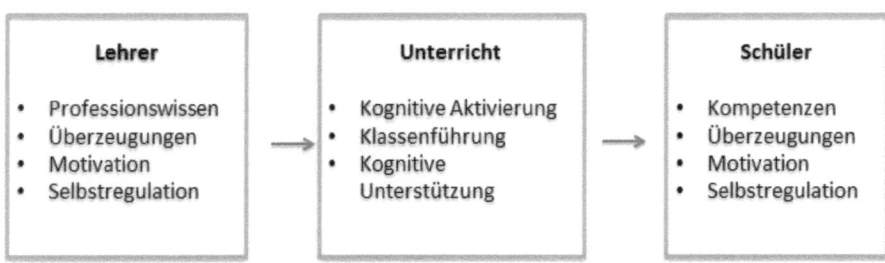

Abb.2 : Mediationsmodell der COACTIV-Studie (nach Blum, Krauss & Neubrand, 2011,
        S. 332)

Die vier Aspekte von Lehrerkompetenz wirken demnach zunächst direkt auf Unterrichtsfaktoren der kognitiven Aktivierung, Klassenführung und kognitiven Unterstützung im Unterricht. Diese Unterrichtsfaktoren vermitteln zwischen Lehrerkompetenz und herauszubildenden Schülerkompetenzen und haben eine direkte Wirkung auf diese.

Die tatsächliche Verfügbarkeit pädagogischer Kompetenzen zu messen und ihre Prädiktoren zu bestimmen, ist Gegenstand zahlreicher Forschungsarbeiten. Dabei sind Aus- und Fortbildung von Lehrenden und deren Auswirkungen auf effektiven Unterricht lange von besonderem Interesse gewesen. Wilson und Youngs (2005) konstatieren bei einer vergleichenden Überprüfung des aktuellen Forschungsstandes tendenziell positive Zusammenhänge zwischen der Zertifizierung von Lehrern als Maß der Ausbildung, der Unterrichtsführung und dem Leistungsfortschritt der Schüler. Allerdings treten diese positiven Effekte offensichtlich nur dann ein, wenn die Zertifizierung mit dem erteilten Fach in Zusammenhang steht – besonders wenn das Examensfach mit dem später gegebenen Unterrichts übereinstimmt. Insgesamt finden sich damit also gemischte Befunde zum Zusammenhang zwischen Ausbildung und effektivem Unterricht.

Im Rahmen der vorliegenden Arbeit ist von besonderem Interesse, ob angesichts der oben erwähnten, anzunehmenden Lücke zwischen der Ausbildung und Zertifizierung der JeKi-Lehrenden und dem „erteilten Fach" (= JeKi-Unterricht am Lernort Grundschule) Zusammenhänge der Aus- und Fortbildung mit der Qualität des Unterrichts bestehen. Dies wird hier anhand der Förderung von Schülern nach individuellen Lernvoraussetzungen exemplarisch geprüft.

In Anlehnung an das Mediationsmodell der COACTIV-Studie, das Unterrichtsfaktoren als wesentlichen Mediator zwischen Lehrerkompetenz und Schülerkompetenz annimmt, soll hier die Prüfung des ersten Wirkverhältnisses – Lehrerkompetenz und Unterricht – vorgenommen werden.[3]

Darüber hinaus wird das Spektrum des COACTIV-Kompetenzmodells in der vorliegenden Studie um den Bereich der Erfahrung erweitert. Es wird angesichts von Beobachtungen des JeKi-Unterrichts vermutet, dass erfahrene Lehrende in der Lage sein könnten, „besseren" Unterricht zu gestalten.

Förderung von Schülern nach individuellen Voraussetzungen

Die Berücksichtigung einer Förderung der Schüler nach individuellen Lernvoraussetzungen gilt allgemein als guter Indikator für Leistung und Motivation (Slavin, 1984; Jonassen & Grabowski, 1993). Dabei sind vielfach negative Effekte individueller För-

---

3   Eine Prüfung der zweiten Beziehung – Unterricht zu Schülerkompetenz – ist in der vorliegenden Untersuchung aus datenschutzrechtlichen Gründen nicht möglich.

derung auf das allgemeine Leistungsniveau in der Klasse berichtet worden (Helmke, 2009, S. 257f.). Dennoch gilt individuelle Förderung als ein Desiderat, da sie insbesondere dazu beitragen soll, aufgrund sozialer Disparitäten oft bestehende Leistungsunterschiede innerhalb von Gruppen zu verringern (S. 246).

In der Lehr-Lern-Forschung umfasst das Konzept des Adaptiven Unterrichts nach Helmke (2009, S. 244) verschiedene Varianten des Umgangs mit Heterogenität und Binnendifferenzierung. Dabei kann die Adaptivität nach Leutner (1992) auf unterschiedlichen Wegen realisiert werden – als Ausgleich von Kompetenzdefiziten im Rahmen von Förderunterricht, als Veränderung defizitärer individueller Lern- und Leistungsvoraussetzungen wie der Motivation und Selbstregulation sowie als Nutzung ausgeprägter Stärken und Präferenzen der Lernenden. Zur Abstimmung der Lernmöglichkeiten können Lernziele, Lehrmethoden und Zeitstruktur an die konkreten Bedürfnisse angepasst werden (Helmke, 2009, S. 248).

Als Gelingensbedingungen für die Individualisierung formuliert Helmke einen notwendigen Einstellungswandel, die Entwicklung diagnostischer Kompetenz, hohes Professionswissen und didaktische Expertise sowie geeignetes Lern- und Diagnosematerial (Helmke, 2009, S. 253-54). Wischer (2007a, S. 39) diagnostiziert insbesondere hier eine Diskrepanz zwischen den Anforderungen, die im schulpädagogischen Diskurs formuliert werden und der konkreten Unterrichtspraxis, vor allem in Bezug auf die Einstellungen, das Professionswissen und die didaktische Expertise der Lehrenden. Zudem seien Differenzierung und Individualisierung im regulären Schulalltag wenig verbreitet (Wischer, 2007b, S. 425-26).

Es ist möglich, dass angesichts der vermutlich begrenzten Erfahrung der JeKi-Lehrenden mit Instrumentalem Gruppenunterricht am Lernort Grundschule die von Helmke formulierten Gelingensbedingungen daher nur bedingt erfüllt sind und die von Wischer für den regulären Schulbetrieb berichteten Probleme im Zusammenhang des JeKi-Unterrichts verstärkt auftreten.

Stand der Forschung in der Musikpädagogik

Forschung zu übergreifenden Modellen der Lehrerkompetenz stellt in der Musikpädagogik ein Desiderat dar. Hingegen werden Einzelaspekte von Lehrerkompetenz nicht selten bearbeitet: Eine Reihe der vorliegenden Arbeiten fokussiert auf den Aspekt des professionellen Wissens von Lehrenden und folgt dabei nur selten der Strukturierung in der Tradition von Shulman (u. a. Bresler, 1993; Jaramillo, 2008; und die Beiträge in Georgii-Hemming, Burnard & Holgersen, 2013). Die Aspekte Überzeugungen und Werthaltungen wurden jüngst von Dwyer (2012) in Form narrativer Fallstudien vorgestellt. Der Aspekt der Motivation von Musiklehrern wurde u. a. bei Schmidt, Zdzinski und Ballard (2006) thematisiert. Vorgänge der Selbstregulation, insbesondere Selbstwirksamkeitserwartungen, sind u. a. Gegenstand der Arbeiten von Barnes (1999) und Jeanneret (1997). Dennoch liegen keine Arbeiten vor, in denen mehrere Kompetenzbereiche systematisch gleichzeitig erfasst und aufeinander bezogen wurden.

Den Instrumentalen Gruppenunterricht haben in der Musikpädagogik insbesondere Schwanse (2000) und Grosse (2006) beforscht. Zur individuellen Förderung im Rahmen des Instrumentalen Gruppenunterrichts liegen allerdings noch wenige Ergebnisse vor. Eher normative Entwürfe zum Umgang mit Heterogenität im JeKi-Programm finden sich im Sammelband der Gesellschaft für Musikpädagogik (Greuel, Kranefeld & Szczepaniak, 2010).

Hypothesen

Auf Basis der vorgestellten Modelle und Theorien sind die folgenden zwei Hypothesen für den vorliegenden Beitrag handlungsleitend:

a) Die Art der Ausbildung der JeKi-Lehrer weist nur einen geringen Zusammenhang mit der Förderung nach individuellen Lernvoraussetzungen auf.
b) Aspekte von Überzeugungen, Motivation, Selbstregulation und Erfahrung haben einen starken Einfluss auf die Förderung nach individuellen Lernvoraussetzungen.

Stichprobe und Untersuchungsdesign

Die im Zentrum des Beitrags stehenden Hypothesen wurden im Rahmen der Bielefelder Studie zum Gruppen-Instrumentalunterricht (BEGIn, 2008-2013) geprüft. Der primäre Fokus der BEGIn-Studie liegt auf der Untersuchung der Teilnahme und des Ausscheidens von Schülern aus dem Programm „Jedem Kind ein Instrument" und der Gründe dafür. Außerdem nimmt die Studie die Bedingungen des Gruppeninstrumentalunterrichts in diesem Programm in den Fokus.

Konzentrierten sich die bisherigen Auswertungen auf quer- und längsschnittliche Aspekte der Schüler- und Elterndaten, werden zur Prüfung der oben stehenden Hypothesen nun Daten aus dem Instrumentallehrerfragebogen herangezogen.

Diese wurden in den Jahren 2011/12 in Nordrhein-Westfalen in den an der BEGIn-Studie beteiligten Kommunen über die teilnehmenden Schulen und in drei weiteren Kommunen über die städtischen Musikschulen mittels eines Fragebogens (ca. 500 Items) erhoben.[4] Zur Teilnahme aufgefordert wurden Instrumentallehrer, die im jeweiligen Schuljahr Instrumentalen Gruppenunterricht im Rahmen des Pro-

---

4   Es ist zu beachten, dass die hier dargestellten Ergebnisse auf dem Rücklauf von ca. 20% der versendeten Fragebögen beruhen. Ein Bias der Stichprobe gegenüber der Grundgesamtheit der angeschriebenen JeKi-Lehrer ist daher nicht unwahrscheinlich, kann aber nicht bestimmt werden.

gramms „Jedem Kind ein Instrument" erteilten.[5] Daten liegen von 111 Instrumentallehrenden vor, davon sind 37 Männer und 74 Frauen. Ein Drittel der Lehrenden ist
unter 40 Jahren alt, 40% zwischen 41 und 50 Jahren, die übrigen sind älter als 50
Jahre.[6]

Die folgende Darstellung rückt exemplarisch die Effekte verschiedener Prädiktoren auf die Ausprägung der Skala zur „Förderung nach individuellen Lernvoraussetzungen"[7] in den Fokus.[8] Die in diesem Beitrag verwendeten Items sind daher
die folgenden:

Zur Messung von Lehrendeneinschätzungen zur individuellen Förderung kommt
eine Anpassung der Skala zur „Förderung von Schülern nach individuellen Lernvoraussetzungen" mit drei Items und vierstufigem Antwortformat zum Einsatz ($\alpha = .77$,
rit > .48):

a) „Ich gebe meinen Schülern je nach Leistung unterschiedlich schwere Aufgaben."
b) „Schnelleren Schülern gebe ich gerne Extraaufgaben, durch die sie wirklich gefordert werden."
c) „Ich variiere die Aufgabenstellung, um Schülern unterschiedlicher Leistungsstär-
   ke gerecht zu werden."

Die Zusammensetzung dieser Items folgt damit der Strukturierung von Helmke
(2009, S. 248) (Variation von Lernzielen, Zeitstruktur und Lehrmethoden).

Als unabhängige Variable wurden darüber hinaus eine Reihe von Konstrukten
aus den oben dargestellten Kompetenzaspekten und dem Bereich der Erfahrung berücksichtigt:

a) Überzeugungen/Werthaltungen: Skalen zur Anpassung an das niedrigste Lernni-
   veau, zur Schülerbeteiligung; Items zum Klassenmanagement, zum Kontakt mit
   Eltern.
b) Motivationale Orientierungen: Zufriedenheit mit dem Übeverhalten der Kinder
   (Item), mit den Rahmenbedingungen von JeKi (Skala und Einzelitems), mit der
   Tätigkeit als JeKi-Lehrer (Item).
c) Selbstregulative Fähigkeiten: Selbstwirksamkeit als JeKi-Lehrer (Skala nach
   Schwarzer & Schmitz, 2000; 3 Subskalen; siehe Ergebnisteil und Anhang).
d) Erfahrung: Items zur Art der musikpädagogischen Ausbildung, Erfahrung als Instrumentallehrer in Jahren, Vorerfahrung im Instrumentalen Gruppenunterricht

---

5 Dabei wurden insbesondere Instrumentallehrer angesprochen, die in der Kohorte der BEGIn-
   Studie Unterricht erteilten.
6 Eine Verknüpfung der Daten aus der Befragung der Instrumentallehrenden mit den übrigen
   Daten der Studie ist aus datenschutzrechtlichen Gründen nicht möglich.
7 Diese Skala wurde im Projekt selbst entwickelt und orientiert sich an der 1. Hauptkomponen-
   te der „Skala zur Förderung von Schülerinnen und Schülern nach ihren individuellen Lernvoraussetzungen" aus IGLU 2006 (Bos, Strietholt, Goy, Stubbe, Tarelli & Hornberg, 2010).
8 Weitere Ergebnisse werden im Abschlussband des Projektes „BEGIn" berichtet werden
   (Kranefeld et al., 2013, i.V.).

(IGU) in Jahren, Vorerfahrung als JeKi-Lehrer und mit dem Ensemble Kunterbunt in Jahren, Erfahrung mit IGU als Kind, Seminare zum IGU in der Ausbildung, Teilnahme an Fortbildungen zum IGU.

e) Demografie: Alter, Geschlecht.

Der Bereich des Professionswissens wurde in der vorliegenden Studie nicht getestet.[9] Die statistischen Eigenschaften der Skala zur Lehrer-Selbstwirksamkeit werden im Ergebnisteil ausführlicher berichtet.

Im Zuge der Auswertung der Daten kamen gängige Verfahren der multivariaten Statistik, darunter Korrelationsanalysen und multiple Regressionen, zur Anwendung. Darüber hinaus wurden Verfahren der Strukturgleichungsmodellierung mit dem Programm Mplus 7.0 (Muthén & Muthén, 2012) eingesetzt.[10]

Ergebnisse

Zur Hypothese a: Der Zusammenhang zwischen der Aus- und Fortbildung von JeKi-Lehrern und der Förderung nach individuellen Lernvoraussetzungen

In der vorliegenden Stichprobe geben 40 von 111 Lehrenden an, eine Ausbildung zum Musiker (Diplom, Künstlerische Reifeprüfung) absolviert zu haben, 71 weisen einen Abschluss als Instrumentalpädagoge auf.[11] Die Abschlüsse des Konzertexamens (12), der Allgemeinen Musikerziehung (15), der Elementaren Musikpädagogik (9), des Lehramtes Musik (12) und andere Abschlüsse (24) treten in geringerer Zahl auf.

Es berichten 31% (n = 34) der teilnehmenden Instrumentallehrer, im Rahmen ihrer Hochschulausbildung Seminare zum Instrumentalen Gruppenunterricht besucht zu haben (siehe Abbildung 3).[12] Vorerfahrungen mit dieser Form des Unterrichtens weisen hingegen drei Viertel der Befragten (76%, n = 84) auf: Die Länge der Vorerfahrungen beträgt dabei im Mittel 14,6 Jahre bei einer sehr großen Standardabweichung von 10,9 Jahren. Die Diskrepanz zwischen der Vorbereitung auf Instrumentalen Gruppenunterricht im Rahmen der Hochschule und den Anforderungen in der Praxis tritt hier deutlich zutage.

Es wäre zu vermuten, dass daraus ein höherer Bedarf an der Teilnahme an Fortbildungen erwächst: In der Tat hat mehr als die Hälfte der JeKi-Lehrenden bereits an

---

9   Hierzu wäre eine eigene, umfangreichere Studie notwendig. Die z.B. im Rahmen der COACTIV-Studie für die Mathematik eingesetzten Item- und Aufgabenformate mögen zudem im Bereich der Musikpädagogik schwerer zu operationalisieren sein.

10 Fälle mit fehlenden Werten wurden in den meisten Analysen fallweise ausgeschlossen. In Analysen mit dem Programm Mplus 7 kam hingegen das FIML-Verfahren (Full Information Maximum Likelihood) zum Einsatz.

11 Mehrfachangaben waren möglich.

12 Es könnte sich hier auch um Seminare gehandelt haben, in denen der Instrumentale Gruppenunterricht nur einer von mehreren Inhalten gewesen ist.

einer Fortbildung der Stiftung Jedem Kind ein Instrument zum Instrumentalen Gruppenunterricht teilgenommen (60%). Knapp die Hälfte der Befragten besuchte dazu
Fortbildungen anderer Anbieter (41%), wobei 30% beide Formen von Fortbildungen
wahrnahmen.[13]

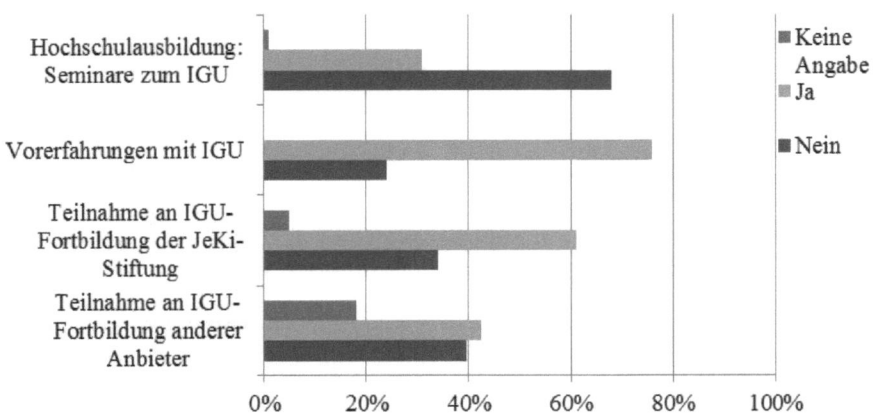

**Instrumentaler Gruppenunterricht (IGU):
Aus- und Fortbildung & Erfahrung**

Abbildung 3:   Aus- und Fortbildung und Erfahrung von JeKi-Lehrenden im Instrumentalen Gruppenunterricht (n = 111)

Um den Zusammenhang von Aus- und Fortbildungsstand der JeKi-Lehrenden mit der
individuellen Förderung zu untersuchen, wurden Selbsteinschätzungen erhoben. Es
zeigen sich für die hier getesteten Items recht hohe Mittelwerte zwischen m = 2,92
(Item zu Lernzielen, SD = 0,78) und m = 3,24 (Item zur Zeitstruktur, SD = 0,82). In
der vorliegenden Studie finden sich fast ausschließlich keine belastbaren Zusammenhänge zwischen der Art der Ausbildung und den Selbsteinschätzungen der Lehrenden zur Förderung nach individuellen Lernvoraussetzungen. Lediglich kann zwischen dem Abschluss eines Studiums des Lehramtes für Musik und der individuellen
Förderung ein signifikanter, schwach positiver Zusammenhang konstatiert werden (r
= .22, p = .02, 1-ß = .78).

Ebenfalls können keine signifikanten Zusammenhänge zwischen dem Besuch von
Seminaren zum Instrumentalen Gruppenunterricht im Hochschulstudium bzw. in
Fortbildungen zu dieser Unterrichtsform und den Einschätzungen zur individuellen
Förderung festgestellt werden.

---

13 Es muss generell in Frage gestellt werden, welche Gruppengröße die befragten Lehrenden
    mit der Bezeichnung „Gruppen-Instrumentalunterricht" verbinden. Siehe dazu die Diskussion
    in Grosse (2006, S. 31ff.).

Die Ausbildungsart und die Teilnahme an Seminaren und Fortbildungen zum Instrumentalen Gruppenunterricht steht also in der vorliegenden Stichprobe in keinem Zusammenhang mit den von den Lehrenden berichteten Formen der Förderung von Schülern nach individuellen Lernvoraussetzungen.

Zur Hypothese b: Der Einfluss von Überzeugungen, Motivation, Selbstregulation und Erfahrung auf die Förderung nach individuellen Lernvoraussetzungen

Wie oben angeführt, soll hier in einer Art Exkurs zunächst vorbereitend die Dimensionalität der eingesetzten Items zur Lehrer-Selbstwirksamkeit als Aspekt der Selbstregulation näher erläutert werden. Diese Items stellen eine JeKi-spezifische Adaptation der Skala von Schwarzer und Schmitz (2000) dar. Selbstwirksamkeit stellt nach Albert Bandura die Überzeugung dar, neue und schwierige Anforderungssituationen in einem Prozess der Anstrengung erfolgreich bewältigen zu können (Bandura, 1997, S. 79). Dieses Konstrukt wird hier auf den Kontext des professionellen Handelns von Lehrenden angewendet.

In einer konfirmatorischen Faktorenanalyse, deren Struktur theoretisch den von Schmitz und Schwarzer (1999) berichteten Aspekten folgt, lässt sich ein Zwei-Ebenen-Modell mit einem Gesamtfaktor und drei Faktoren als Subskalen bestätigen (Abbildung 4).[14]

Die Subskalen können als Lehrer-Selbstwirksamkeit in der Kooperation mit Schülern und Eltern, als Lehrer-Selbstwirksamkeit im Umgang mit unterrichtlichen Problemen und als Lehrer-Selbstwirksamkeit in Bezug auf Innovationsfähigkeit betitelt werden. Die latenten Variablen der drei Faktoren werden dabei in hohem Maße von den ihnen jeweils zugehörigen Items erklärt ($R^2 > .44$). Gleichzeitig kann aus statistischer Sicht ein darüber liegender Gesamtfaktor „Lehrer-Selbstwirksamkeit (JeKi)" bestätigt werden.[15]

Es wurde im Rahmen von Strukturgleichungsmodellen geprüft, welche der oben beschriebenen Items und Skalen aus den Bereichen Überzeugungen, Motivation und Selbstregulation (u. a. Lehrer-Selbstwirksamkeit) sowie der Erfahrung Einfluss auf die Lehrereinschätzungen zur individuellen Förderung haben. Dabei wurde auch geprüft, welche dieser Prädiktoren Mediatoren darstellen, die wiederum durch andere der zur Verfügung stehenden Prädiktoren erklärt werden.

---

14 Schätzer: MLR, $\chi^2 = 43$, p = .09; RMSEA = 0.056, p = .38; CFI = .94; SRMR = .067, n=111. Zu den Items siehe Anhang 1. Weitere Informationen zu Gütemaßen und zum Vorgehen stehen auf www.thomasbusch.eu, Passwort: jeki2012 zur Verfügung (Stand: 16.05.2013).

15 Das Modell ist gegenüber einem Generalfaktorenmodell ohne darüber liegenden Gesamtfaktor statistisch zu bevorzugen.

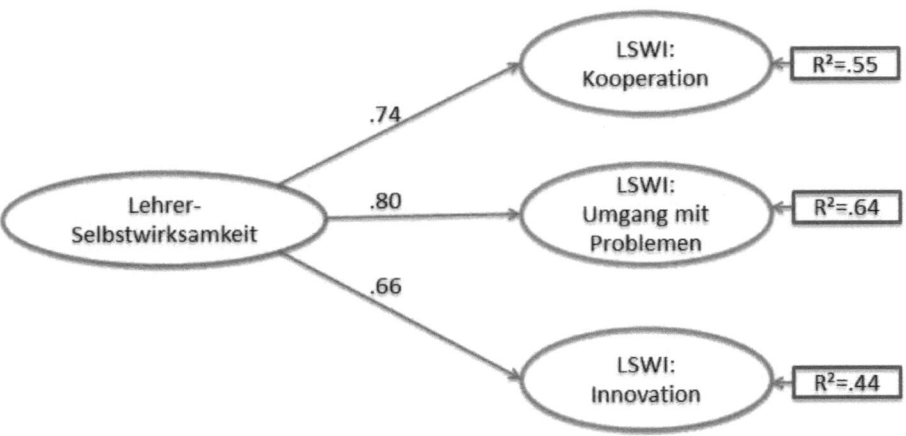

Abbildung 4:   Struktur der Lehrer-Selbstwirksamkeit im JeKi-Kontext

Unter Weglassung aller nicht-signifikanten Regressionsbeziehungen ergibt sich das in Abbildung 5 dargestellte Bild auf der folgenden Seite[16]: Zwei Faktoren erklären die Werte in der Skala zur „Förderung nach individuellen Lernvoraussetzungen". Männliche Lehrende erreichen geringere Werte in der Skala als JeKi-Lehrerinnen (β = -.26). Zum anderen scheint die Subskala der Lehrer-Selbstwirksamkeit zum „Umgang mit Problemen" zur Aufklärung der individuellen Förderung beizutragen: Je besser sich JeKi-Lehrende gewappnet fühlen, mit unterrichtlichen Problemen umzugehen, desto stärker fördern sie ihre Schüler nach eigenen Angaben individuell (β = .32).

Diese Lehrer-Selbstwirksamkeit im Umgang mit Problemen kann wiederum wesentlich durch zwei Prädiktoren erklärt werden (R^2 = .59): Wer zufriedener mit den JeKi-Rahmenbedingungen ist, weist eine höhere Selbstwirksamkeit im „Umgang mit Problemen" auf (β = .54).[17] Ebenso ist die Lehrer-Selbstwirksamkeit im Bereich der Innovationsfähigkeit ein wichtiger Prädiktor für Selbstwirksamkeit im Umgang mit unterrichtlichen Problemen: Wer meint, seinen Unterricht und das Handeln von Kollegen verändern zu können, hält sich auch in starkem Maße für selbstwirksamer bei der Problemlösung im Unterricht (β = .61). Dieses Vertrauen in die eigene Innovationsfähigkeit nimmt wiederum mit dem Alter ab (β = -.25) und ist zudem von der Zu-

---

16 Schätzer: MLR, χ^2 = 142, p = .22; RMSEA = .03, p = .88; CFI = .96; SRMR = .07.

17 Hier ist allerdings nicht abschließend zu klären, in welche Richtung der Effekt verläuft und ob Veränderungen im Programm zu höherer Selbstwirksamkeit führen würden. Dies wäre nur für Veränderungen zu vermuten, die an Art und Niveau der Lehrer-Selbstwirksamkeit im „Umgang mit Problemen" und im Bereich der „Innovation" angepasst sind.

friedenheit mit der JeKi-Konzeption abhängig (β = .33). Eine negative Beziehung besteht hier mit der Zufriedenheit mit der Kommunikation an der Grundschule (β = -.36): Wer zufriedener ist mit der Kommunikation mit den Kollegen, hält sich für weniger selbstwirksam im Bereich der Innovation – möglicherweise, weil weniger Handlungsbedarf gesehen wird.

Die Abbildung zeigt auch, dass keine weiteren Prädiktoren aus den Bereichen der Überzeugungen, der Motivation und der Erfahrungen die Förderung nach individuellen Voraussetzungen beeinflussen. So ist diese z. B. von der Länge der Unterrichtserfahrung als Instrumentallehrer oder im JeKi-Unterricht, aber auch von der Motivationslage des JeKi-Lehrers unabhängig. Insgesamt kann durch die beiden signifikant ausfallenden Prädiktoren Geschlecht und Lehrer-Selbstwirksamkeit im Umgang mit Problemen auch nur ein kleiner bis moderater Anteil des Verhaltens der Skala zur Förderung nach individuellen Lernvoraussetzungen erklärt werden (R² = .16).

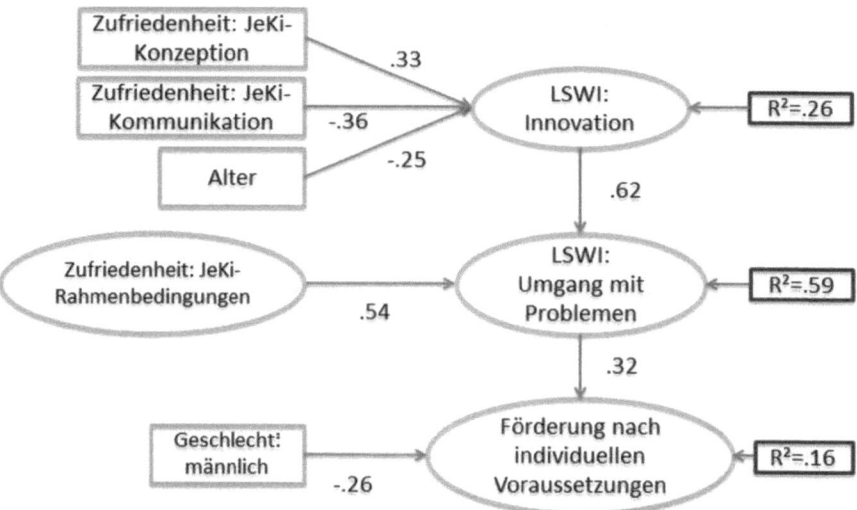

Abbildung 5:   Effekte auf die Förderung nach individuellen Lernvoraussetzungen

Diskussion

Die vorgestellten empirischen Ergebnisse können angesichts der geringen Größe der verwendeten Stichprobe nur Anhaltspunkte für die Interpretation von Zusammenhängen zwischen Aus- bzw. Fortbildung und dem Ausmaß an individueller Förderung sowie für Prädiktoren des Ausmaßes individueller Förderung liefern. Die vorliegenden Daten aber weisen darauf hin, dass JeKi-Lehrende zu weitaus geringerem Teil eine formale Ausbildung in der Durchführung Instrumentalen Gruppenunterrichts genossen haben, als sie Erfahrung mit dieser Unterrichtsform aufweisen. Dies deutet auf eine Lücke in der Ausbildung von JeKi-Lehrenden hin.

Die bisherige Aus- und Fortbildung von JeKi-Lehrenden zeigt keinen Zusammenhang mit einem zentralen Merkmal von Unterrichtsqualität, nämlich mit der individuellen Förderung. Dies könnte analog zu den Befunden von Wilson und Youngs (2005) damit zu tun haben, dass die Zertifizierung der JeKi-Lehrer in einem Feld erfolgte, das von ihrer Unterrichtspraxis im schulischen Instrumentalen Gruppenunterricht zu weit entfernt liegt.

Es fragt sich, ob sich über eine Veränderung der Aus- und Fortbildung von JeKi-Lehrenden Veränderungen in Merkmalen von Unterrichtsqualität wie der individuellen Förderung erzielen ließen. Die Ergebnisse zeigen hier, dass zum einen nur wenig veränderliche personenbezogene Faktoren wie Geschlecht und Alter das Verhalten der JeKi-Lehrenden in Bezug auf individuelle Förderung erklären. Vertreter einer Eignungshypothese zur Lehrerkompetenz (siehe Kunter et al., 2011, S. 56) fänden hier Bestätigung. Hingegen spielt die gefundene Bedeutung von Selbstwirksamkeitserwartungen für positive Selbsteinschätzungen zur individuellen Förderung Vertretern einer Qualifikationshypothese in die Hände.

Selbstwirksamkeitsaspekte der Lehrenden scheinen im untersuchten Bereich eine wichtige Rolle zu spielen. In der Forschung zur Selbstwirksamkeit gelten Gelingenserfahrungen in der Praxis als beste Prädiktoren für Selbstwirksamkeit (Pajares, 2002, S. 7). Im Falle unserer Daten mögen diese in Bezug auf individuelle Förderung zu höheren Werten beitragen. Die Herstellung solcher Gelingenserfahrungen könnte eine Begleitung der JeKi-Lehrenden als Lernende erforderlich machen. Diese könnte sich dadurch auszeichnen, dass sie durch im JeKi-Bereich ausgewiesene Experten stattfindet und einerseits JeKi-Lehrende im Sinne eines strukturierten „scaffolding" Schritt für Schritt noch stärker in die Lage versetzt, ihre Selbsteinschätzungen und Werthaltungen kritisch zu reflektieren, während sie andererseits Orientierung für den Lernprozess liefert. Arnold et al. (2011, S. 135) schlagen im Rahmen einer Diskussion zum „Empowerment" in der Lehrerbildung dazu „Communities of Learners" vor, in denen Studierende oder Lehrende in der Weiterbildung regelmäßig zusammenkommen, um für ihre Weiterentwicklung relevante Fragen zu diskutieren. Dabei sei ein Kulturwandel in der Aus- und Fortbildung wichtig, der die Rolle der Lernenden gegenüber den erfahrenen Lehrpersonen stärke und verhindere, dass Lernende das Vorgehen erfahrener Lehrpersonen kopierten (S. 135).[18] In diesem Prozess sollten Lernsituationen, in denen der Fokus auf der Qualifizierung liegt, klar von Leistungssituationen, in denen Bewertung durch andere im Vordergrund steht, getrennt werden (S. 109).

Soll Lehrerkompetenz zur Bewältigung von spezifischen, auf den JeKi-Unterricht bezogenen Anforderungen beitragen und effektiven Unterricht ermöglichen, liegt es

---

18 Es sei hier beispielhaft auf das Programm „accompagnato" an der HfMT Köln verwiesen.

angesichts der Befunde dieses Beitrags insbesondere nahe, durch Aus- und Weiterbildung zur Förderung von Selbstwirksamkeitserwartungen von Lehrenden beizutragen. Formen des „Empowerments" im Rahmen von strukturiert begleiteten Gelegenheiten für Gelingenserfahrungen (Arnold et al., 2011, S. 123-127) könnten hierbei einen zentralen Baustein darstellen.

Literatur

Arnold, K.H., Hascher, T., Messner, R., Niggli, A., Patry, J.-L., Rahm, S. (2011). *Empowerment durch Schulpraktika*. Perspektiven wechseln in der Lehrerbildung. Bad Heilbrunn: Klinkhardt.

Bandura, A. (1997). *Self-Efficacy. The exercise of control*. W.H. Freeman: New York.

Barnes, G. (1999). *A comparison of self-efficacy and teaching effectiveness in preservice string teachers*. Dissertation (unveröffentlicht).

Baumert, J. & Kunter, M. (2011). Das Kompetenzmodell von COACTIV. In: M. Kunter, J. Baumert, W. Blum, & U. Klusmann, *Professionelle Kompetenz von Lehrkräften. Ergebnisse des Forschungsprogramms COACTIV* (S. 29-53). Münster: Waxmann.

Baumert, J. & Kunter, M. (2006). Stichwort: Professionelle Kompetenz von Lehrkräften. *Zeitschrift für Erziehungswissenschaften*, 9 (4), S. 469-520.

Blum, W., Krauss, S. & Neubrand, M. (2011). COACTIV – Ein mathematikdidaktisches Projekt? In: M. Kunter, J. Baumert, W. Blum, U. Klusmann, S. Krauss & M. Neubrand (Hrsg), *Professionelle Kompetenz von Lehrkräften. Ergebnisse des Forschungsprogramms COACTIV* (S. 329-343). Münster: Waxmann.

Bos, W., Strietholt, R., Goy, M., Stubbe, T. C., Tarelli, I., Hornberg, S. (2010). *IGLU 2006 – Dokumentation der Erhebungsinstrumente*. Münster: Waxmann.

Bresler, L. (1993). Teacher knowledge in music education. *Bulletin of the Council of Research in Music Education*, 106, S. 1-22.

Bromme, R. (1997). Kompetenzen, Funktionen und unterrichtliches Handeln des Lehrers. In: F. Weinert (Hrsg.), *Enzyklopädie der Psychologie. Pädagogische Psychologie. Bd. 3: Psychologie des Unterrichts und der Schule* (S. 177-212). Hogrefe: Göttingen.

Darling-Hammond, L. & Bransford, J. (2007). *Preparing Teachers for A Changing World. What Teachers should learn and be able to do*. Hoboken (NJ):Jossey Bass.

Darling-Hammond, L. (2006). Constructing 21st Century Teacher Education. *Journal of Teacher Education*, 57 (3), S. 300-314.

Dwyer, R. (2012). *Music teachers' values and beliefs: narrative case studies of music education*. Verfügbar unter: http://espace.library.uq.edu.au/view/UQ:281777 [22.06.2013].

Georgii-Hemming, E., Burnard, P. & Holgersen, S.-E. (2013). *Professional Knowledge in Music Teacher Education*. Routledge: Ashgate.

Greuel, T., Kranefeld, U. & Szczepaniak, E. (Hrsg.). *Jedem Kind (s)ein Instrument. Die Musikschule in der Grundschule*. Aachen: Shaker.

Grosse, T. (2006). *Instrumentaler Gruppenunterricht an Musikschulen. Eine Untersuchung am Beispiel des Landes Niedersachsen* (= Forum Musikpädagogik, Band 76). Augsburg: Wißner.

Helmke, A. (2009). *Unterrichtsqualität und Lehrerprofessionalität. Diagnose, Evaluation und Verbesserung des Unterrichts.* 2. Auflage. Seelze: Kallmeyer.

Jaramillo, C. C. J. (2008): The music educator's professional knowledge. In: *Music Education Research,* 10 (3), 347-359.

Jeanneret, N. (1997). Model for Developing Preservice Primary School's Teachers' Confidence to Teach Music. In: *Bulletin of the Council of Research in Music Education,* 133, S. 37-44.

Jonassen, D. & Grabowski, B. (1993). *Handbook of Individual Differences, Learning, and Instruction.* Mahwah: Erlbaum.

Klieme, E. & Leutner, D. (2006). Kompetenzmodelle zur Erfassung individueller Lernergebnisse und zur Bilanzierung von Bildungsprozessen. Beschreibung eines neu eingerichteten Schwerpunktprogramms der DFG. Zeitschrift für Pädagogik, 52, S. 876-903.

Kranefeld, U. et al. (i. V.). *Instrumentalunterricht in der Grundschule: Lehrendensicht, Inszenierungsmuster, Übeverhalten.* (Perspektiven musikpädagogischer Forschung) Münster: Waxmann.

Kunter, M., Kleickmann, T., Klusmann, U. & Richter, D. (2011). Die Entwicklung professioneller Kompetenz von Lehrkräften. In M. Kunter, J. Baumert, W. Blum & U. Klusmann (Hrsg.), *Professionelle Kompetenz von Lehrkräften. Ergebnisse des Forschungsprogramms COACTIV* (S. 55-68). Münster: Waxmann.

Leutner, D. (1992). *Adaptive Lehrsysteme. Instruktionspsychologische Grundlagen und experimentelle Analysen* (Handwörterbuch Pädagogische Psychologie). Weinheim: Beltz.

LI Hamburg, (2011). *Ziele des JeKi-Unterrichts in Hamburger Schulen.* Verfügbar unter: http://bildungsserver.hamburg.de/contentblob/3369028/data/download-pdf-news letter-2011-05-ziele-des-jeki-unterrichts-in-hamburger-schulen.pdf [20.06. 2013].

Muthén, B. Muthén, L. (2012). *Mplus 7 Base Program and Combination Add-On.* Los Angeles.

National Board for Professional Teaching Standards (2002). *What Teachers Should Know and Be Able to Do.* Arlington: NBPTS.

Oser, F. (2001). Modelle der Wirksamkeit in der Lehrer- und Lehrerinnenausbildung. In F. Oser, & J. Oelkers (Hrsg), *Die Wirksamkeit der Lehrerbildungssysteme* (S. 67-96). Chur: Rüegger.

Pajares, F. (2002). *Overview of Social-Cognitive Theory and of Self-Efficacy.* Emory University. Atlanta (GA). Verfügbar unter: http://des.emory.edu/mfp/eff.html [22.06.2013]

Roberts, B. W. & DelVecchio, W. F. (2000). The Rank-Order Consistency of Personality Traits From Childhood to Old Age: A Quantitative Review of Longitudinal Studies. *Psychological Bulletin,* 126 (1), S. 3-5.

Shulman, L. (1986). Those Who Understand: Knowledge Growth in Teaching. *Educational Researcher,* 15 (2), S. 4-14.

Slavin, R. E., Leavey M. & Madden, N. A. (1984). Combining Cooperative Learning and Individualized Instruction: Effects on Student Mathematics Achievement, Attitudes, and Behaviors. *Elementary School Journal,* 84, S. 409-422.

Schmidt, C., Zdzinski, S. & Ballard, D. (2006). Motivation Orientations, Academic Achievement, and Career Goals of Undergraduate Music Education Majors. *Journal of Research in Music Education,* 54 (2), 138-153.

Schmitz, G. & Schwarzer, R. (2000). Selbstwirksamkeitserwartung von Lehrern: Längsschnittbefunde mit einem neuen Instrument. *Zeitschrift für Pädagogische Psychologie,* 14 (1), S. 12-25.

Schwanse, U. (2000). *Instrumentaler Gruppenunterricht an den Musikschulen des Landes Nordrhein-Westfalen: Wissenschaftlich-empirisches Forschungsprojekt.* Essen: Die Blaue Eule.

Schwarzer, R. & Schmitz, G. (1999). Dokumentation der Skala Lehrer-Selbstwirksamkeit (WirkLehr). Verfügbar unter: http://www.zpid.de/pub/tests/pt_1003tWirkLehr.pdf [22.06.2013].

Terhart, E. (2002). Standards für die Lehrerbildung. Eine Expertise für die Kultusministerkonferenz. Münster: Universität Münster.

Weinert, F. (2001). Qualifikation und Unterricht zwischen gesellschaftlichen Notwendigkeiten, pädagogischen Visionen und psychologischen Möglichkeiten. In: W. Melzer & U. Sandfuchs (Hrsg.): *Was Schule leistet. Funktionen und Aufgaben von Schulen* (S.65-85). Weinheim: Juventa.

Wilson, S. M. & Youngs, P. (2005). Research on accountability processes in teacher education. In: M. Cochran-Smith & K. Zeichner (Hrsg.). *Studying Teacher Education. The Report of the AERA Panel on Research and Teacher Education* (S. 591-643). Mahwah: Lawrence Erlbaum.

Wischer, B. (2007a). Heterogenität als komplexe Anforderung an das Lehrerhandeln. In: S. Boller, E. Rosowski & T. Stroth (Hrsg.). *Heterogenität in Schule und Unterricht,* S. 32-41. Weinheim: Beltz.

Wischer, B. (2007b). Wie sollen LehrerInnen mit Heterogenität umgehen? Über „programmatische Fallen" im aktuellen Reformdiskurs. *Die Deutsche Schule,* 99 (4), S. 422-433.

Anhang

Skala zur Lehrer-Selbstwirksamkeit im JeKi-Programm (nach Schwarzer & Schmitz, 1999)

Item	Ladung[19]	Trennschärfe
Subskala 1: Kommunikation		
Ich bin mir sicher, dass ich auch mit den problematischen Schülerinnen und Schülern in guten Kontakt kommen kann, wenn ich mich darum bemühe. (a)	.82	.66
Ich weiß, dass ich zu den Eltern guten Kontakt halten kann, selbst in schwierigen Situationen. (b)	.60	.52
Ich weiß, dass ich es schaffe, selbst den problematischsten Schülerinnen und Schülern das Instrumentalspiel so zu vermitteln, dass es in einer Aufführung präsentiert werden kann. (c)	.67	.49
Subskala 2: Umgang mit Problemen		
Ich bin mir sicher, dass ich mich in Zukunft auf individuelle Probleme der Schülerinnen und Schüler noch besser einstellen kann. (d)	.71	.38
Selbst wenn mein Unterricht gestört wird, bin ich mir sicher, die notwendige Gelassenheit bewahren zu können. (e)	.53	.39
Selbst wenn es mir mal nicht so gut geht, kann ich doch im Unterricht immer noch gut auf die Schülerinnen und Schüler eingehen. (f)	.47	.53
Ich kann innovative Veränderungen auch gegenüber skeptischen Kollegen durchsetzen. (j)	.55	.39
Subskala 3: Innovationsfähigkeit		
Ich bin mir sicher, dass ich kreative Ideen entwickeln kann, mit denen ich ungünstige Unterrichtsstrukturen verändere. (h)	.79	.50
Ich traue mir zu, die Schülerinnen und Schüler für neue Projekte zu begeistern. (i)	.62	.50

Dr. Thomas Busch
Prof. Dr. Ulrike Kranefeld
Universität Bielefeld
Fakultät für Linguistik und Literaturwissenschaft
Musikpädagogische Forschungsstelle
Postfach 10 01 31
33501 Bielefeld
Thomas.Busch@uni-bielefeld.de
Ulrike.Kranefeld@uni-Bielefeld.de

---

19 Ladungsverhalten in der konfirmatorischen Faktorenanalyse, Trennschärfen aus Reliabilitätsanalysen.

Natalia Ardila-Mantilla

Musikschularbeit in Österreich:
Praktiken und Zielvorstellungen
Eine qualitative Studie

Music education in Austrian music schools: practices and aims. A qualitative study

This project studied the music education practices and ideologies of music schoolteachers in Austria. It was designed as a qualitative, comparative study using the grounded theory method and incorporating the theory of formal and informal (music) learning as a sensitizing concept. The results of the study can be summarized in two basic theses:

The work of a music schoolteacher includes not just the giving of music lessons, but also being aware of music practices (learning worlds), "designing" these practices together with the parties involved, and implementing them to facilitate music learning.

The recognition, acknowledgment, and design of music learning worlds are directly related a teacher's goal concepts, to overall ideas about music, and to the resulting definitions of music education goals within the music school.

Das Forschungsprojekt

Im Mittelpunkt dieses Beitrags steht die Studie Musiklernwelten erkennen und gestalten, eine qualitative Untersuchung der musikpädagogischen Ziele und Praktiken von österreichischen Musikschullehrern (vgl. Ardila-Mantilla, 2012).

Seit den späten 1990er-Jahren sehen sich Musikschulen in Deutschland und Österreich mit großen gesellschaftlichen und bildungspolitischen Veränderungen konfrontiert, die die Prämissen ihrer Arbeit infrage stellen und ihre Strukturen gefährden: Faktoren, wie etwa die vorsichtigere Haushaltspolitik, der rasante Aufschwung der Ganztagsschule und die Konkurrenz von privaten musikpädagogischen Anbietern erhöhen den Legitimationsdruck für Musikschulen und verhindern, dass sie ihre Aufgaben weiterhin adäquat erfüllen können. Die Musikschularbeit ist heute wie noch nie gefordert, ihren konkreten gesellschaftlichen Beitrag zu definieren und sich in der Bildungs- und Kulturlandschaft gut zu positionieren (vgl. Knubben, 2007). Dies erweist sich mitunter auch deshalb als schwierig, weil der Musikschulbereich bisher kaum Gegenstand empirischer Forschung gewesen ist. Der Mangel an wissenschaftlich gesicherten Forschungsergebnissen schwächt also die – an sich sehr schlüssige – Argumentation der Verbände und der Musikschulverantwortlichen im Rahmen des bildungs- und kulturpolitischen Diskurses (vgl. Hofecker, 2007). Aus diesen Gründen wurde eine empirische Studie entworfen, die die Grundlagen und Prozesse der Musikschularbeit aus der Perspektive der Lehrenden untersuchen sollte: Die Untersuchung sollte klären, wie Musikschullehrer die Ziele ihrer Arbeit in der Musikschule für sich definieren und wie sie diese Ziele konkret verfolgen. Damit ging die Erwartung einher, einen Einblick in die Musikschulpraxis an der Basis zu gewinnen und dadurch einen Beitrag zur Klärung der zuvor geschilderten Fragen zu leisten.

Einen wesentlichen Impuls für die Studie lieferte der Diskurs über formales und informelles Musiklernen. In der Musikpädagogik sind – vor allem in den letzten fünfzehn Jahren – einige Forschungsarbeiten entstanden, die sich mit Formen des Musiklernens bzw. der Musikvermittlung außerhalb des Musikunterrichts auseinandersetzen: Untersucht wurden etwa das computergestützte Musiklernen bzw. das Lernen in Online-Communities (vgl. Nistor & Lipka-Krischke, 2011; Partti & Karlsen, 2010; Väkevä, 2010; Salavuo, 2006; Folkestad, 1998), Lern- und Schaffensprozesse in Bands (Rosenbrock, 2006; Westerlund, 2006; Hemming & Kleinen, 2003; Rosenbrock, 2000; Campbell, 1995; Fornäs, Lindberg & Sernhede, 1995), kontextspezifische Begabungsbegriffe (Hemming, 2002) und musikalische Lernbiographien (vgl. Kleinen, 2003; Green, 2002). Im Vorfeld der hier dargestellten Studie wurde beobachtet, dass zwischen den Merkmalen solcher „informeller" Lernkontexte und den spezifischen Merkmalen der Musikschularbeit nach dem deutschsprachigen Musikschuldiskurs klare Korrelationen bestehen.[1] Deswegen wurde die Entscheidung getroffen, das In-/Formalität-Modell in die Studie einzubeziehen.

Eine Präzisierung sei noch an dieser Stelle angebracht. Wie Folkestad (2006) anmerkt, sind im Diskurs über formales und informelles Musiklernen kategorielle Vermengungen zu beobachten: Ist über das formale Lernen die Rede, dann werden etwa der Lernort (z. B. die Schule), gewisse Eigenschaften des Lehr-/Lernprozesses (z. B. die Vorstrukturierung der Arbeitsschritte) und das Ausmaß an Kontrolle der Beteiligten (z. B. die Entscheidungsgewalt der Lehrperson über die Form der Vorstrukturierung) als zwingend miteinander korrelierende Faktoren betrachtet und darge-

---

1   Als spezifische Merkmale der Musikschularbeit gelten im deutschsprachigen Musikschuldiskurs z. B. die grundsätzliche Freiwilligkeit des Angebots (vlg. Rademacher & Pannes, 2011, S. 22), die Rolle als leicht zugänglicher lokaler bzw. regionaler Kulturanbieter (vgl. Hofecker, 2007, S. 271 ff.), eine gewisse Informalität und Durchlässigkeit gegenüber der „Außenwelt" und somit die Ermöglichung besonders intensiver Gemeinschafts- und Erfolgserlebnisse (vgl. Gutzeit, 2011, S. 10) sowie die von Musikschullehrern verkörperte Integration von künstlerischer und pädagogischer Praxis (vgl. Doerne, 2010, S. 7). Diese Merkmale korrelieren mit drei der von Colley et al. identifizierten Attribute von Informalität: ein hohes Maß an Freiwilligkeit des Lerners (voluntarism), ein Lernort, der über die Bildungseinrichtung hinaus und in die örtliche Community hineinreicht, und die Wahrnehmung des Lehr-/Lernprozesses als „embodied" und nicht als „head stuff" (vgl. Colley, Hodkinson & Malcolm, 2003, S. 28).

stellt. Folkestad macht darauf aufmerksam, dass diese Koppelung der Situation nicht unbedingt gerecht wird: In der Schule können z. B. sowohl vorstrukturierte als auch nicht vorstrukturierte musikalische Lehr-/Lernprozesse anzutreffen sein, diese Prozesse können sowohl von den Lehrenden als auch von den Lernenden vorstrukturiert werden, und eine solche Vorstrukturierung kann sowohl innerhalb als auch außerhalb der Schule beobachtet werden. Solche Inkongruenzen wurden auch von Colley, Hodkinson & Malcolm (2003) im allgemeinpädagogischen In-/Formalität-Diskurs untersucht und identifiziert. Als Lösung für dieses Problem schlagen Colley et al. eine neue Deutung des Begriffspaars formales/informelles Lernen vor: Das formale und das informelle Lernen gälten in diesem Sinne als Sammelbegriffe für eine Reihe von Attributen, die 1) in Lernkontexten häufig anzutreffen sind, 2) Polaritäten darstellen und 3) nicht unbedingt in direkter Korrelation stehen. Dies hätte zur Konsequenz, dass Lernkontexte nicht als formal oder informell betrachtet, sondern nur hinsichtlich der spezifischen Ausprägung ihrer einzelnen Attribute von In-/Formalität untersucht werden können (vgl. Colley, Hodkinson & Malcolm, 2003, S. 28 ff. und S. 64 ff.). Diese Definition des formalen/ informellen Lernens wurde in die Studie übernommen, weiterentwickelt und als sensibilisierendes Konzept behandelt.[2]

Konkret wurde die Untersuchung als qualitative Vergleichsstudie nach der Grounded-Theory-Methodologie angelegt. Die Orientierung an der Grounded-Theory-Methodologie ging einerseits mit der Intention der Theoriebildung einher, andererseits aber auch mit dem Anliegen, theoretische Modelle aus der Fachliteratur zu berücksichtigen und adäquat – d. h. ohne einen hypothesenüberprüfenden Charakter – miteinbeziehen zu können (vgl. Truschkat, Kaiser & Reinartz, 2005, S. 8; Strauss & Corbin, 1996, S. 25). In der Vorphase der Studie wurde das Vorverständnis der Forscherin expliziert. Die vorhin erwähnten Attribute von In-/Formalität dienten als Grundlage für die Festlegung der ersten Samplingkriterien und die Entwicklung des ersten Interviewleitfadens. Die Kernphase der Untersuchung wurde gemäß der Grounded-Theory-Methodologie als zirkulärer Prozess gestaltet: Einzelne Phasen der Datenerhebung, der Datenauswertung und des theoretischen Samplings (Heranziehen von neuen Interviewpartnern, von Fachliteratur und von weiterem, nicht empirischen Datenmaterial) wurden zyklisch durchgeführt und bauten aufeinander auf.

---

2   Für die Zwecke der Studie wurden das formale und das informelle Lernen durch eine In-/Formalität-Matrix definiert, in der einzelne Attribute von In-/Formalität Dimensionen eines Kontinuums darstellen. Der *Lernort* z. B. gilt in diesem Sinne als eine Dimension des Phänomens Lernen, die durch das Kontinuum zwischen den Polen *Bildungseinrichtung* (Attribut von Formalität) und *lokale Gemeinschaft* (Attribut von Informalität) darstellbar ist. Das Modell geht also davon aus, dass die für das Lernen relevante Dimension des *Lernortes* durch die Positionierung verschiedener Lernorte im Kontinuum zwischen den Polen *Bildungseinrichtung* und *lokale Gemeinschaft* beleuchtet werden kann. Weitere Beispiele für diese Attribute von In-/Formalität sind die Evaluationsform (Polarität: *summative/formative Evaluation*) und das vermittelte Wissen (Polarität: *explizites/implizites Wissen*) (vgl. Ardila-Mantilla, 2012, S. 70 ff.).

Schritte der Selbstreflexion (z. B. das Führen eines Forschungstagebuchs), des regelmäßigen Austauschs mit anderen (z. B. in Forschungskolloquien) und der Dokumentation (z. B. von informellen Gesprächen) wurden im Sinne der Gewährleistung von
Gütekriterien im Forschungsprozess verankert und fanden dementsprechend regelmäßig statt. Abschließend wurden in der Phase der theoretischen Sättigung – durch
einen Prozess der Selektion und der Abstraktion der Kategorien – die Grundpfeiler
des theoretischen Modells (die Hauptkategorien) identifiziert und das Modell in Folge ausgearbeitet.

Die Interviews wurden als theoriegenerierende Experten-Interviews angelegt
(vgl. Flick, 2007, S. 214 ff.). Es wurden insgesamt zwölf Lehrer interviewt, die in öf-
fentlich-rechtlichen Musikschulen in Wien oder in Niederösterreich arbeiten: sechs
Männer und sechs Frauen im Alter zwischen dreißig und sechzig Jahren, die aus fünf
verschiedenen Ländern stammen und die insgesamt zwanzig Instrumente spielen
und unterrichten. Die Ausbildung der Befragten, wie auch die Gewichtung ihrer musikpädagogischen und ihrer künstlerischen Tätigkeit variiert erheblich: In der Stichprobe sind sowohl vollzeitbeschäftigte Musikschullehrer mit einer abgeschlossenen
instrumentalpädagogischen Ausbildung zu finden als auch Lehrpersonen mit einer
intensiven Konzerttätigkeit, die in der Musikschule nur geringfügig beschäftigt sind,
sowie andere, die nicht als Musikpädagogen ausgebildet sind. Durch den Einsatz der
Strategie des theoretischen Samplings wurde die Verallgemeinerbarkeit der Forschungsergebnisse auf den Kontext der österreichischen Musikschularbeit verfolgt
(vgl. Mayring, 2007, S. 7). Es wurde also der Versuch unternommen, die Ergebnisse
in einem gegenstandsverankerten theoretischen Modell der Musikschularbeit in Österreich zu abstrahieren.

Dieses theoretische Modell lässt sich in zwei Thesen zusammenfassen:

–　Musikschularbeit heißt, musikalische Praktiken als Musiklernwelten zu erkennen
　　und zu gestalten bzw. mitzugestalten.
–　Das Erkennen und das Gestalten von Musiklernwelten hängen unmittelbar mit
　　Zielvorstellungen zusammen: mit Vorstellungen vom Phänomen Musik und mit
　　den daraus folgenden Zieldefinitionen der musikpädagogischen Arbeit in der
　　Musikschule.

Im Folgenden werden diese Thesen näher erläutert.

Musiklernwelten erkennen und (mit-)gestalten:
Die Praktiken der Musikschularbeit

Musikschularbeit heißt viel mehr als das Erteilen von Musikunterricht in der Musikschule. Musikschullehrer bedienen sich nicht nur des Unterrichts, sondern auch einer

Reihe von musikalischen Praktiken, um das musikalische Lernen ihrer Schüler zu ermöglichen. Diese Praktiken lassen sich in vier Lernwelten3 unterteilen:

–   Die *Lernwelt des Unterrichts* ist jene Lernwelt, die im regelmäßigen Instrumentalunterricht in der Musikschule entsteht.
–   In der *Lernwelt der Ensembles* sind alle Praktiken des Ensemblemusizierens zu finden: vom Ensemble- und Projektangebot der Musikschule über die vor Ort existierenden Ensembles, Netzwerke und „Szenen" (Blaskapellen, Rockbands, Schulensembles, Musizieren in der Kirche u. Ä.) bis hin zu den eigenständigen Initiativen der Schüler (Bands, Jamming mit Freunden u. Ä.).
–   Die *Lernwelt der Auftritte* umfasst die Praktiken der öffentlichen Darbietung von Musik: interne und externe Musikschulvorspiele, die musikalische Umrahmung von Veranstaltungen, größere Konzerte (z. B. in internationalen Festivals oder in renommierten Konzerthäusern), Prüfungen vonseiten der Musikschule oder anderer Einrichtungen und Wettbewerbe.
    Und schließlich sind in der *Lernwelt des Privaten* jene musikalische Praktiken zu finden, denen die Schüler zu Hause nachgehen, d. h. das Üben, musikalische Tätigkeiten im Kreis der Familie und das Hören von Musik.

Diese vier Lernwelten weisen spezifische Eigenschaften auf, die ihre jeweiligen Funktionen in der Musikschularbeit maßgeblich prägen:

–   Die für die Lernwelt des Unterrichts typische *one-to-one*-Interaktion ermöglicht – den Befragten zufolge – die intensive Beschäftigung mit den individuellen Voraussetzungen, Interessen und Bedürfnissen des Schülers bzw. der Schülerin. In dieser Lernwelt ist also das „Eingehen auf den Lernenden" in hohem Ausmaß möglich.
–   Die Lernwelt der Ensembles eröffnet den Schüler hingegen den Zugang zu musikalischen Gemeinschaften, in die sie hineinwachsen und in denen sie sich das für die jeweiligen Gemeinschaften spezifische Wissen (musikalische Kenntnisse, Kompetenzen, Werte, Umgangsformen usw.) aneignen können. Die Lernwelt der Ensembles ist also für das *situierte* Lernen4 besonders geeignet.
–   Typisch für die Lernwelt der Auftritte ist das Sichtbarmachen der musikalischen Leistung des Lernenden und der musikpädagogischen Leistung des Lehrenden. Demzufolge erfüllt diese Lernwelt häufig die Funktion der Orientierung im musikalischen Lehr-/Lernprozess und der Qualitätssicherung dieses Prozesses.
    Die dazu kontrastierende, der Außensicht entzogene, Lernwelt des Privaten bietet dem Schüler bzw. der Schülerin einen Raum, um eigene Interessen zu entwickeln

---

3   Für die befragten Musikschullehrer stellen alle Praktiken der Musikschularbeit grundsätzlich Räume dar, in denen musikalisches Lernen im umfassenden Sinn stattfinden kann bzw. stattfindet. Die Bezeichnung *Lernwelten* soll helfen, diese Perspektive einzunehmen, d. h. die Praktiken der Musikschularbeit von der Perspektive der Befragten zu betrachten.
4   Der Begriff *situiertes Lernen* bezieht sich auf Lave & Wenger (2008) und wird in diesem Beitrag an späterer Stelle erläutert.

und diese auf seine eigene Art und Weise zu verfolgen. Diese Lernwelt wird von den Interviewpartner häufig als eine Art Blackbox beschrieben: sie ist für sie schwer einzuschätzen und zu beeinflussen.

Die Forschungsergebnisse haben gezeigt, dass die Merkmale von Formalität und Informalität für diese vier Lernwelten durchaus relevant sind. Die in den Lernwelten subsumierten Praktiken weisen einerseits inhärente Tendenzen bezüglich In-/Formalität auf, andererseits aber auch zahlreiche Möglichkeiten der Formalisierung bzw. der Informalisierung. Diese Tendenzen und Möglichkeiten sind im darunter-stehenden *Lernwelten-Modell* graphisch dargestellt (siehe Abb. 1).

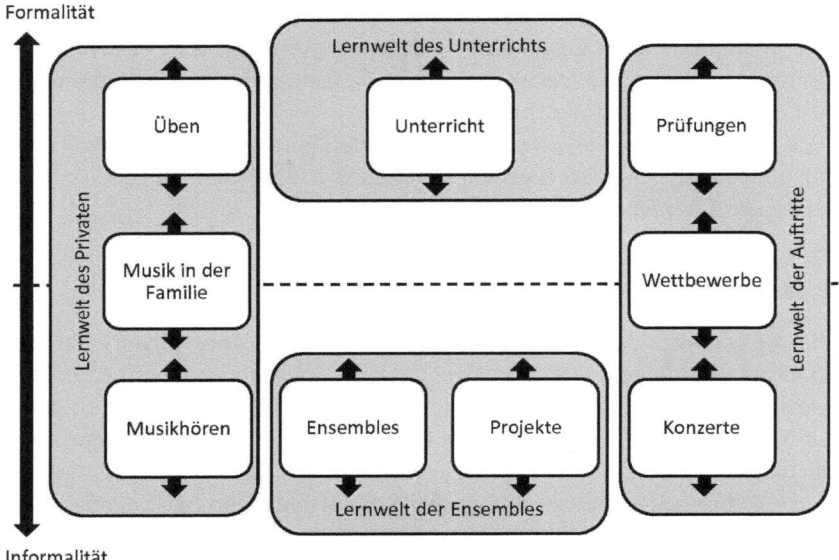

Abb. 1: Lernwelten-Modell der Musikschularbeit in Österreich

Die spezifischen Merkmale der einzelnen Praktiken gehen also einerseits mit einer gewissen Neigung in Bezug auf In-/Formalität einher: Wie in Abb. 1 dargestellt, neigt z. B. die Lernwelt des Unterrichts aufgrund ihrer Verortung in der Musikschule und die für diese Lernwelt typische Rollen u. a. dazu, sich formaler als die Lernwelt der Ensembles zu entfalten. Ebenso tendiert die Praxis der Konzerte zu einer informelleren Gestaltung als die der Prüfungen. Andererseits – darauf sollen die kleinen Pfeile auf der Ebene der Praktiken hinweisen – ist diese Positionierung im In-/Formalität-Kontinuum keineswegs statisch: Durch die Veränderung einzelner Merkmale der Praktiken können sich die Praktiken im In-/Formalität-Kontinuum bewegen und anders positionieren. Diese Möglichkeit soll hier anhand von vier Zitaten veranschaulicht werden, die den Umgang zweier Lehrer mit der Lernwelt des Unterrichts beschreiben.

IP: Ich habe eine eigene Methode entwickelt. [...] Das ist eine umfassende Methode. Ich nenne diese Methode die [x]-Methode, weil sie besteht aus unabhängigen Modulen, die selbständig funktionieren müssen, damit das Ganze funktioniert [...] den Plan hab ich. Das ist mein Plan. Und ich erkenne sofort jede Abweichung (IP 03: Klavier).

IP: Für mich ist das Wichtigste, alles verständlich zu machen. [...] Es kommt nicht alles aus dem Bauch. Sondern, wenn es aus dem Bauch kommt, dann muss mans analysieren und versuchen zu verstehen, warum ich so empfinde. [...] Und das muss man versuchen zu verstehen, warum das gerade so ist und nicht anders. Warum die Harmonie ist an der Stelle so dissonant und warum löst sich was auf, und was empfind ich, wenn sich was auflöst. Oder, warum eine Synkope eine Synkope ist, und was bringt eine Synkope, und warum war dort, gerade dort eine Synkope geschrieben und so weiter und so fort. Und das kann man alles erklären (IP 03: Klavier).

Dieser Klavierlehrer beschreibt sich als jemanden, der im Unterricht „einen Plan hat": Er orientiert sich bei der Unterrichtsgestaltung vorrangig an einer von ihm entwickelten, durchstrukturierten Methode. Darüber hinaus stellt er das „Analysieren und Erklären" – d. h. die systematische Erarbeitung von Inhalten durch das Medium der Sprache – als ein Kernelement seines Unterrichtens dar.

Einen vollkommen anderen Umgang mit der Lernwelt des Unterrichts beschreibt der interviewte Dudelsack-Lehrer.

IP: Also ich hab keine Planung. Ich bin ziemlich planlos [...] Also die Schüler wissen oft, dass ich ziemlich chaotisch bin. Und planen wahrscheinlich mehr vor als ich (IP 10: Dudelsack).

IP: Ich spiel viel zusammen mit den Schülern. [...] Und es ist im Grunde so ähnlich wie Session spielen. Man spielt, reißt eine Session an und animiert die anderen mitzutun. Und umgekehrt, dass ein anderer sagt: „Spiel dein Lieblingsstück", und ich pass mich dazu. Und so ein bisschen eine Session-Situation zu haben im Unterricht. Und dann gibt es natürlich immer wieder Phasen, wo ich was auch erkläre, aber die sind, glaube ich, nicht so lang. Prozentuell ist es mehr spielen. [...] Also ich probiere eine Session-Situation herbeizuführen (IP 10: Dudelsack).

Im Gegensatz zum vorigen Beispiel bezeichnet sich dieser Dudelsacklehrer als „chaotisch" und „planlos". In seinem Unterricht scheint das Eingehen auf die „Pläne" der Schüler eine viel größere Rolle zu spielen als das Verfolgen einer bestimmten Methode. Weiters stellt er hier seinen Versuch dar, im Unterricht „eine Session-Situation herbeizuführen": Der Lehrer inszeniert also im Unterricht eine für außerschulische Kontexte typische musikalische Lernsituation, in der das gemeinsame Musizieren – und nicht das „Analysieren und Erklären" – als zentrales Vermittlungsinstrument fungiert.

Anhand dieser zwei Beispiele lässt sich also beobachten, wie unterschiedlich Musikschullehrer Lernwelten gestalten: In der Lernwelt des Unterrichts überwiegen beim ersten Interviewpartner Attribute von Formalität (vorstrukturierte, intentionale Lerntätigkeiten, vom Lehrenden definierte Ziele, Vermittlung von explizitem Wissen), beim zweiten eher Attribute von Informalität (nicht vorstrukturierte, inzidentielle Lerntätigkeiten, vom Lernenden definierte Ziele, Vermittlung von implizitem Wissen).

Die Forschungsergebnisse haben gezeigt, dass Musikschullehrer mit den Lernwelten sehr unterschiedlich und auch flexibel umgehen. Manche Lehrkräfte machen von allen Lernwelten und Praktiken Gebrauch, andere beschränken sich auf einen bestimmten Bereich. Manche neigen zu einer einheitlichen – eher formalen oder eher informellen – Gestaltung der Lernwelten, andere gleichen die informellen Tendenzen einer bestimmten Lernwelt durch formale Tendenzen in einer anderen Lernwelt aus.[5] Kurz: Die In-/Formalität der einzelnen Praktiken und Lernwelten ist als dynamisch zu betrachten und hängt direkt mit konkreten Entscheidungen der Lehrkraft zusammen. Dies soll im Folgenden durch zwei „In-/Formalität-Profile" veranschaulicht werden. Dabei ist zu berücksichtigen, dass die Profile nur zwecks der Veranschaulichung des Lernwelten-Modells angeführt sind und nicht das gesamte musikpädagogische Denken und Handeln der dargestellten Interviewpartner widerspiegeln.[6]

Als Erstes sei hier der Umgang mit Lernwelten einer Musikschullehrerin angeführt, die Gesang für populäre Musik unterrichtet (siehe Abb. 2).

> IP: Die wichtigste Bedeutung [haben für mich die] musikalischen Aktivitäten mit anderen. Da versuche ich auch am meisten zu ermutigen. […] Also jemand, der nur wöchentlich zu mir kommt und mal übt und mal nicht übt, ist niemals so schnell, wie jemand, der noch zwei Bands hat. […] Und [ich] versuche das auch in den Unterricht mit reinzunehmen. Ja. Also wenn eine [Schülerin] eine Band hat […] sage ich: „Ja, ok, welche Nummern? Gib mir eine Setliste und schauen wir, was wir machen können" und ding. Also beziehungsweise gehe ich mit ihr Sachen durch wie Staging oder auch auf der Bühne, was ist wichtig, was ist sinnvoll zum Soundcheck zu machen, was am Konzerttag und so. Damit das einfach noch runder rennt. Also ich sehe das nicht als Parallel-veranstaltung, sondern als Teil. Wo ich auch unbedingt helfen kann (IP 07: Gesang/populäre Musik).

Für diese Lehrerin stellt die Lernwelt der Ensembles die zentrale Lernwelt dar. Darauf soll die sternförmige Umrahmung in der Abbildung hinweisen. Diese Lernwelt entsteht vorrangig außerhalb der Schule und durch Eigeninitiativen der Schüler

---

5   Dieses Phänomen des „Ausgleichens" macht deutlich, dass die eher formale bzw. eher informelle Gestaltung einer Lernwelt nicht unbedingt mit einem insgesamt formalen bzw. informellen Umgang mit Lernwelten einhergehen muss. Deswegen sind Rückschlüsse über das gesamte musikpädagogische Konzept eines Lehrers aufgrund seines Umgangs mit einer einzigen Lernwelt – z. B. aufgrund seiner Gestaltung des Unterrichts – grundsätzlich infrage zu stellen.

6   Die Profile stellen nur die Haupttendenz dar, die in den jeweiligen Interviews zu identifizieren war, sind aber nicht als Fallrekonstruktion gemeint: Der Umgang der Befragten mit Lernwelten ist weitaus flexibler und ihr Handlungsspektrum deutlich breiter, als es diese Profilierung darzustellen vermag.

(„jemand, der zwei Bands hat"), zwei klare Merkmale von Informalität. Die für die Betätigung in diesem Feld notwendigen Kompetenzen („Staging", „was ist sinnvoll beim Soundcheck zu machen") werden als zentrale Lerninhalte im Unterricht behandelt. Der Unterricht der Interviewpartnerin ist eher in der Mitte des In-/Formalität-Kontinuums positioniert: Tradierte Methoden des Gesangsunterrichts spielen z. B. eine eher untergeordnete Rolle; an ihre Stelle tritt ein individuell anpassbares und mit dem Schüler ausgehandeltes Unterrichtskonzept. Die Lernwelten der Auftritte und des Privaten weisen – z. B. durch die große Relevanz außerschulischer Konzerte, den Einsatz der Audio-Dokumentation des Unterrichts als einzige Evaluationsmaßnahme und die Hervorhebung der Rolle des autodidaktischen Lernens – eine deutliche Tendenz zur Informalität auf. Drei Praktiken sind in diesem Profil nicht enthalten: die Musik in der Familie (die Beteiligung der Eltern im Musiklernprozess wird von der Interviewpartnerin eher kritisch betrachtet), die Prüfungen und die Wettbewerbe. Das Profil dieser Gesangslehrerin weist also aufgrund der Gewichtung der Lernwelten und ihrer konkreten Gestaltung eine klare Tendenz zur Informalität auf. Weitere Beispiele für solche Profile mit einer deutlichen (formalen oder informellen) Tendenz waren in den Forschungsergebnissen zu finden.

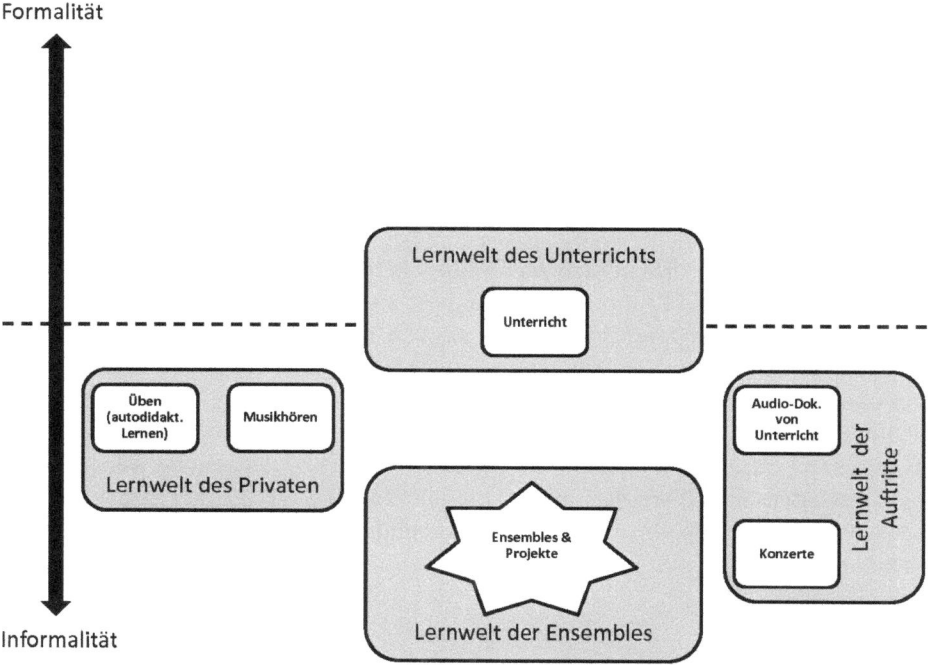

Abb. 2: Der Umgang mit Lernwelten einer Musikschullehrerin für Gesang/populäre Musik

Das folgende Beispiel eines Kontrabasslehrers soll aber verdeutlichen, dass auch ein anderer, „ausgewogenerer" Umgang mit den Lernwelten möglich ist: einer, in dem die einzelnen Praktiken eher in der Mitte des Kontinuums positioniert sind (siehe Abb. 3). Für diesen Interviewpartner steht – genauso wie für die zuvor geschilderte Gesangslehrerin – die Lernwelt der Ensembles im Mittelpunkt.

> IP: Also das Vorspielen ist... ich meine, ich mach zwar immer einen Klassenabend einmal im Jahr, aber im Prinzip ist es gerade am Kontrabass nicht das eigentliche Thema, würde ich mal sagen. [...] Das Thema ist am Kontrabass natürlich, was mach ich im Ensemble und im Orchester. Das ist das Thema, ja? Eins, zwei, drei, vier. Das ist das Thema für den Kontrabass, ja? Und das möglichst drei Stunden lang, ja? (IP 08: Kontrabass)

Weiters betont der Interviewpartner die Relevanz des Unterrichts, des Übens, des Musikhörens, der Musik in der Familie und der Konzerte. Anhand seiner Ausführungen ist deutlich zu erkennen, dass sich in all diesen Praktiken die Merkmale von Formalität und Informalität die Waage halten.

> IP: [...] also ich führe [im Unterricht] auch schon Buch und so weiter. Ich schau schon, wo wir jetzt gerade sind und so weiter. Dass man ein bisschen eine Linie reinkriegt [...] Aber sonst ist eher spontan, und auch wenn irgendwelche Wünsche kommen und so, was [die Schüler] machen wollen (IP 08: Kontrabass).

Die Wettbewerbe und Prüfungen kommen in diesem Interview auch zur Sprache.

> IP: Für die Schüler [sind Prüfungen], weiß ich nicht... es ist eine komische Situation und unnötig eigentlich. Also vielleicht ist es bei einem Soloinstrument anders, aber beim Kontrabass ist es eine völlig unnötige Situation. Die werden nie in ihrem Leben in die Situation kommen, dass sie von einem Pianisten begleitet irgendein Stück spielen (IP 08: Kontrabass).

Der Interviewpartner drückt also hier seine Skepsis gegenüber der Sinnhaftigkeit von Wettbewerben und Prüfungen aus. Da diese zwei Praktiken jedoch in seiner Musikschule stark forciert werden, müssen sie von ihm trotzdem berücksichtigt und umgesetzt werden. Auf diese Spannung sollen die punktierten Linien in der Abb. 3 hinweisen.

Diese Beispiele zeigen, wie das Lernwelten-Modell zur Sichtbarmachung von pädagogischen Konzepten wie auch von Handlungsmöglichkeiten genutzt werden kann. Das Lernwelten-Modell ermöglicht, individuelle Umgangsweisen zu reflektieren, mit anderen zu vergleichen, Unterschiede wahrzunehmen und potenzielle, neue Wege zu erkennen.

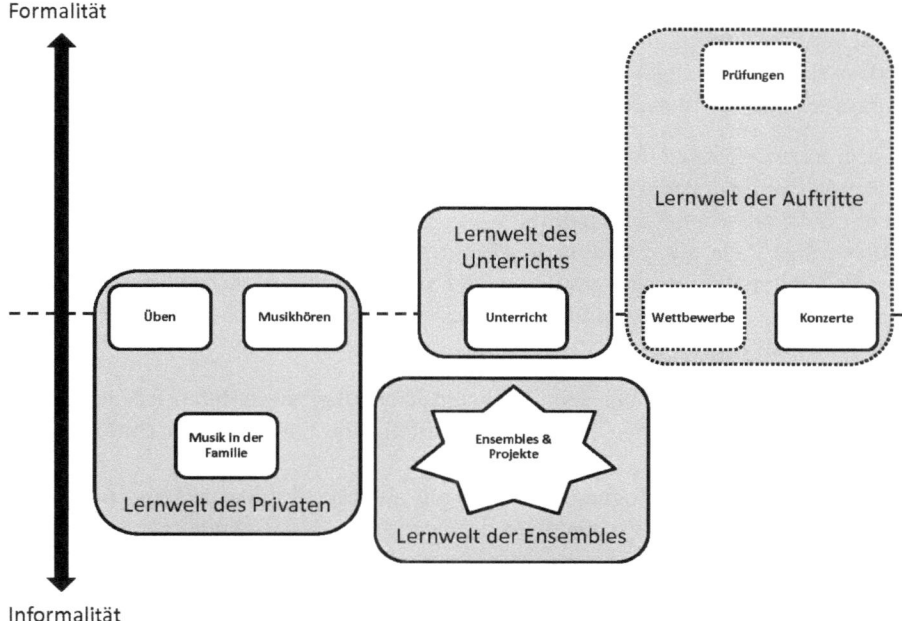

Abb. 3: Der Umgang mit Lernwelten eines Musikschullehrers für Kontrabass

Das Phänomen Musik begreifen, Ziele definieren: Die Zielvorstellungen der Musikschullehrer

Die vorigen Beispiele haben deutlich gemacht, wie unterschiedlich der Umgang mit Lernwelten sein kann. Darüber hinaus wurde in der Studie festgestellt, dass dieser Umgang direkt mit den Zielvorstellungen der Befragten zusammenhängt. Musikschullehrer haben verschiedene Vorstellungen davon, was Musik eigentlich ist und welche Funktionen Musik im menschlichen Leben erfüllen kann. Je nachdem, wie sie das Phänomen Musik begreifen, definieren sie für sich die Ziele ihrer Arbeit in der Musikschule. Diese Zieldefinitionen gehen dann mit bestimmten Möglichkeiten des Erkennens und Gestaltens von Lernwelten einher.

Bei den Interviewpartnern konnten drei Ebenen von Zielen identifiziert werden, die im individuellen Konzept jedes Einzelnen unterschiedlich gewichtet und verschieden aufgefasst werden. Demnach versuchen Musikschullehrer in ihrer Arbeit,

- dass sich ihre Schüler musikalisches Wissen, musikalisches Können und musikalisches Verständnis aneignen,
- dass sie die Wirkungen und Funktionen von Musik erleben und
- dass sie in musikalischen *communities of practice* hineinwachsen können.

Die drei Kernziele der Musikschularbeit nach den Forschungsergebnissen sind also: die Ermöglichung der musikalischen Wissensaneignung[7], des musikalischen Erlebens und der musikalischen Partizipation.

Diese drei Ziele werden aber – wie zuvor erwähnt – unterschiedlich definiert. Hinsichtlich der Wissensaneignung wurden in der Studie zwei Zugänge identifiziert, die mit dem In-/Formalität-Modell korrelieren und die als Pole eines Kontinuums zu verstehen sind:

- ein formaler Zugang, bei dem vorstrukturierte Lernaktivitäten mit propädeutischem Charakter (z. B. Übungen, Etüden) in der Lernwelt des Unterrichts die Hauptrolle spielen,
- und ein informeller Zugang, der dagegen auf Lernaktivitäten ohne propädeutischen Charakter in verschiedenen Lernwelten (z. B. das gemeinsame Musizieren im Unterricht oder das inzidentielle Lernen in Orchesterproben) setzt.

Die Ergebnisse zeigten, dass die Positionierung der Befragten in diesem Kontinuum direkt auf ihre Vorstellungen von musikalischem Wissen zurückzuführen ist, d. h. darauf, ob sie das musikalische Wissen eher als explizites (formaler Zugang) oder als implizites (informeller Zugang) Wissen auffassen.[8]

Die weiteren zwei Zielebenen weisen keine Korrelationen mehr mit dem In-/Formalität-Modell auf. Bei der Ebene des musikalischen Erlebens wurde in der Studie eine zweiseitige Fokussierung der Musikschullehrer beobachtet: einerseits auf die – explizit ausgesprochenen, angedeuteten oder sogar nur angenommenen – emotionalen Bedürfnisse der Schüler und andererseits auf die entsprechenden Funktionen der Musik. Die Befragten artikulieren in den Interviews das Ziel, dass Schüler erleben sollen, wie Musik in der Lage ist, ihre emotionalen Bedürfnisse zu befriedigen.

> IP: Man muss zuerst einmal entdecken, was die Musik dir geben kann. Und die gute Musik gibt dir sehr viel (IP 03: Klavier).

---

7   Mit Wissensaneignung ist hier die Aneignung von verschiedenen Formen des Wissens (also z. B. auch von Kompetenzen, implizitem Wissen usw.) gemeint.

8   Gruhn definiert das implizite und das explizite Wissen folgendermaßen: Prozedurales Wissen ist immer implizites Wissen, bei dem die Ausführung selber das Wissen repräsentiert (z. B. die improvisierte Begleitung einer Melodie ohne Kenntnis der Funktionstheorie). Man könnte dies auch immanentes Wissen oder Wissen ersten Grades (*knowing how, knowing of*) nennen, während deklaratives Wissen immer explizit ist, d.h. man kann sagen, was etwas ist und wie es funktioniert, ohne notwendigerweise auch über das dazu notwendige Handlungswissen zu verfügen. Dies könnte man auch Metawissen oder Wissen zweiten Grades (*knowing what*) nennen (Gruhn, 2003b, S. 94 f. Hervorhebungen im Original).

Welche konkreten Bedürfnisse kann Musik stillen? Die diesbezügliche Argumentation der Befragten weist hier Parallelen zu den Ausführungen von Figdor & Röbke über die Affektgestaltung durch Musik (vgl. Figdor & Röbke, 2008, S. 87 ff.) und zu Decis & Ryans Selbstbestimmungstheorie der Motivation (vgl. Deci & Ryan, 1993, 2000) auf.

> IP: Persönlichkeitsentwicklung, Gesangsunterricht kannst du irgendwie fast nicht trennen. [...] Man weiß eigentlich von jedem Schüler sofort: Hat der [eine] Beziehung? Ja, nein. Eine gute? Ja, nein. Weil das Singen das auch irgendwie rausholt, was ja auch cool ist (IP 07: Gesang/populäre Musik).

> IP: Die Ensembles und die Projekte, die sind super für die Schüler. [...] Alle diese Dinge sind enorm förderlich auch für den Unterricht. Die bereichern auch den Unterricht mit mir. Und die bereichern die Entwicklung der Kinder total. Weil sie haben von mir Sachen gelernt: Fähigkeiten, Techniken, Verständnis. Das können sie dort einbringen und sind dort die Chefs. [...] Das bringt ihnen auch so viel soziale Anerkennung. Und damit treten sie eigentlich aus der Masse hervor. Damit präsentieren sie sich, sie können das, sie machen dem Publikum Freude, das befriedigt sie natürlich auch, und sie fühlen sich gut dabei. Es stärkt sie in ihrem Selbstwert und dem Selbstvertrauen (IP 09: Klavier, Kontrabass).

Nach den Befragten vermag also Musik bzw. das in der Musikschule entstehende Geflecht zwischen Musik, Musizieren, musikalischen Tätigkeiten und Instrumentalunterricht die primären Bedürfnisse des Menschen nach Affektgestaltung, Autonomie, Kompetenz und sozialer Eingebundenheit zu befriedigen. Ob es den Lehrkräften gelingt, dass Schüler dies erleben, wird nach den Interviewpartner an der Schüler-Motivation sichtbar. Die individuelle Definition dieser Zielebene der Musikschularbeit hängt also mit Vorstellungen von musikbezogener Motivation zusammen.

Bei der dritten Ebene der Ziele spielen die musikalischen *communities of practice* der Befragten die Hauptrolle. In der Studie wurden musikalische *communities of practice* nach Laves & Wengers Theorie des situierten Lernens (vgl. Lave & Wenger, 2008; Wenger, 2008) als Gruppen von Menschen definiert, die ein gemeinsames musikbezogenes Anliegen haben, regelmäßig miteinander interagieren und demzufolge eine spezifische musikalische Praxis generieren, sprich: ein Repertoire an Wissen, Können, Einstellungen, Aktivitäten und Verhaltensweisen, das für die *community of practice* typisch ist und von den Mitgliedern gepflegt und stetig weiterentwickelt wird.[9] Situiertes Lernen heißt dann, in die Praxis solcher *communities* hineinzuwach-

---

9 Solche *communities of practice* können unterschiedliche Formen einnehmen und sind dementsprechend für Außenstehende nicht immer sichtbar: Eine *community of practice* kann z. B. ein Chor oder ein Blasmusikverein sein, aber auch eine Gruppe von untereinander bekannten Klavierlehrer und ihren Schüler (die z. B. gelegentlich gemeinsame Konzerte gestalten und sich regelmäßig bei Wettbewerben treffen) oder die Gemeinschaft der Hard-Rock-Interessierten in einer bestimmten Region (Mitglieder von semi-professionellen Bands und ihrer Fans, Musikschullehrer und ihrer Schüler, ein in der Region wohnender renommierter Schlagzeuger usw.). Zwei Merkmale unterscheiden musikalische *communities of practice* von

sen, sich diese Praxis anzueignen und zunehmend von der *community* als Mitglied anerkannt zu werden. Die zunehmende Partizipation am Leben der *community* geht also mit der Aneignung einer spezifischen Form musikalischer Praxis einher.

In der Studie wurde festgestellt, dass die musikalischen *communities of practice* der Befragten in der Musikschularbeit eine dreifache Funktion erfüllen:

– Zum einen treten solche *communities* in der Gestalt von Ensembles auf, können also als Lernwelt (der Ensembles) fungieren.

> IP: Zum Beispiel normale Dienstmusik so wie Märsche oder so weiter [...] vor allem das Alla Breve-Takt san ja die meisten [neuen Mitglieder des Blasmusikvereins], also das is für meisten noch sehr schwierig am Anfang, aber eben das is einfach, da lernt ma einfach mitn Musikverein mit, ja. Und man merkt das nachher auch bei die Schüler, wanns dann beim Musikverein mitspielen, die machen dann auch eigentlich an großen Sprung aufwärts (IP 04: Posaune, Tenorhorn).

– Zum zweiten ist die Praxis der musikalischen *communities of practice* für die Vorstellungen von Musik der Musikschullehrer und demzufolge für ihren Umgang mit den Musiklernwelten bestimmend.[10]

– Und zum dritten stellt die Partizipation am Leben solcher *communities* für die Befragten ein Ziel ihrer Arbeit dar: Durch die Vermittlung eines bestimmten – d. h. mit der Praxis von konkreten *communities* konformen – Umgangs mit Musik versuchen Musikschullehrer, Schülern Zugang zu *communities* zu gewähren. Dies geht mit der Intention einher, dass die *communities* ihrerseits neue Kräfte bekommen, weiterleben und relevant bleiben.

> IP: [...] für mi is es wichtig, dass [die Schüler] einfach bei einem [Blas-]Musikverein dann mitspielen können und dass da einfach führende Kräfte in an Musikverein sind, ja. [...] weil des is eigentlich das Ziel, dass ma nachher miteinander musiziert (IP 04: Posaune, Tenorhorn).

Zusammenfassend zeigt die Studie, dass die Musikschularbeit sehr unterschiedlich definiert und gestaltet werden kann. Sie macht Handlungsmöglichkeiten und relevante Wirkungsfaktoren sichtbar und leistet demzufolge einen Beitrag für die Klärung der Rolle und der Aufgaben der Musikschularbeit. Darüber hinaus kontextualisiert sie den Instrumentalunterricht auf zweierlei Weise: zum einen in einem System von musikalischen Praktiken und Lernwelten und zum anderen in der musikalischen bzw. musikvermittlerischen Praxis der musikalischen *communities of practice*.

---

anderen Gruppierungen: 1) die Prozesse der gemeinschaftlichen und individuellen Identitätsbildung in und durch Musik und 2) die permanente Konstruktion, Vergegenwärtigung und Weitergabe von musikalischem und außermusikalischem Wissen.

10 Ein Beispiel dafür ist die vorhin erwähnte Inszenierung des Unterrichts eines Dudelsack-Lehrers als Session-Situation.

Literatur

Ardila-Mantilla, N. (Dezember 2012): *Musiklernwelten erkennen und gestalten. Eine qualitative Studie über Musikschularbeit in Österreich*. Dissertation, Universität für Musik und darstellende Kunst Wien.

Bäuerle-Uhlig, D. (2003): *Professionalisierung in der Instrumentalpädagogik*. Essen: Verlag Die Blaue Eule.

Campbell, P. S. (1995). Of Garage Bands and Song-getting: The Musical Development of Young Rock Musicians. *Research Studies in Music Education*(4), 12–20.

Colley, H., Hodkinson, P. & Malcolm, J. (2003): *Informality and Formality in Learning: A Report for the Learning and Skills Research Centre*. London: Learning and Skills Research Centre.

Deci, E. L. & Ryan, R. M. (1993). Die Selbstbestimmungstheorie der Motivation und ihre Bedeutung für die Pädagogik. *Zeitschrift für Pädagogik*, 39(2), 223–239.

Deci, E. L. & Ryan, R. M. (2000). The "What" and "Why" of Goal Pursuits: Human Needs and the Self-Determination of Behavior. *Psychological Inquiry*, 11(4), 227–268.

Doerne, A. (2010): *Umfassend Musizieren. Grundlagen einer Integralen Instrumentalpädagogik*. Wiesbaden: Breitkopf & Härtel.

Figdor, H. & Röbke, P. (2008): *Das Musizieren und die Gefühle. Instrumentalpädagogik und Psychoanalyse im Dialog*. Mainz: Schott.

Flick, U. (2007): *Qualitative Sozialforschung. Eine Einführung* (Vollständig überarbeitete und erweiterte Neuausgabe). Reinbek bei Hamburg: Rowohlt Taschenbuch Verlag.

Folkestad, G. (1998). Musical Learning as Cultural Practice. As Exemplified in Computer-Based Creative Music-Making. In B. Sundin, G. McPherson & G. Folkestad (Hrsg.), *Children Composing* (S. 97–134). Malmö: Malmö Academy of Music.

Folkestad, G. (2006). Formal and Informal Learning Situations or Practices vs Formal and Informal Ways of Learning. *British Journal of Music Education*, 23(2), 135–145.

Fornäs, J., Lindberg, U. & Sernhede, O. (1995): *In Garageland. Rock, Youth and Modernity*. London: Routledge.

Green, L. (2002): *How Popular Musicians Learn. A Way Ahead for Music Education*. Aldershot: Ashgate.

Gruhn, W. (2003a): *Geschichte der Musikerziehung. Eine Kultur- und Sozialgeschichte vom Gesangunterricht der Aufklärungspädagogik zu ästhetisch-kultureller Bildung* (2. überarbeitete und erweiterte Auflage). Hofheim: Wolke Verlag.

Gruhn, W. (2003b): *Lernziel Musik. Perspektiven einer neuen theoretischen Grundlegung des Musikunterrichts*. Hildesheim: Georg Olms Verlag.

Gutzeit, R. von (2011). Musikschule – Bildung mit großer Zukunft. Vom elementaren Musizieren zum Weltverständnis: Der weite Horizont der Musikschularbeit. *Üben und Musizieren*(4), 6–10.

Hemming, J. & Kleinen, G. (2003). Karrierebeginn im Popsektor? Eine Tagebuchstudie unter Schülerbands. In G. Kleinen (Hrsg.), *Begabung und Kreativität in der populären Musik* (S. 49–68). Münster: Lit Verlag.

Hemming, J. (2002): *Begabung und Selbstkonzept. Eine qualitative Studie unter semiprofessionellen Musikern in Rock und Pop.* Münster: Lit Verlag.

Hewitt, A. (2009). Musical Styles as Communities of Practice. Challenges for Learning, Teaching and Assessment of Music in Higher Education. *Arts and Humanities in Higher Education,* 8(3), 329–337.

Hofecker, F.-O. (2007). Das Musikschulwesen und die Musikschulforschung in Österreich. In T. Knubben & P. Schneidewind (Hrsg.), *Zukunft für Musikschulen. Herausforderungen und Perspektiven der Zukunftssicherung öffentlicher Musikschulen* (S. 261–301). Bielefeld: transcript Verlag.

Kleinen, G. (Hrsg.) (2003): *Begabung und Kreativität in der populären Musik.* Münster: Lit Verlag.

Knolle, N. (Hrsg.) (2000): *Kultureller Wandel und Musikpädagogik.* Essen: Verlag Die Blaue Eule.

Knubben, T. & Schneidewind, P. (Hrsg.) (2007): *Zukunft für Musikschulen. Herausforderungen und Perspektiven der Zukunftssicherung öffentlicher Musikschulen.* Bielefeld: transcript Verlag.

Knubben, T. (2007). Zukunft für Musikschulen – ein Problemaufriss. In T. Knubben & P. Schneidewind (Hrsg.), *Zukunft für Musikschulen. Herausforderungen und Perspektiven der Zukunftssicherung öffentlicher Musikschulen* (S. 11–28). Bielefeld: transcript Verlag.

Köhler, T. & Neumann, J. (Hrsg.) (2011): *Wissensgemeinschaften. Digitale Medien – Öffnung und Offenheit in Forschung und Lehre.* Münster: Waxmann.

Krüger, M. M. & Höppner, C. (2007). Musikschulen in Deutschland: Die Zukunft hat schon begonnen. In T. Knubben & P. Schneidewind (Hrsg.), *Zukunft für Musikschulen. Herausforderungen und Perspektiven der Zukunftssicherung öffentlicher Musikschulen* (S. 29–40). Bielefeld: transcript Verlag.

Lave, J. & Wenger, E. (2008): *Situated Learning. Legitimate Peripheral Participation* (19). New York: Cambridge University Press.

Loubriel, L. E. (2009). Integral Music Performance and Pedagogy. A Post-Secondary Performance and Education Model. *Journal of Integral Theory and Practice,* 4(3), 87–107.

Mayring, P. (2007). Generalisierung in qualitativer Forschung. *Forum Qualitative Sozialforschung,* 8(3). Verfügbar unter: http://www.qualitative-research.net/index.php/fqs/article/view/291/639 [01.05.2013]

Nistor, N. & Lipka-Krischke, D. (2011). Eine explorative Studie des Umgangs mit kulturellen Artefakten in musikalischen Wissensgemeinschaften. In T. Köhler & J. Neumann (Hrsg.), *Wissensgemeinschaften. Digitale Medien – Öffnung und Offenheit in Forschung und Lehre* (S. 168–177). Münster: Waxmann.

Partti, H. & Karlsen, S. (2010). Reconceptualising Musical Learning. New Media, Identity and Community in Music Education. *Music Education Research,* 12(4), 369–382.

Popp, R. (2011): *Musikschullehrer. Biographie, Berufsalltag und Berufszufriedenheit von Lehrerinnen und Lehrern an öffentlichen Musikschulen in Deutschland. Eine Evaluationsstudie als Beitrag zur Professionalisierung des Musikschullehrerberufs.* Darmstadt/Ober-Ramstadt: WorldWide Voice-Music Verlag.

Rademacher, U. & Pannes, M. (2011). Klingende Lebensräume. Öffentliche Musikschulen im VdM als Schlüsselorte für Bildung mit Zukunft! *Üben und Musizieren*(4), 22–26.

Rosenbrock, A. (2000). Musizier- und Lernverhalten in Popularmusikbands. Eine empirische Untersuchung. In N. Knolle (Hrsg.), *Kultureller Wandel und Musikpädagogik* (S. 88–107). Essen: Verlag Die Blaue Eule.

Rosenbrock, A. (2006): *Komposition in Pop- und Rockbands. Eine qualitative Studie zu kreativen Gruppenprozessen.* Bremen, Univ., Diss., 2005. Hamburg: Lit Verlag.

Salavuo, M. (2006). Open and Informal Online Communities as Forums of Collaborative Musical Activities and Learning. *British Journal of Music Education*, 23(3), 253–271.

Strauss, A. & Corbin, J. (1996): *Grounded Theory: Grundlagen Qualitativer Sozialforschung.* Weinheim: Psychologie Verlags Union.

Sundin, B., McPherson, G. & Folkestad, G. (Hrsg.) (1998): *Children Composing.* Malmö: Malmö Academy of Music.

Truschkat, I., Kaiser, M. & Reinartz, V. (2005). Forschen nach Rezept? Anregungen zum praktischen Umgang mit der Grounded Theory in Qualifikationsarbeiten. *Forum Qualitative Sozialforschung*, 6(2). Verfügbar unter: http://www.qualitative-research.net/index.php/fqs/article/view/470/1007 [05.09.2008]

Väkevä, L. (2010). Garage band or GarageBand®? Remixing musical futures. *British Journal of Music Education*, 27(1), 59–70.

Wenger, E. (2008): *Communities of Practice. Learning, Meaning, and Identity* (18). New York: Cambridge University Press.

Westerlund, H. (2006). Garage Rock Bands: A Future Model for Developing Musical Expertise? *International Journal of Music Education*, 24(2), 119–125.

Natalia Ardila-Mantilla
Satzingerweg 8/2/32
1210 Wien
Österreich
ardila-mantilla@mdw.ac.at

Anne Weber-Krüger

Batman, Beatbox, Blinde Kuh
Versatzstücke als Ausgangspunkt für musikbezogene Bedeutungszuweisungen von Vorschulkindern

Batman, Beatboxing, Blind Man's Buff – Preschoolers' music related constitution of meaning based on everyday life components

My subject is a qualitative, empirical study of interviews conducted with five- to six-year-old participants of early music education. Here, components of everyday life are identified as essential elements of childhood artistic expression, namely songs, games, characters of books or shows, and general conditions determining situations. The term "components" implies a certain usage: experiences and/or influences of individual (musical) socialization become components when they are singled out, applied, and thus activated. Components serve as an immediate means of artistic expression and therefore surface in elementary music making. Components can also improve the communication between early music education and children's everyday life related to music.

Grundlegungen

Welche Ideen, Wünsche, Erwartungen oder Werthaltungen äußern Kinder aus der Musikalischen Früherziehung (MFE) in Bezug auf Musik? Wie gehen sie mit Musik um? Auf welche Weise und mit welchen Mitteln werden sie musikalisch aktiv? Was erzählen sie über ihr alltägliches musikbezogenes Handeln und was über ihren MFE-Unterricht?

Diesen Fragen ist das Forschungsprojekt „Bedeutungszuweisungen in der Musikalischen Früherziehung – Integration der kindlichen Perspektive in Musikalische Bildungsprozesse" gewidmet. Im Sinne der aktuellen Kindheitsforschung werden Kinder dabei im Rahmen einer qualitativen Interviewstudie als „Experten ihrer selbst" befragt (vgl. z. B. Zinnecker & Silbereisen, 1996, S. 14; Bamler, Werner & Wustmann, 2010, S. 7, S. 12-14).

Theoretischer Kontext

Mit Bedeutungszuweisungen sind die erfahrungsbasierten subjektiven Sinnkonstruktionen von Individuen gemeint, diese können intersubjektiv kommuniziert und ausgehandelt werden. Musikpädagogisch sind Bedeutungszuweisungen bereits von Stefan Orgass und Martina Krause thematisiert worden (vgl. Orgass, 2007, S. 9-123; Orgass, 2011; Krause, 2008). Deren Auffassungen mehrdimensionaler Bedeutungszuweisung, welche auf den Ebenen von thematischer Bedeutung und nicht-thematischer Bedeutsamkeit abläuft, sind auch für den vorliegenden Kontext von Belang. Als thematisch sind jene Sinngehalte zu bezeichnen, welche gesellschaftlich konventionalisiert und subjektiv erlernt bzw. erfahren wurden. Daneben sind die nicht-thematischen Faktoren der Bedeutsamkeit zu nennen, welche die Bedeutung kontextualisieren. Dies sind Erfahrungen und Empfindungen, die (situationsgebunden) in Zusammenhang mit der spezifischen Bedeutungszuweisung für das Individuum relevant werden. Die Unterscheidung zwischen Bedeutung und Bedeutsamkeit lässt sich insbesondere auf Martin Seel zurückführen, er erklärt: „Im Beiliegen und Beimessen von Erfahrungsgehalten wird etwas in seiner *Bedeutung* für ein gegenwärtiges Verhalten *bedeutsam*" (Seel, 1997, S. 117). Orgass beschreibt die Interpretation von Musik in diesem Sinne als Zusammenspiel der Zuweisung von „musikalischer" Bedeutung und „nicht-musikalischer" Bedeutsamkeit und definiert:

> „Terminologisch soll [...] mit Blick auf den als sinnvoll aufgefassten und unter Verwendung von (nicht notwendiger Weise sprachlichen) Zeichen reflektierten, sich in der Zeit entfaltenden Zusammenhang von Tönen, Klängen, Geräuschen und/oder Stille von ‚musikalischer Bedeutung' die Rede sein. Dagegen wird mit Blick auf Zusammenhänge (Beziehungen, Relationen, Funktionen) in Bereichen der Nicht-Musik, die als mit musikalischen Zusammenhängen korrespondierend aufgefasst werden können und unter Verwendung von (nicht notwendiger Weise sprachlichen) Zeichen bewusst gemacht wurden, von ‚nicht-musikalischer Bedeutsamkeit' gesprochen."(vgl. Orgass, 2011, S. 2)

In der vorliegenden Studie ist es nicht die Bedeutung i. S. der Interpretation einer bestimmten Musik, welche mit den Kindern thematisiert wird, sondern vielmehr stehen die subjektiven Ausdrücke und Sichtweisen zum eigenen (emotional und erfahrungsabhängig bewerteten) *Umgang* mit sowie *Bezug* zu Musik und Musikunterricht im Mittelpunkt.[1]

Um eine adäquate Analyse der empirisch erhobenen Daten vornehmen zu können, sollen an dieser Stelle zunächst mithilfe entwicklungs- und sozialpsychologi-

---

[1]   Es ist anzumerken, dass weder in den theoretischen Grundlegungen noch in der empirischen Ausarbeitung der Fokus auf musikalischem oder musikbezogenem Lernen von Kindern liegt. Vielmehr sind die sprachlichen und nicht-sprachlichen Hinweise auf kindliche Selbstbildungsprozesse von Interesse, welche sich nach Gerd E. Schäfer unter „Selbsttätigkeit", „Sinnfindung und -verlust", dem „Verhältnis zur eigenen Geschichte", der „Palette der sinnlich-emotionalen Erfahrungs- und Verarbeitungsmöglichkeiten" sowie in Antwort auf „Gegenstände der Bildung" (wie z. B. Musik) verorten lassen (vgl. Schäfer, 2005, S. 27-28).

scher Befunde Rückschlüsse auf einige Ebenen und Bedingungen kindlicher Bedeutungs- und Bedeutsamkeitszuweisungen gezogen werden. Werden Vorschulkinder zu Selbstbeschreibungen aufgefordert, beziehen sie sich insbesondere auf ihre Kompetenzen („ich kann …" oder „ich kann schon …") und ihre soziale Akzeptanz und Zugehörigkeit (vgl. Harter, 1983). Letztere ist in diesem Alter in zunehmend erweiterten sozialen Aktionsradien zu verorten (vgl. Mähler, 2007, S. 170). Innerhalb der Gleichaltrigenbeziehungen wird für Vorschulkinder nun die Aufnahme und Erhaltung von Freundschaften relevant, verbunden mit der Notwendigkeit von Kooperationsstrategien im Spiel, der Entwicklung und Ausdifferenzierung prosozialen Verhaltens und der Empathiefähigkeit (vgl. ebd., S. 171). Dies erfordert den Austausch über persönliche Bedeutungszuweisungen und deren kommunikative Aushandlung. Aushandlungsstrategien werden insbesondere im Spiel ersichtlich. So wird mit Bedeutungen selbst gespielt, sobald Umdeutungen von Gegenständen (Requisiten innerhalb des Spiels) oder Personen (Rollen innerhalb des Spiels) vorgenommen werden (vgl. Oerter, 2011, S. 22). Spielregeln konstituieren den Spielrahmen und müssen mit den Mitspielern vereinbart werden (vgl. Oerter, 2002, S. 222). Bedeutungszuweisungen werden zudem in der Metakommunikation während des Spiels erkennbar, wenn Handlungsanweisungen gegeben, Vereinbarungen getroffen oder Aspekte des Spiels erzählt, aber nicht ausagiert werden (vgl. Giffin, 1984).

Daneben ist auf die Orientierungsfunktion von Bedeutungs- und Bedeutsamkeitszuweisungen zu verweisen. Eigene Erfahrungen sowie die (vermuteten) Handlungen oder Einstellungen anderer Personen bilden Anknüpfungspunkte zur Orientierung, diese erfolgt im Spannungsfeld von Neuem und Bekanntem. Gegenstände bzw. Sachverhalte sowie Interaktionsinhalte werden im Abgleich mit vorangegangenen Erfahrungen wahrgenommen und beurteilt (vgl. Michel & Novak, 2004, S. 70). Nach Heiner Gembris kann gelungene Orientierung im Kontext der Musikrezeption ein Sicherheitsbedürfnis befriedigen (vgl. Gembris, 1995, S. 103). In diesem Zusammenhang verweist er auf das Explorationsverhalten, welches bezüglich der Dualität von Neuem und Bekanntem auch vom Konflikt zwischen Aufsuchen und Meiden beeinflusst wird (vgl. ebd., S. 105).

Mit Blick auf die Verbalisierungsfähigkeit von Vorschulkindern muss des Weiteren die Frage gestellt werden, wie die nicht notwendigerweise aber dennoch zentral über Sprache kommunizierbaren Aspekte von Bedeutung und Bedeutsamkeit nun in Gesprächen und Interaktionen mit Vorschulkindern analysiert werden können. Martina Krause verortet ihre Absage an eine objekthaft gegebene Bedeutung von Musik und somit die Konstruktion von musikbezogener Bedeutung deutlich in der Sprache:

> „Bedeutungen werden erst durch Sprache konstruiert. Bedeutung ist keine Eigenschaft der Musik selbst, die als solche in deren Erklingen immer schon gegenwärtig und damit nachträglich mit Worten zu bezeichnen möglich wäre, sondern sie kommt erst und überhaupt in der Sprache über Musik zum Vorschein." (Krause, 2008, S. 267)

Christian Rolle merkt an, dass musikalische Bedeutung sich „in unterschiedlichen musikalischen Verhaltensweisen" (Rolle, 1996, S. 49) konstituiert und nennt im Be-

reich der Musikproduktion z. B. Komposition und Improvisation, im Bereich der Rezeption z. B. das Musikhören, Konzertbesuche, Gespräche über Musik oder den Tanz
(vgl. ebd.). Unter der Annahme, dass musikalische oder musikbezogene Ausdrücke
der Kinder als Zeigehandlungen in der Kommunikation fungieren können, wäre auf
dieser nicht-sprachlichen Ebene von einer *Präsentation* von Bedeutung auszugehen,
dies jedoch möglicherweise ohne ein entsprechendes Vokabular zur *Kommunikation*
von Bedeutung. Gerade klangliche oder in Bewegung ausgeführte Äußerungen der
Kinder in den Interviews können daher als Zeugnisse individueller Bedeutungskonstitution berücksichtigt werden, auch wenn sie nicht sprachlich thematisiert werden.
Mit Blick auf die o. g. Ausführungen zur kompetenzbezogenen Selbstbeschreibung,
zur Aushandlung von Bedeutungen im Spiel und zur Orientierung zwischen Bekanntem und Neuem bei Vorschulkindern ist für die Interviewstudie zu berücksichtigen,
dass in der sprachlichen Kommunikation vor allem der Austausch über Bedeutsamkeit – mit persönlichen Relevanzen sowie Bezügen zu eigenen Erfahrungen – erfol-
gen kann. Explizite Hinweise auf zugewiesene Bedeutungen und Umdeutungen sind
zudem vor allem in Spielhandlungen zu vermuten, da es hier zum Handlungsrepertoire gehört, Bedeutungen zu kommunizieren. Das Untersuchungsdesign ist dementsprechend spielerisch und zugleich ohne starke Gesprächsstrukturierung angelegt,
um eine offene Entwicklung der Kommunikation und der im weitesten Sinne musikbezogenen Aktivitäten zu ermöglichen. Dies wird weiter unten ausführlicher erläutert.

Empirische Verortung

Da musikbezogene Bedeutungszuweisungen einen Teilbereich der subjektiven
Sichtweisen von Individuen betreffen, werden sie hier als theoretische Ausgangsba-
sis für die empirische Annäherung an die oben dargelegten Forschungsfragen gewählt. Es erscheint folgerichtig, einen qualitativ-empirischen Zugang zu wählen,
denn „Menschen, die sich über ihre musikalisch-ästhetischen Erfahrungen verständi-
gen wollen, müssen sich über ihre musikbezogenen Bedeutungszuweisungen austauschen" (Geuen & Orgass, 2007, S. 34).

Im Hinblick auf die Zielgruppe von Vorschulkindern wird hier zugleich ein zentrales Erkenntnisinteresse qualitativ-empirischer Kindheitsforschung berührt, welches
als Orientierung an der „Perspektive des Kindes" zum Ausdruck kommt. Die Perspektive des Kindes, verstanden als spezifischer, kindlicher „Motivations- und Wahrneh-
mungszusammenhang" (Honig, 1999, S. 35), bildet im vorliegenden Kontext die
Klammer zur Vernetzung der theoretischen Grundlagen mit einer Interviewstudie:
Indem im Rahmen von qualitativen Interviews mit Kindern aus der MFE deren sub-

jektive Sichtweisen im Mittelpunkt stehen, wird die Frage nach inhaltlichen Ausprägungen und Mustern von Bedeutungs- und Bedeutsamkeitszuweisungen gestellt.[2]

Im Folgenden steht die qualitativ-empirische Perspektive auf die musikalischen
und sprachlichen Äußerungen der Kinder und somit auf die aufzufindenden Ausdrücke bzw. Ausprägungen von Bedeutungs- und Bedeutsamkeitszuweisungen im Mittelpunkt.

Forschungsdesign und Methodik

Das Forschungsdesign sieht Interviews mit Kindern aus dem zweiten Jahr der Musikalischen Früherziehung vor, somit können die befragten Kinder bereits auf Erfahrungen mit diesem Fach zurückblicken. Aus Gründen der Vertrauensbildung und um
eine dynamische Erzählstruktur zu ermöglichen, werden jeweils zwei Kinder gemeinsam interviewt. Als Gesprächsanreiz sowie als Grundlage für Zeigehandlungen
dient ein „Modellraum Musikalische Früherziehung", dieser ist anhand von Bildkarten und Spielfiguren mit den typischen Instrumenten und Materialien ausgestattet,
welche in MFE-Räumen zu finden sind.[3]

Abb. 1: Modellraum

---

2   Die theoretischen Vorannahmen zur sprachlichen und nicht-sprachlichen Präsentation und
    Kommunikation musikbezogener Bedeutung, insbesondere auch mit ästhetischen Mitteln,
    wie auch zum Kompetenzempfinden oder zu Orientierungsvorgängen dienten der Erstellung
    eines deduktiven Kategoriensystems, welches anhand der konkreten Funde im Datenmaterial
    induktiv zu erweitern war.
3   Vgl. dazu die Ausstattungsempfehlungen im Lehrplan des VdM (VdM, 1994, S. 20-21) sowie
    auf der Internetseite des Arbeitskreises Elementare Musikpädagogik (AEMP, 2011).

In diesem Raum können die Kinder eigene Ideen ausprobieren und durchspielen oder auf erinnerte Situationen aus ihrem MFE-Unterricht zurückgreifen. Zeigehandlungen und Aktionen außerhalb des Modellraums sind selbstverständlich ebenso möglich. Eine Woche vor dem geplanten Interviewtermin findet jeweils eine Kennenlernstunde im MFE-Unterricht statt. Diese Stunde dient dem gegenseitigen Vertrauensaufbau sowie der Erprobung des Modellraums. Die Kinder werden aufgefordert, eigene Spielideen zu entwickeln, welche gemeinsam durchgeführt und sodann in den Modellraum übertragen werden, um sie dort mit Spielfiguren und Bildkarten noch einmal nachzuvollziehen. Auch der entgegengesetzte Weg vom Spiel im Modellraum zur gemeinsamen Durchführung „in echt" wird gewählt.

In den Interviews selbst stehen wiederum die Ideen und Wünsche der Kinder im Mittelpunkt. Nach ersten Fragen, was die Kinder mit den vorhandenen Materialien und Instrumenten gerne tun möchten, besteht die Rolle der Interviewerin im Wesentlichen darin, die Spielideen mit auszuführen, sich am Gespräch zu beteiligen und Nachfragen nach genaueren Beschreibungen oder Erläuterungen des Gesprächsinhalts zu stellen. Diese Interaktionsstruktur im Interview ist an einen Ansatz des Erziehungswissenschaftlers Gerd E. Schäfer für beobachtende Forschung mit Klein- und Vorschulkindern angelehnt. Schäfer geht von einem interaktiven Prozess aus, welcher weder objektiv sein kann noch muss. Vielmehr soll gerade die Alltagsinteraktion zwischen Erwachsenen und Kindern zugleich als Forschungssetting dienen (vgl. Schäfer, 2010, S. 74-75, S. 76-79). Dieses Forschungsverständnis entstammt dem ethnographischen Kontext: Im Rahmen von Alltagspraxen wird insbesondere das Verstehen des Fremdartigen angestrebt, das Forschungsinteresse gilt jenen Beobachtungen, welche die eigenen – z. B. im persönlichen pädagogischen Professionalisierungsprozess entwickelten – Denkmodelle „stören" (vgl. ebd., S. 69, S. 84). Dies bedeutet, dass gerade das Überraschende, Ungewohnte von Interesse ist und als Ansatzpunkt für die spätere Auswertung dient.

Die Interviews werden videographisch dokumentiert, alle sprachlichen und körpersprachlichen Äußerungen werden in Textform transkribiert, dennoch bleibt über den gesamten Auswertungsprozess auch der direkte Zugriff auf das Videomaterial erhalten. Die Auswertung der Interviews folgt qualitativ-inhaltsanalytischen Modellen.[4] Als Grundlage dient die strukturierende qualitative Inhaltsanalyse nach Philipp Mayring (vgl. Mayring, 2008), welche ein deduktiv erstelltes Kategoriensystem als Gerüststruktur für die Datenauswertung vorsieht. Zudem werden Modifikationen an diesem Modell vorgenommen, welche auf den Meta-Analysen der Sozialwissenschaftlerin Sandra Steigleder zum Mayring'schen Verfahren beruhen (vgl. Steigleder, 2008). Insbesondere kommt dabei im Sinne eines Y-Modells zusätzlich die induktive Kategoriengenese innerhalb des Datenmaterials zum Tragen. Dies wird als notwendig erachtet, um Unvorhergesehenes, Überraschendes berücksichtigen zu können und deckt sich mit der Grundhaltung von Offenheit und Flexibilität gegenüber dem

---

4 Zur Transkription und Auswertung wurde die Software Transana (University of Wisconsin) genutzt.

Gegenstand in qualitativer Forschung. In diesem Zusammenhang wird zudem die mehrfache Kodierung gleicher Textstellen zugelassen. Dies hat den Hintergrund, dass Bedeutungszuweisungen auf unterschiedlichen Ebenen semantischer und pragmatischer sowie ästhetischer Artikulation stattfinden können (vgl. dazu Seel, 1997, S. 138). Daher ist davon auszugehen, dass sich gleiche Textstellen gegebenenfalls unterschiedlich kontextualisieren lassen.

Anhand des deduktiv und induktiv gebildeten Kategoriensystems werden die Daten systematisiert und aufgebrochen. Die Auswertung erfolgt somit zunächst mit rotierender Aufmerksamkeit, indem die spezifischen Ausprägungen jeder Kategorie betrachtet und beschrieben werden. Aufgrund der Mehrfachkodierungen bietet sich jedoch ein weiterer Auswertungsschritt an, welcher auf der gleichzeitigen Betrachtung der Kategorien basiert. Dies ermöglicht die Identifikation von Querverbindungen, indem jene Kategorien miteinander verknüpft werden, welche in den deckungsgleich kodierten Textstellen inhaltliche Bezüge zueinander aufweisen. Aus dieser Suche ergibt sich ein Netz, innerhalb dessen die Kategorien unterschiedlich viele Verbindungen mit anderen Kategorien aufweisen.

In diesem Kategoriennetz fällt eine besonders komplex vernetzte Kategorie auf, welche induktiv gewonnen wurde. Es handelt sich um die „Versatzstücke" aus dem (musikbezogenen) Alltag der Kinder.

Versatzstücke – Ausprägungen und Funktionen

Bei der Analyse des Datenmaterials fiel die Fülle musikalischer, szenischer oder erzählerischer Aktivitäten der Kinder auf, welche mit der Nutzung von bereits vorhandenem „thematischen Material" aus unterschiedlichen lebensweltlichen Kontexten einhergingen. Diese „Versatzstücke" dienen den Kindern als Ausgangsmaterial für eigene Erfindungen oder sie werden bruchstückhaft in neue Kontexte übertragen und verändert.

Versatzstücke liegen in Form von Liedern, Spielen, Figuren aus Büchern oder Fernsehsendungen, Musiziertechniken sowie situationskonstituierenden Rahmenbedingungen vor. Damit lassen sie sich als Zitate oder auch als Anspielungen verstehen, ebenso können sie im Weitertragen von Klischees auftauchen. Eine Systematisierung unter diese genannten Ausprägungen erscheint jedoch für die qualitativ-inhaltsanalytische Auswertung als hoch interpretativ, da nicht immer zweifelsfrei nachvollzogen werden kann, ob das Versatzstück z. B. entsprechend der „Originalvorlage" oder schon mit Modifikationen verwendet wird und ob eine solche Modifikation willentlich oder aus Versehen vorgenommen wird. Daher wird der unspezifischere Begriff des „Versatzstücks" an dieser Stelle bevorzugt.

Die Bezeichnung „Versatzstücke" soll den Charakter der Anwendung herausstellen, denn Erfahrungsgehalte bzw. Einflüsse aus der individuellen (musikalischen) Sozialisation werden dann zum Versatzstück, wenn sie aktiviert, also aufgegriffen und verwendet werden. Versatzstücke sind somit Bausteine aus dem Erfahrungs-schatz der Kinder.

Ausprägungen

Die induktiv entwickelte Kategorie der Versatzstücke lässt sich in sechs Ausprägun-gen unterteilen, welche im Folgenden kurz dargestellt werden.

1.   Figuren aus Büchern oder Sendungen

Versatzstücke können zum Beispiel Figuren aus Büchern oder Fernsehsendungen sein. So erklärt ein Kind sich zu „Batman" und zeigt fledermausartige Flugkünste durch Bewegungen und begleitende Zischgeräusche an. Ein anderes Kind erzählt ei-ne Geschichte rund um die „Hexe Lilli" in einem Sprechgesang nach.

2.   Spiele

Vielfach werden bekannte Spiele aufgegriffen und variiert. Dies z. B. indem beim „Versteckspiel" die Spielregel des Zählens verwendet wird, hier nun aber eine Musik anzeigen soll, wann die Suche beginnt.

3.   Wortspiele, Witze und Textparodien

Ein selbsterfundener Quatsch-Text auf *„Schlaf, Kindchen, schlaf"* gehört ebenso in diese Kategorie, wie Witze oder Wortspiele, welche die Kinder aus dem Kindergarten kennen, sei es die Parodie *„Hoch soll er leben, an der Decke kleben"* oder ein breites Repertoire an Bärenwitzen. So fragt ein Junge: *„Wie heißen Bären, die Flügel, die flie-gen können?* Und antwortet selbst: *Hub-schrau-bär"*. Sein Interviewpartner ergänzt als weiteren witzigen Bären sofort den *„Camembär"*.

4.   Lieder

Oft werden bekannte Lieder versatzstückartig genutzt, welche die Kinder aus dem Kindergarten, aus der MFE, von zu Hause oder aus den Medien kennen. So singen zwei Mädchen gleichzeitig Ausschnitte aus *„Alle meine Entchen"* und dem *„Lied der Olchis"*. Zwar stehen die Lieder in keiner Verbindung zueinander, doch die Kinder steigern gemeinsam ihre Lautstärke und ihr Tempo, so dass ein gemeinsamer Aus-druck entsteht.

5.   Musiziertechniken

Ebenso liegen Versatzstücke in Form von Musiziertechniken vor. Ein Junge singt mehrere Strophen des Schlagers *„So ein schöner Tag"*, dabei schleift er die Töne von unten an und verwendet Glottisschläge, wie sie auch im Original zu hören sind. Ein anderer Junge nutzt im Rahmen einer Beatbox-Imitation ebenfalls ein stiltypisches Versatzstück. Sein Interviewpartner hat ihn dazu durch die Ankündigung inspiriert, mit dem Mund Musik machen zu können. Daraufhin probiert er dies ebenfalls und gelangt von rhythmischen Silbengesängen immer mehr in eine konsonantische Vocussion mit Beatbox-Charakter, welche nicht nur die entsprechenden Zisch- und Plosiv-Laute, sondern auch dazu passende rhythmische Kopfbewegungen enthält.

6.   Situationskonstituierende Rahmenbedingungen

Schließlich bilden Versatzstücke auch die Rahmenbedingungen, um eine Situation eindeutig zu kennzeichnen. So werden Theatersituationen in fast allen Interviews durch den Vorhang charakterisiert, für Theater und Konzert wird ein Publikum als notwendig erachtet und das Verbeugen darf nach der Aufführung nicht fehlen. Auch typische Ansagetexte wie *„Meine Damen und Herren"* werden diesbezüglich herangezogen.

Funktionen

Den Versatzstücken kommen drei zentrale Funktionen für den sinnstiftenden Umgang mit Musik zu. So bilden sie Orientierungsanker für musikalische Erfindungen der Kinder, werden aneignend in künstlerischen Kontexten verwendet und stehen selbst als künstlerisches Ausdrucksmittel zur Verfügung. Sie stellen somit im Bedeutungszuweisungsprozess einen Ausgangspunkt dar, um individuelle Erfahrungsgehalte situationsbezogen aktualisieren zu können. Über den Weg der Versatzstücke erhalten neue Eindrücke und Anregungen subjektive Anschlussfähigkeit, Bekanntes wird mit Neuem verbunden, Neues wird anhand von Bekanntem erfunden.

1.   Orientierung

Die Orientierungsfunktion kommt in einer „individuellen" und einer „generalisierten" Form zum tragen. „Individuell" meint hier spezifische persönliche Erinnerungen bzw. Erfahrungen, welche herangezogen werden, um sich in einer Situation zurechtzufinden. So erzählt ein Junge ausführlich über ein Konzerterlebnis und singt daraus das Lied der „Spinne Martha" vor. Ein anderer Junge wünscht sich für seine Spieleidee Seile, die man herumwirbelt und sein Interviewpartner macht daraufhin eine kreisende Handbewegung über dem Kopf. Dies erinnert ihn vermutlich an eine Erfahrung mit einer ähnlichen Bewegung im Partytanz zu dem Schlager *„Cowboy und Indianer"*, denn er singt daraus:

Abb. 2: Notenbeispiel „Lasso"

Die „generalisierte" Orientierungsfunktion betrifft gesellschaftlich konventio-nali-sierte Verhaltensweisen, die besonders in den situationskonstituierenden Rahmen-bedingungen zum Ausdruck kommen. Ein Mädchen bringt dies durch eine Abgren-zung besonders deutlich zum Ausdruck. Sie möchte Schneewittchen als Theaterstück aufführen und erklärt: *„Da sagt man immer ‚Meine Damen und Herren', das sag ich aber jetzt nicht."*

2.   Aneignung

Die Aneignungsfunktion von Versatzstücken liegt ebenfalls im Charakteristikum der subjektiven Anschlussfähigkeit begründet. So sind Versatzstücke zwar selbst keine Erfindungen der Kinder, die Kinder nutzen sie jedoch kreativ und machen dadurch etwas Eigenes daraus. Besonders deutlich wird dies, wenn explizit die Urheberschaft reklamiert wird. So singt bzw. rappt ein Junge den Song *„Superhelden"* der Gruppe Apollo 3. Er lehnt seine Version zwar rhythmisch und textlich an das Original an, er-gänzt aber eigene Texte und befindet sich gegenüber der Vorlage häufiger im Sprechgesang. Auf die Frage, ob das eine Musik sei, die er schon kenne, antwortet er *„No"* und die Nachfrage, ob es ausgedacht sei, bejaht er. Ebenso kommentiert er eine halb gesungene, halb gesprochene Nacherzählung der Geschichte rund um die Hexe Lilli mit *„ich erfinde"*.

3.   Künstlerisches Ausdrucksmittel

Schließlich kommt den Versatzstücken eine wesentliche Funktion im Rahmen der Elementaren Musikpraxis zu: Die Versatzstücke stehen den Kindern unmittelbar für das künstlerische Gestalten zur Verfügung. Sie können gerade dann ein künstleri-sches Ausdrucksmittel sein, wenn noch kein ausdifferenziertes sowie möglicher-weise professionalisiertes Repertoire an Instrumental- oder Gesangstechniken vor-liegt.

In der MFE wird dem Fehlen instrumental- und gesangstechnischer Fertigkeiten auf didaktischer Ebene insbesondere durch Anregungen zur Exploration und zum Experiment begegnet. Indem Kinder Klangerzeuger ausprobieren und klangliche Möglichkeiten von Gegenständen, Instrumenten oder der eigenen Stimme ausloten, schaffen sie die Voraussetzungen für weiterführende künstlerische Tätigkeiten. Ver-satzstücke sind dagegen individuell vorhandene Voraussetzungen, welche direkt dem künstlerischen Ausdruck zur Verfügung stehen. Sie ermöglichen ein unmittelba-res Musizieren und können somit als „Handwerkszeug" für die Elementare Musik-praxis im Rahmen der MFE aufgefasst werden.

Dies wird umso deutlicher, wenn die Vernetzung der Kategorie „Versatzstücke" mit anderen Auswertungskategorien betrachtet wird. So lässt sich beispielsweise eine starke Orientierung an der Präsentation des künstlerischen Produkts erkennen. Die Kinder stellen mithilfe von Versatzstücken verschiedene Präsentationsrahmen her, indem sie Mikrophone oder Audioaufnahmen sowie eine Bühne nutzen wollen und dafür auch Publikum einfordern. Die Präsentation eigener Kompetenz und das Erhalten von Bestätigung spielen dabei ebenfalls eine wichtige Rolle. Versatzstücke dienen hier möglicherweise dazu, die Erwartungen an die eigene künstlerische Kompetenz zu befriedigen, z. B. im Abgleich der Hörerwartung mit der Ausführung bestimmter Lieder oder Musiziertechniken.

Musikalisches Handeln auf der Ein- und Ausdrucksebene

Insbesondere im Zusammenhang mit der letztgenannten Funktion von Versatzstücken (künstlerisches Ausdrucksmittel) soll an dieser Stelle eine didaktische Perspektive auf diese induktiv gewonnene Kategorie eingenommen werden. Damit ist sie auch an bereits bestehende didaktische Ansätze anzubinden.

Für die MFE sind vielseitig didaktisch aufgearbeitete explorative und experimentelle Vorgehensweisen zum Umgang mit Musik zu finden, so werden z. B. Alltagsmaterialien auf ihre klanglichen Möglichkeiten hin untersucht oder Experimente zum Einfluss der Körperspannung oder -haltung auf den Klang der Sprech- oder Singstimme durchgeführt. Auf diesem Weg können Kinder sich einen eigenen Eindruck von musikalischen Ausdrucksweisen verschaffen und somit auch ein Ausdrucksrepertoire anlegen. Diese experimentelle und prozessorientierte Haltung kommt auch in den von Michael Dartsch formulierten Prinzipien der Elementaren Musikpädagogik zum Ausdruck. Er nennt insgesamt „die Orientierung am Spiel, am Experiment, an der Kreativität, am Prozess, am Einbeziehen von vielerlei Ausdrucksmedien, am Körper, am Aufbau von Beziehungen und an der grundsätzlichen Offenheit des Unterrichts" (Dartsch, 2008, S. 16).

Meine Forschungsergebnisse legen es nahe, dem Umgang mit Versatzstücken und der häufig damit verbundenen Orientierung an der Präsentation eines künstlerischen Produkts einen vergleichbaren didaktischen Stellenwert zuzuweisen wie der prozessorientierten Exploration oder dem Experiment.

Explorative Vorgehensweisen dienen in erster Linie dem Eindruck, also dem Zugang zu Neuem und Unbekanntem und der nachfolgenden Integration des Neuen in das eigene Ausdrucksrepertoire. Versatzstücke ermöglichen demgegenüber den unmittelbaren künstlerischen Ausdruck, da sie bereits im Ausdrucksrepertoire vorhanden sind und in die MFE „mitgebracht" werden. Die Ebenen von Ein- und Ausdruck stehen dabei in einer dynamischen Verbindung: Elemente des Eindrucks können z. B. durch Vertiefung, Selektion und/oder Übung für den künstlerischen Ausdruck genutzt werden. Zugleich können durch Modifikationen oder neue Kontextualisierungen von Versatzstücken wieder Orientierungswege eröffnet und neue Eindrücke geschaffen werden. Darüber hinaus lässt sich auch in Bezug auf die Interaktion zwischen Lehrkräften und Kindern eine Zweiseitigkeit von Explorationen und Versatzstücken ableiten: Explorationen generieren vielfach Fragen (z. B. an die Lehrkraft hinsichtlich Unterstützung oder Deutungsmöglichkeiten), präsentierte Versatzstücke generieren dagegen eher Antworten (z. B. durch Erläuterungen für die Lehrkraft oder durch deren Lob und Aufmerksamkeit).[5]

Zusammenfassend ist festzustellen, dass anhand der Versatzstücke Inhalte der kindlichen musikbezogenen Enkulturation erkennbar werden. Über Sprache, vokalen Ausdruck oder Körperklänge können die Kinder Verbindungen zu ihren habituell verankerten musikbezogenen Vorerfahrungen herstellen und diese – mehr oder weniger explizit – auch an ihre Interaktionspartner vermitteln. Die Verwendung von Versatzstücken ermöglicht einen unmittelbaren Weg in künstlerische Prozesse. Zugleich können Versatzstücke eine Referenz für eigene künstlerische Maßstäbe darstellen, indem (musikalische) Elemente aufgegriffen werden, die persönlich bedeutsam sind. Die gestalterische Leistung liegt nicht im „Neu-Erfinden", sondern im „Neu-Anwenden" musikalischer und musikbezogener Elemente.

Auf der Grundlage der dargestellten Ergebnisse wird daher hier von einer collagierenden, reproduzierenden und rekombinierenden kindlichen Kreativität ausgegangen, welche in der musikbezogenen Alltagspraxis der Kinder verwurzelt ist. Die Versatzstücke dienen dabei als sinnstiftende Elemente und somit als Ausgangpunkte für Bedeutungszuweisungen. Dies zum einen, indem „Neu-Erfundenes" im „Bekannten" subjektive Anschlussfähigkeit erhält. Zum anderen kann mithilfe des Versatzstücks die eigene Bedeutungszuweisung nach außen getragen werden, sofern auch den Interaktionspartnern das Versatzstück und gegebenenfalls dessen „Entnahmekontext" bereits bekannt sind.

Ausblick

Es ist anzunehmen, dass mit der Nutzung von Versatzstücken in der MFE zugleich eine gesteigerte Durchlässigkeit des Unterrichts für den musikbezogenen Alltag der Kinder unterstützt wird. So können einerseits Inhalte der MFE kontinuierlich in das persönliche Umfeld der Kinder ausstrahlen und andererseits kann die Musik(-praxis) aus der Familie, der Kita, dem Freundeskreis oder den jeweils rezipierten Medien auch verstärkt Eingang in die MFE finden. Zur Sammlung von Versatzstücken eignen sich beispielsweise Portfolios, welche als Bildungsdokumentationen gemeinsam von Kindern und Lehrkräften im MFE-Unterricht erstellt werden können.[6] Auch Audioaufnahmen von Versatzstücken können zu Portfolio-Inhalten werden und damit zugleich als Anregung für anschließende Unterrichtsthemen dienen.

---

5   Diese Zweiseitigkeit war in der hier dargestellten Interviewstudie wiederholt zu beobachten.

6   „Das Portfolio ist eine zielgerichtete Sammlung von Dokumenten – sowohl der Kinder als auch der pädagogischen Fachkräfte und Eltern. Darin fließen Beobachtungsergebnisse der Erwachsenen und die Werke der Kinder zusammen und machen dadurch die Bildungsprozesse und Entwicklungsverläufe eines Kindes sichtbar. Kinder, Fachkräfte und Eltern haben so die Möglichkeit, eigene Handlungen und Vorgehensweisen zu reflektieren und zur Grundlage von nächsten Schritten zu machen." (Regner & Schubert-Suffrian, 2011, S. 12)

Weiterführend sind Projekte und/oder Inszenierungen mit Versatzstücken denkbar. Die Verknüpfung mitgebrachter Versatzstücke in einen größeren Zusammenhang wie z. B. eine Aufführung oder eine eigene CD-Produktion erfolgt dann gemeinsam durch die Kinder und die Lehrkraft.

Literatur

AEMP – Arbeitskreis Elementare Musikpädagogik (2011). *Rahmenbedingungen zum Unterricht von Elementarkursen.* Verfügbar unter: http://www.a-emp.de/24.html [29.10.2012].

Bamler, V., Werner, J. & Wustmann, C. (2010). *Lehrbuch Kindheitsforschung. Grundlagen, Zugänge und Methoden.* Weinheim und München: Juventa.

Dartsch, M. (2008). *Studie zu Wirkungen und Voraussetzungen der Musikalischen Früherziehung.* Hrsg. für den Verband deutscher Musikschulen. Bonn: VdM Verlag.

Gembris, H. (1995). Das Konzept der Orientierung als Element einer psychologischen Theorie der Musikrezeption. In K.-E. Behne, G. Kleinen & de la Motte-Haber, H. (Hrsg.), *Musikpsychologie. Empirische Forschungen – Ästhetische Experimente.* Jahrbuch der Deutschen Gesellschaft für Musikpsychologie 1994: Bd. 11 (S. 102-118). Wilhelmshaven: Noetzel.

Geuen, H. & Orgass, S. (2007). *Partizipation – Relevanz – Kontinuität. Musikalische Bildung und Kompetenzentwicklung in musikdidaktischer Perspektive.* Aachen: Shaker.

Giffin, H. (1984). The Coordination of Meaning in the Creation of a Shared Make-believe Reality. In I. Bretherton (Hrsg.), *Symbolic Play. The Development of social Understanding* (S. 73-100). Orlando u. a.: Academic Press.

Harter, S. (1983): Developmental perspectives on the self-system. In P. Mussen (Hrsg.), *Handbook of child psychology, Volume IV: Socialization, personality, and social development* (S. 275-385). New York: Wiley.

Honig, M.-S. (1999). Forschung „vom Kinde aus"? Perspektivität in der Kindheitsforschung. In M.-S. Honig, A. Lange & H. R. Leu (Hrsg.), *Aus der Perspektive von Kindern? Zur Methodologie der Kindheitsforschung* (S. 33-50) Weinheim: Juventa.

Krause, M. (2008). *Bedeutung und Bedeutsamkeit. Interpretation von Musik in musikpädagogischer Dimensionierung.* FolkwangStudien, hrsg. von S. Orgass & H. Weber: Band 7. Hildesheim u. a.: Georg Olms Verlag.

Mähler, C. (2007). Kindergarten- und Vorschulalter. In M. Hasselhorn & W. Schneider (Hrsg.), *Handbuch der Entwicklungspsychologie* (S. 164-174). Göttingen u. a.: Hogrefe.

Mayring, P. (^{10}2008). *Qualitative Inhaltsanalyse. Grundlagen und Techniken*, Weinheim und Basel: Beltz.

Michel, C. & Novak, F. (2004). *Kleines psychologisches Wörterbuch.* Erw. und aktual. Neuaufl. Freiburg i. Br.: Herder.

Oerter, R. (2011): *Psychologie des Spiels.* 2. Auflage der durchgesehen Neuausgabe 1999. Weinheim und Basel: Beltz (Psychologie Verlags Union).

Oerter, R. (^{5}2002). Kindheit. In R. Oerter & L. Montada (Hrsg.), *Entwicklungspsychologie.* (S.209-257) Weinheim: Beltz.

Orgass, S. (2011). Musikbezogenes Unterscheiden. Überlegungen zu einer interaktionalen Theorie musikalischer Bedeutung und nicht-musikalischer Bedeutsamkeit. *Zeitschrift der Gesellschaft für Musiktheorie* 8/1. Verfügbar unter: http://www.gmth.de/zeitschrift/artikel/621.aspx [1.11.2012].

Orgass, S, (2007). *Musikalische Bildung in europäischer Perspektive. Entwurf einer Kommunikativen Musikdidaktik.* FolkwangStudien, hrsg. von S. Orgass & H. Weber: Band 6. Hildesheim u. a.: Georg Olms Verlag.

Regner, M. & Schubert-Suffrian, F. (2011). *Portfolioarbeit mit Kindern.* Kindergarten heute: Praxis kompakt, Themenheft für den pädagogischen Alltag. Freiburg i. Br.: Verlag Herder.

Rolle, C. (1996). Interpretation und Rezeption von Musik. Grundfragen der Bedeutungskonstitution und des ästhetischen Verstehens. In U. Eckart-Bäcker (Hrsg.), *Musik-Lernen – Theorie und Praxis. Studien zur Theorie der Musikpädagogik.* Sitzungsbericht 1993 der Wissenschaftlichen Sozietät Musikpädagogik (Musikpädagogik. Forschung und Lehre, Beiheft 7) (S. 40-54), Mainz u. a.: Schott.

Schäfer, G. E. (2005). Bildungsprozesse im Kindesalter. Selbstbildung, Erfahrung und Lernen in der frühen Kindheit, Weinheim und München: Juventa.

Schäfer, G. E. (2010). Frühkindliche Bildungsprozesse in ethnographischer Perspektive. Zur Begründung und konzeptionellen Ausgestaltung einer pädagogischen Ethnographie der frühen Kindheit. In G. E. Schäfer & R. Staege (Hrsg.), *Frühkindliche Lernprozesse verstehen. Ethnographische und phänomenologische Beiträge zur Bildungsforschung* (S. 69-90). Weinheim und München: Juventa.

Seel, M. (1997). *Die Kunst der Entzweiung. Zum Begriff der ästhetischen Rationalität,* Frankfurt: Suhrkamp.

Steigleder, S. (2008). *Die strukturierende qualitative Inhaltsanalyse im Praxistest. Eine konstruktiv kritische Studie zur Auswertungsmethodik von Philipp Mayring,* Marburg: Tectum.

VdM – Verband deutscher Musikschulen (Hrsg. 1994). *Lehrplan Musikalische Früherziehung.* Kassel: Gustav Bosse Verlag.

Zinnecker, J. & Silbereisen, R. K. (1996). *Kindheit in Deutschland. Aktueller Survey über Kinder und ihre Eltern.* Weinheim und München: Juventa.

Anne Weber-Krüger
Netzwerk Musikhochschulen für Qualitätsmanagement und Lehrentwicklung
Hochschule für Musik Detmold
Hornsche Str. 44
32756 Detmold
weber-krueger@hfm-detmold.de

Lars Oberhaus, Julia von Hasselbach
mit Beiträgen von Mechtild Fuchs
und Jürgen Tille-Koch

KULT – Kooperative Unterrichtsplanung von Lehrendenteams

Eine Untersuchung zu Potenzialen der kollegialen Vorbereitung von Stundenkonzepten, deren Durchführbarkeit und Wirkung in künstlerischen Fächerverbünden Baden-Würtembergs

2011, 144 Seiten, br., 24,90 €
ISBN 978-3-8309-2544-6
E-Book-Preis: 22,40 €

Diese Studie untersucht am Beispiel der künstlerischen Fächerverbünde in Baden-Württemberg, wie sich die Planung und Durchführung kooperativer Stundenkonzepte auf Lehrer- und Schülerseite auswirkt und ob sich die Einstellung zum Fächerverbund oder zur Planung von Fachunterricht verändert. Darüber hinaus wird auch die Dynamik innerhalb des Teams sowie die Beanspruchung durch kooperative Planungen im Rahmen des Schulalltags berücksichtigt.

An den Chancen einer Fächervernetzung, z. B. in musikbezogenen Projekten, kommt man nicht mehr vorbei – dafür könnte das Konzept KULT sicherlich hilfreiche Impulse liefern.
M. Krause, http://www.schott-musikpaedagogik.de

WAXMANN
Münster · New York · München · Berlin

Ewald Terhart

Erziehungswissenschaft und Lehrerbildung

Waxmann Studium
2013, 228 Seiten, br., 19,80 €
ISBN 978-3-8309-2854-6
E-Book-Preis: 18,99 €

Die in diesem Band versammelten Aufsätze und Vorträge weisen zwei Schwerpunkte auf: Wie sieht gegenwärtig und zukünftig die Rolle der Erziehungswissenschaft innerhalb der Lehrerbildung aus und welche Themen sind innerhalb der bildungswissenschaftlichen Studien angehender Lehrer von Bedeutung.

Der Band wendet sich an Lehramtsstudierende, Lehrerinnen und Lehrer, Lehrerausbildner in Universitäten und Studienseminaren, Bildungsforscher, Vertreter von Lehrerverbänden, Verantwortliche in Bildungsverwaltungen und Universitäten sowie an interessierte Eltern und Elternvertreter.

WAXMANN
Münster · New York · München · Berlin

Stefanie Reiter

Musikalische Graphen

Entwicklung eines Verständnisses graphischer Darstellungen im fächerübergreifenden Mathematik- und Musikunterricht

2013, 282 Seiten, br., 29,90 €
ISBN 978-3-8309-2856-0
E-Book-Preis: 26,99 €

Sowohl im Mathematik- als auch im Musikunterricht zeigen Schülerinnen und Schüler Schwierigkeiten beim Interpretieren, Analysieren und Erstellen grafischer Darstellungen. Davon ausgehend wurde ein fächerübergreifendes Konzept entwickelt, bei dem Graphen hörend erkannt sowie graphische Notationen musizierend und kompositorisch umgesetzt werden. Dabei wurde untersucht, inwiefern Schülerinnen und Schüler durch diese auditive Darbietung von Funktionsgraphen ihre Wahrnehmung verstärkt auf Eigenschaften und Änderungsverhalten der Funktionen lenken und inwiefern Funktionstypen vergleichend in Beziehung gesetzt werden.

WAXMANN
Münster · New York · München · Berlin